MISCELLANEA BAVARICA MONACENSIA

Dissertationen zur Bayerischen Landes- und Münchner Stadtgeschichte

herausgegeben von Karl Bosl und Richard Bauer

— Band 140 —

SUSANNE DINKELACKER

BÖHMISCHE BAROCKARCHITEKTUR IN BAYERN

Berbling, Frauenzell und die Pläne für St. Elisabeth in München

Kommissionsverlag UNI-Druck, München

Neue Schriftenreihe des Stadtarchivs München

1987

Tag der mündlichen Prüfung: 15. Juli 1985

Referent: Prof. Dr. Bernhard Schütz
Korreferent: Prof. Dr. Friedrich Piel

Schriftleitung:
Dr. W. Grasser, Stauffenbergstraße 5/pt., 8000 München 40

© Copyright 1986 Stadtarchiv München

ISBN 3-87821-213-5

Druck und Auslieferung:
UNI-Druck, Amalienstraße 83, 8000 München 40

ABKÜRZUNG: Für Zitate wird die Abkürzung MBM empfohlen,
z. B. MBM Band 140 Seite 66

VORWORT

Diese Arbeit wurde im Juli 1985 von der Philosophischen Fakultät der Universität München als Dissertation angenommen.
In der überarbeiteten Fassung wird der neuesten Literatur Rechnung getragen.

Ein herzliches Dankeschön möchte ich allen Freunden und Institutionen aussprechen, die mich mit Rat und Tat unterstützten; insbesondere Roland Wolff, der die Reinzeichnungen der Figuren fertigte.

Zu größtem Dank bin ich Herrn Professor Dr. Bernhard Schütz verpflichtet. Seine Lehre und seine Fähigkeit, für die Kunstgeschichte zu begeistern, sowie sein entscheidender Hinweis auf den Themenbereich haben das Entstehen dieser Arbeit überhaupt erst ermöglicht.

Den Herausgebern der Reihe Miscellanea Bavarica Monacensia und allen anderen, die an der Drucklegung der Arbeit beteiligt waren, möchte ich danken, ganz besonders Herrn Dr. Richard Bauer für den großzügigen Zuschuß zur Bebilderung des Bandes.

INHALT

3. Die Plangruppe 911, a, b und St. Elisabeth in München

Teil III : Anhang

EINLEITUNG

Die drei Kirchenbauten Berbling, Frauenzell und das unausgeführte Projekt
der Elisabethkirche in München nehmen eine Sonderstellung in der bayerischen Barockarchitektur des 18. Jahrhunderts ein, einer Zeit, die zu den
Höhepunkten in der Geschichte der bayerischen Architektur zählt. Die süddeutsche Barockarchitektur erreichte damals ihren Zenith, der hervorge-
bracht wurde durch Baumeister wie Cosmas Damian Asam, Johann Michael
Fischer, Dominikus Zimmermann und Balthasar Neumann.
Die drei Bauten sind Schöpfungen dieser Blütezeit, doch bilden sie eine
Insel innerhalb der damaligen Architektur in Bayern, da alle drei Kirchenräume - und genau dies ist das Verbindende der Gruppe - ausnahmslos
kurviert sind; sie stehen genetisch eher mit dem böhmischen denn dem
bayerischen Barock im Zusammenhang.
Die Kurvierung der Architektur dieser Baugruppe wurde in der bisherigen
Literatur nur ungenügend beachtet, so daß es dadurch und infolge der
fehlenden Quellen immer zu unbefriedigenden Interpretationen der Bauten
kommen mußte.
Auch dieser Arbeit wird es nicht gelingen, eindeutige und unanfechtbare
Resultate hinsichtlich der Baumeisterfrage vorzulegen, die bei allen drei
Projekten ungeklärt ist, doch kann wegen der unzulänglichen Quellenlage
eine exakte Beweisbarkeit auch nicht das Ziel sein. Vielmehr liegt die
Intention darin, bei den drei Projekten durch Architekturanalyse und
genetische Untersuchungen die Stellung der drei Bauten innerhalb der
Barockarchitektur zu bestimmen.
Zunächst werden alle drei Bauten als architektonische Einzelleistungen beschrieben und charakterisiert, um sie daraufhin besser ihrem jeweiligen
architektonisch-genetischen Umfeld zuordnen zu können. Erst dann sollen
monographische Einzeluntersuchungen die Ergebnisse des ersten Teiles
überprüfen und vervollständigen, wodurch die Ergebnisse bisweilen unterstrichen und im besten Falle bestärkt werden können.
Die im folgenden verwendete Terminologie sucht der Sehweise und Begriff-
lichkeit folgender Werke zu folgen: Günther Neumann, Neresheim; Erich
Hubala, Renaissance und Barock; ders., Guarineskes an der Fassade der
Münchner Dreifaltigkeitskirche; Bernhard Schütz, die Mainzer Jesuitenkirche;
sowie ders., Rott am Inn.

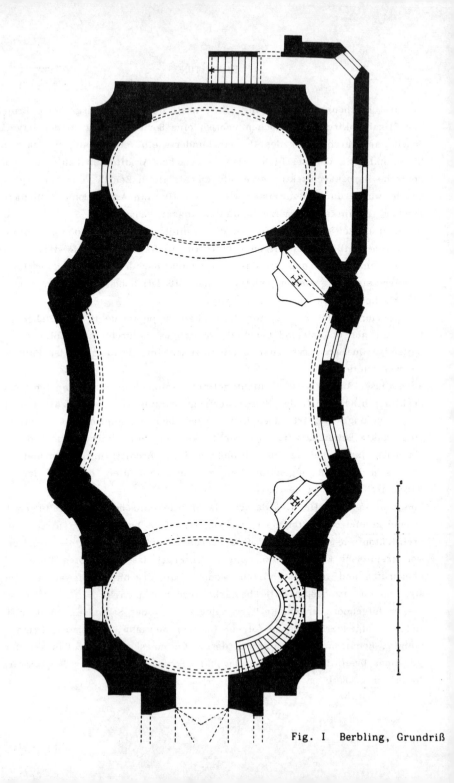

Fig. I Berbling, Grundriß

- 3 -

TEIL I

Die drei Bauwerke und ihre genetischen Voraussetzungen

1. Analyse der drei Bauten

   a) Berbling

Fig. I

Die Heiligkreuz Kirche in Berbling ist eine dreiteilige Anlage. An ein un-
gleichseitiges, längsgestrecktes Oktogon schließen sich symmetrisch auf
der Längsachse zwei querovale Trabanten an. Die zwei Ovalräume, Ein-
gangsraum und Chor, schwingen mit ihrer Längsseite in den oktogonalen
Mittelraum ein, so daß zwei Bogenarkaden entstehen, die jeweils das
Grundrißoval nachzeichnen.
Die Querovale von Eingangsraum und Chor sind fast identisch; der Chor
ist lediglich um eine Stufe erhöht.
Den Bogenarkaden entsprechend, schwingen auch die übrigen Wände des
Achtecks, die ausnahmslos gekurvt sind, konvex in den Innenraum ein.
In die Mauern der Diagonalseiten sind rechteckige Nischen eingelassen,
die jeweils von leicht geschwungenen Seitenpilastern gerahmt werden.
Durch die unterschiedliche Breite der Oktogonseiten erfährt der Bau eine
Streckung, die die Längsachse des Baus betont.
Dem Oval des Eingangsraums sind im Norden und Süden zwei Treppenläufe
eingeschrieben, die die beiden in den Mittelraum einschwingenden Emporen
wie auch den im Westen vorgelagerten Turm erschließen.
Das Erdgeschoß des Turmes, dessen Grundriß annähernd quadratisch ist,
bildet die Vorhalle. Der Chor wird von einem durchfensterten Laufgang
ummantelt, der im Osten zu einer zweistöckigen, querrechteckigen Sakristei führt.

Abb. 1

Am Außenbau treten Chor- und Eingangsoval als querrechteckige Bauteile
in Erscheinung. Ihre westlichen und östlichen Mauerkanten sind konkav
gemuldet und schließen nahtlos an den völlig anders gestalteten Mittelbau an. Der Mittelbau ist außen dadurch ablesbar, daß er sich durch
je drei konkav einschwingende Wandtravéen auszeichnet, die exakt dem
Grundriß des Innenraums entsprechen.

Der Außenbau des Hauptraumes wird von einem einzigen sanften Ein- und Ausschwingen der Konturen bestimmt, von konkav in den Baukörper einschwingenden Wandtravéen und den im Gegensinn konvex hervortretenden abgerundeten Kanten. Nur die rektangulären Anräume haben gerade verlaufende Mauern. Einerseits wird die Strenge der geraden Mauern durch die in einem kräftigen Konkavschwung ausgehöhlten Kanten vermindert, und andererseits wird der Übergang zu den konkav anlaufenden Diagonaltravéen durch einen ebenfalls konkaven Pilaster verschliffen. Alle Kanten des Außenbaus, ob konvex oder konkav, werden von einem Pilasterpaar gerahmt, das dem jeweiligen Mauerverlauf entspricht.

Berblings Gesamtgrundriß ist der eines Longitudinalbaus mit längsgestrecktem, zentralisierendem Mittelraum und mit proportional dazu angepaßten Anräumen. Die achsiale Abfolge der einzelnen Einheiten und ihr Größenverhältnis zueinander bewirken den Longitudinalcharakter des Baus.
Die zwei längsten Seiten des Oktogons liegen auf dessen Querachse, wodurch ein gestrecktes Oktogon entsteht. So hat selbst der zentralisierte Kernraum eine longitudinale Tendenz.
Die Diagonalseiten sind die kürzesten Seiten des Oktogons. Sie haben kein großes Gewicht für die Längsstreckung des Raumganzen, da sie anschaulich eher als Flanken zu den Oktogonseiten auf der Längsachse gehören. Sie sind die Elemente, die der Längstendenz die Dominanz nehmen und die zentralisierende Wirkung hervorrufen, indem sie die Bogenarkaden auf der Längsachse erweitern und verbreitern und andererseits zu den längsgestreckten Seiten des Oktogons auf der Querachse vermitteln.
Die Größe des zentralisierenden Achtecks mit längsgestreckter Tendenz zu seinen querovalen Trabanten ist so gewählt, daß diese beiden 'klassischen' Zentralräume, die für sich jeweils Rotunden sind, in der Gesamtschau gleichfalls den Charakter eines Longitudinalbaus unterstreichen, was an der äußeren Umrißlinie besonders deutlich wird.

Abb. 2

Der Innenraum ist kein Einheitsraum, sondern ein Gesamtraum, der sich aus den drei scharf unterschiedenen Teilräumen zusammensetzt. Die beiden querovalen Rotunden legen sich an das Oktogon in der Weise, daß sich ihre Längsseite zur anschließenden Oktogonseite wie das Positiv zum Negativ verhält.

So entstehen an den Anschlußstellen der drei Teilräume sphärisch in den
Kernraum einschwingende Bodenarkaden. Deren Funktion ist eine doppelte:
Zum einen vervollständigen sie die Querovale der Anräume, indem der
Arkadenbogen das Grundrißoval nachzeichnet und außerdem der Laibungs-
pilaster den Querschnitt durch die Mauer des Ovals angibt, also als
'Querschnittspilaster' eingesetzt ist. Zum anderen konstituieren die Bogen-
arkaden zusammen mit den sechs übrigen geschlossenen Wänden erst das
Oktogon des Kernraums.

Entscheidend für den Aufbau und die Gliederung des Kernraums ist es,
daß das Motiv der Arkade auch auf den sechs geschlossenen Oktogonseiten
erhalten bleibt. Jeder dieser Seitenwände ist eine Pfeilerarkade aufge-
blendet, zwischen deren Bögen dann das kuppelige Flachgewölbe eingepaßt
ist. Das Oktogon wird so zu einem 'Acht-Arkaden-Raum'.

Abb. 2, 3

Alle acht Arkaden öffnen sich trichterförmig zum Kernraum. Gegenüber den
geöffneten Bogenarkaden, die auf der Längsachse die drei Teilräume verbinden, fassen die breiteren Blendarkaden auf der Querachse die konvex
in den Raum schwingenden Seitenwände ein. Zwischen die vier Achsarkaden
sind vier in sich gleiche Diagonalarkaden eingestellt, die von allen Arkaden die schmalsten sind und einen niedrigeren Scheitelpunkt haben.

In den Ecken des Acht-Arkaden-Raums stehen die Pilaster der Arkaden;
sie sind jonischer Ordnung und bilden mehrseitige Pilasterpfeiler mit
Flanke und Stirn aus. Die Flanke gehört zur Bogenlaibung und die Stirn
zur Bogenstirn. Jeweils zwei solcher Pilasterpfeiler sind in den Raumecken
zu einem kohärenten Stützmassiv zusammengesetzt. Dabei stoßen die Stirnseiten im Winkel von 90° aufeinander und bilden zusammen eine V-förmi-
ge Kerbe aus. Es entsteht ein Stützgebilde, das als 'Kerbpfeiler' bezeichnet werden kann.

Die Pfeilerstirnen sind jedoch nur circa 1 - 2 cm sichtbar, da die Kerbe
eine eigene Schichtung erhält, indem ihr ein geknickter Pilaster derselben
Ordnung vorgelegt wird, der sich mit einer Nut von den jeweiligen Pila-
sterstirnen absetzt.

Die Pilasterordnung steht auf einem Sockel, der wie das Gebälk um den
gesamten Innenraum herumgeführt ist. Sockel und Gebälk umschließen
den Acht-Arkaden-Raum sowie auch die beiden Anräume wie zwei horizontale Klammern. Die Kerbe des Stützmassivs ist im Sockel wie auch im
Gebälk konvex ausgefüllt.

Die Pilasterordnung des Unterbaus wird schichteinheitlich in der Gewölbe-
zone von den Bögen der Arkaden, die alle von derselben Kämpferzone aus-
gehen, aufgenommen.
Zwischen die Bogenstirnen sind die konvex ausgerundeten Stelzfüße des
Gewölbes eingestellt, die von den konvexen Gebälkfüllungen oberhalb der
Kerben vorbereitet werden. Gemäß der trichterförmigen Schrägstellung der
Pilaster einer Arkade sind die sphärischen Gurte leicht geböscht.
Auch das Gebälk ist völlig in die Wandschichtung integriert. Den Laibungsarkaden der Achsen entspricht das gerade verlaufende Gebälkstück darüber;
die daran anschließenden konvexen Ausrundungen entsprechen den Gewölbefüßen, und die kleine übrigbleibende Nut zwischen den Pilastern findet im
Gebälk und in der Wölbung ihre genaue Fortsetzung. Das lange konvexe
Gebälkstück, das über die gesamte Breite der Diagonalarkaden geführt
ist, entspricht wiederum den Laibungen der Diagonalarkaden. Zugleich
bildet dieses Gebälkstück den oberen Abschluß der rechteckigen Altarnischen, die in die Diagonalwände eingestellt sind und die seitlich eine
eigene, leicht konkav geschwungene Pilasterordnung besitzen.
Die Arkadenbögen, die ausbuchtenden Gewölbefüße der Flachkuppel, die
sich ansonsten dem Acht-Bogen-Gerüst anpaßt, sowie die in die Gewölbezone eingelassenen Thermenfenster auf der Querachse sitzen einem eigens
abgesetzten Gewölbesockel auf. Dieser erhöht wie eine winzige Attika den
gesamten Gewölbebereich leicht, damit der Ansatz der Wölbungszone nicht
durch das vorkragende Gebälk verdeckt wird. Im Unterbau schwingen die
Längswände glatt in den Kernraum ein, während die Schrägwände durch
die rechteckigen Altarnischen vertieft sind. Die Wände zwischen den Blendarkaden auf der Querachse ermöglichen im Unterbau wie auch in der Bogenzone die Belichtung. Während der Bogen der Blendarkade das dreiteilige
Thermenfenster umschließt, wird die konvexe Längswand von zwei länglichen Fenstern durchbrochen, deren Korbbogenabschluß bis an das Gesims
des umlaufenden Gebälks reicht. Dem übrigen Wandfeld ist eine hauchdünne, ausschließlich dekorative Rokokogliederung vorgelegt, die sich aus
Lisenen und Bändern zusammensetzt.
In den querovalen Rotunden von Eingangsraum und Chor ist analog zu
den Öffnungsarkaden jeweils im Westen bzw. Osten eine Blendarkade aufgelegt, deren Gurt dem Gewölbe nur aufgestuckt ist und ebenfalls das
Grundrißoval nachzeichnet. Auf der Querachse der Rotunden stehen zwei
entsprechende, jedoch schmälere Blendarkaden, die ein Lünettenfenster
umfassen. Deren Sohlbänke sitzen auf dem Architrav des Gebälks und

durchschneiden Kranzgesims und Fries des Gebälks. Zwischen den Pilastern
der seitlichen Blendarkaden befinden sich oben Oratorien und darunter
Türen zur Sakristei.

Die Pilaster der Blendarkaden sind jeweils im Sockel und im Gebälk zu
Doppelpilastern zusammengefaßt, so daß sich ein Vier-Stützensystem ergibt, das vor die Rotundenwand gestellt ist und ein segelartiges Gewölbe
'trägt'. So entsteht in der vorderen Wandschicht der Rotunden jeweils
ein Baldachin. Die Wand der äußeren ovalen Raumschale kommt nur zwischen den Blendarkaden zum Vorschein. Der Eingangsraum ist analog zum
Chor durchgebildet; nur ist statt der Oratorien eine Orgelempore eingezogen, die konvex in den Hauptraum ausschwingt. Die zweite Empore in
Höhe des Gebälks wurde nachträglich eingebaut.[1]

Die Raumwirkung von Berbling wird bestimmt von dem zentralen Acht-
Arkaden-Raum. Der Raum wirkt und lebt von dem Wechselspiel zweier
gegensätzlicher Tendenzen: dem Gegeneinander von zentralisierenden Mo-
menten und von Längstendenzen. Es handelt sich im Kernraum zwar um
eine Abfolge von acht Arkaden, doch stellt diese Folge kein kontinuierliches Arkadenrundum dar; vielmehr sind die Arkaden in der Weise differenziert, daß baukünstlerisch ein achsial akzentuierter Raum entsteht.
Zunächst sieht sich der Eintretende einer abgerückten Schauarchitektur
gegenüber, die aus drei Arkaden besteht, wobei eine breitere, höhere,
offene Arkade als Mittelmotiv von zwei schmalen, niedrigen, geschlossenen
Arkaden flankiert wird. Diese Dreierarkade erscheint im Raumbild wie das
Leitmotiv, das sich, vergleichbar einem geöffneten Flügelaltar, präsentiert
und das im Westen spiegelbildlich wiederholt wird. Nach Osten bietet sich
die Dreierarkade als ein reicher, triumphaler Schauprospekt dar, und
dieser Prospekt inszeniert die drei Altäre im Osten sowie die Orgelempore
im Westen (auch wenn ein angemessener Orgelprospekt fehlt).

Die Dreierarkade wird belebt von Gegensätzen wie groß und breit gegenüber klein und schmal oder offen gegenüber geschlossen; zum anderen
durch das verbindende, verkettende Element des Gebälks. Diesem entspricht
der Sockel, wenngleich er wesentlich schwächer ausgeprägt ist. Das Gebälk
wird energisch unterhalb der Bogenzone der seitlichen Arkaden entlangge-
führt und legt sich um die breiten Arkadenöffnungen auf der Längsachse;
es schiebt seine Spitzen scharf in die Öffnungen der Arkaden hinein.
Einerseits bewirkt das Gebälk die Zusammengehörigkeit der flankierenden,
kleinen Arkaden mit der offenen Großarkade; andererseits leiten die gerade

geschnittenen Gebälkstücke der Laibungen trichterförmig vom Kernraum zu den Anräumen über.

Wie anders wirken die lichthaltigen Seitenwände des Kernraums! Im Gesamtzusammenhang erscheinen sie eher als Längswände denn als gleichwertige Bestandteile des Acht-Arkaden-Oktogons. Sie verbinden die beiden Schauprospekte des Raumes miteinander. Dennoch sollte die eigenständige Wirkkraft dieser Längs- bzw. Seitenwände nicht unterschätzt werden.

Betrachtet man sie isoliert, so fällt das besonders wirkungsvolle Motiv des Thermenfensters in der Bogenzone auf; die beiden hochrechteckigen Korbbogenfenster im Unterbau haben die Funktion, das Thermenfenster optisch zu 'tragen', so daß regelrecht 'Lichtarkaden' entstehen. Das Lichterfüllte der Längsseiten steht in wirkungsvollem Kontrast zu den vergleichsweise dunklen Schauprospekten, die jeweils in der Mitte raumhaltig von Chor und Eingangsraum hinterfangen werden. Dennoch bleibt das Licht die verbindende Bahn. Zugleich darf man das konvexe Einschwingen der Mauern, das den Raumkörper in der Mitte wie ein Gürtel einschnürt und der Raumbreite entgegenwirkt, nicht außeracht lassen. Durch das Einschwingen der Lichtwände auf der Querachse bleibt, selbst bei der isolierten Betrachtung des Kernraums, die Tendenz zum Longitudinalbau unverkennbar, wenn auch die Diagonalarkaden den Raum deutlich zentralisieren.

Demnach ist nur eine Lesart des Acht-Arkaden-Raums möglich: Die Diagonalarkaden treten anschaulich nur mit den freistehenden Arkaden auf der Längsachse in Verbindung. Sie nehmen keine ambivalente Stellung im Raumgefüge ein, wodurch die Einbindung in die Schauprospekte bis zuletzt gewahrt bleibt.

b) Frauenzell

Fig. II

Der Grundriß der Kirche von Frauenzell ist dreiteilig. An einen längsgestreckten Mittelraum schließen sich im Osten ein fast kreisrunder Chorraum und im Westen ein quergelagerter Ovalraum an.

Der Hauptraum der Kirche hat den Grundriß eines längsgestreckten, ungleichseitigen Bogenachtecks. Die breiteren Bogenstellungen betonen die Längs- und Querachse, während die Diagonalen schmälere Bogenstellungen aufweisen.

'4

'/100.

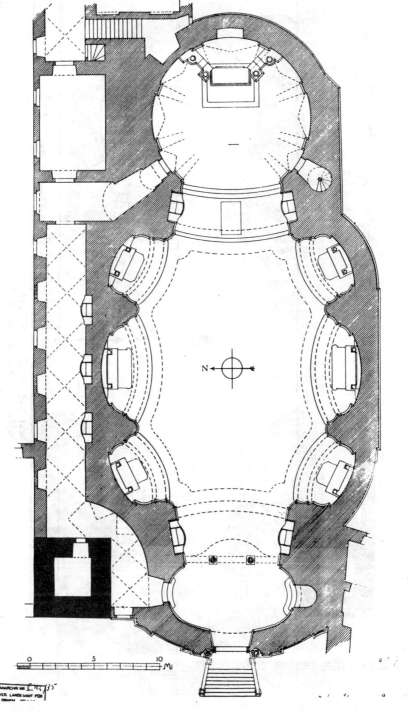

Fig. II Frauenzell, Grundriß der Kirche

14

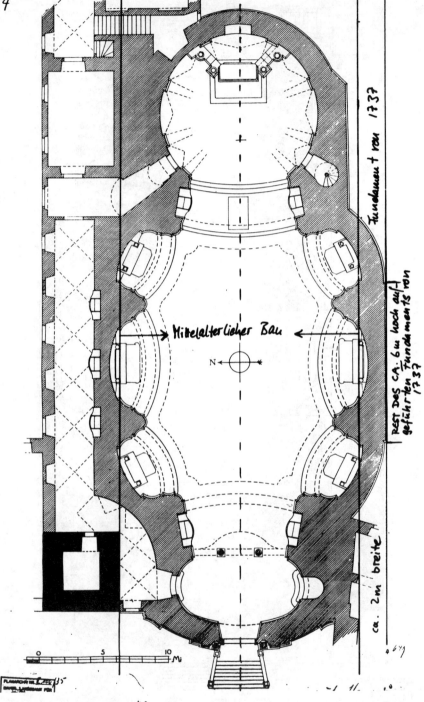

Mittelalterlicher Bau

N

Fundamen + von 1737

REST DES CA. 6 m hoch auf-
geführten Fundaments von
1737

ca. 2m breite

0 5 10 M:

Fig. II' Frauenzell, Grundriß der Kirche mit Eintragung der Lage
der verschiedenen Grundmauern

Die in den Mittelraum einschwingenden Bogenarkaden auf der Längsachse vermitteln zu den Anräumen im Osten und Westen. Die jeweils drei Arkadenbögen links und rechts der Mittelachse begrenzen kleine, selbständige Konchenräume, die sich mittels der einschwingenden Bogenarkaden zum Hauptraum öffnen. So wird der Hauptraum zum 'Konchenraum' mit acht Arkaden.

Die Mauern des Hauptraums wie auch der sich anschließenden Nebenräume sind ausnahmslos gekurvt. Die Festpunkte des Mittelraums sind dreieckig zulaufende, jedoch zum Rauminnern konvex abgerundete Mauerkeile, die zwischen sich sechs Anräume ausbilden. Von den Außenwänden der Anräume, die in einem leichten Konvexschwung in die Außenmauern ausbuchten, sind die Mauerkeile durch eine Nut abgesetzt. Die äußeren Konchenwände sind selbständig und von den Mauerkeilen unabhängig.

Im Innenraum laufen die beiden im Konchenbereich zunächst konkav gemuldeten Mauerkeilschenkel in einer gemeinsamen konvexen Rundung zusammen, nämlich in dem abschließenden konvexen Mauerkeilende.

An den Kernraum schließen sich Zwischentravéen an, die zu Chor und Eingangsraum überleiten. Diese Vermittlungstravéen bestehen aus zwei sich gegenüberstehenden, nach Osten bzw. nach Westen trichterförmig zusammenlaufenden Wandstücken. Jedem der beiden Wandstücke sind zwei konkav einschwingende Pilaster vorgelegt, die jeweils ein Oratorium einrahmen, weshalb die Travéen als 'Oratorientravéen' zu bezeichnen sind.

An die östlichen Oratorientravéen schließt der Chorraum an, der sich über dem Grundriß eines gestreckten Runds erhebt; der Chor ist eine Rotunde. Der Rotundenwand sind acht leicht konkave Pilaster vorgelegt.

Dem großen, runden Chor im Osten antwortet im Westen das kleinere, quergelagerte Oval des Eingangsraums. Das Oval wird im Westen wie auch auf der Querachse durch Eingänge, im Süden durch eine Nische unterbrochen. Die in den Vorraum eingezogene Orgelempore schwingt konvex in den Innenraum ein.

Insgesamt ist die Kirche also ein dreiteiliger, geosteter Gesamtraum.[2]

Abb. 6, 7, Fig. II

Der Hauptraum ist ein unregelmäßiger Acht-Arkaden-Raum, der sich in der Längs- und Querachse durch breitere Bogenarkaden auszeichnet. Dabei sind die Bogenarkaden der Längsachse noch etwas breiter als die der Querachse. Die vier schmäleren Arkaden der Diagonalseiten haben einheitliche Breite.

Die Gelenkstücke des Raumes sind die in das Rauminnere hineinragenden
Mauerkeile zwischen den Konchen. Instrumentiert werden die Keile durch
Pilaster. Diese sind in der Wölbungszone durch sphärische Gurte verbunden,
die sich mit einem Grat vom Hauptgewölbe absetzen. Da der Gurt einer
Konche von zwei schräg zueinander gestellten Pilastern ausgeht, ist er im
Scheitel geböscht, was für alle acht Gurte zutrifft.
Die acht einschwingenden Bogenarkaden artikulieren und akzentuieren den
Hauptraum. Zum einen sind sie vermittelnde Elemente, denn im Unterbau
öffnen sie durch ihre trichterförmig angeordneten Pilaster die Konchen zum
Hauptraum und verbinden beides miteinander. Analog dazu verhalten sich
in der Wölbungszone die geböschten Gurtbögen, indem sie in das Haupt-
raumgewölbe einschwingen. Auch sie verbinden und öffnen. Zum anderen
aber zeigt die differenzierte Wandschichtung, daß die Bogenarkaden gleichzeitig auch die Funktion haben, die Anräume vom Hauptraum zu scheiden.
Im Unterbau schließen die Pilaster durch ihren eigengesetzlichen, konkaven
Schwung die Konchen vom Hauptraum ab. Ebenso wird die Selbständigkeit
der Konchen im Gewölbe durch die Gurtbögen, die sich mit einer Nut klar
vom Hauptgewölbe absetzen, gewahrt. Aufgrund dieser funktionalen Ambi-
valenz verbinden die Bogenarkaden den Hauptraum mit den Anräumen, wie
sie ihn auch von diesem absetzen.

Abb. 8

Wie aber sind nun die 'Gelenkstellen'[3], die Wandteile des Hauptraumes,
instrumentiert und welche Funktion haben sie? Ein solcher Mauerkeil ist
kein homogenes Gebilde, sondern ist in sich differenziert.
Er besitzt einen umlaufenden, sich verkröpfenden Sockel sowie ein ebenfalls umlaufendes, sich verkröpfendes Gebälk, dessen Frieszone nicht plan
ist, sondern balusterartig vorschwillt. Zugleich dient das Gebälk als Auflager für das den gesamten Hauptraum überdeckende Gewölbe.
Außerdem sind dem Mauerkeil eigengesetzlich konkav geschwungene Pilaster
vorgelegt, die sich mit sphärischen, leicht geböschten Gurten im Gewölbe
fortsetzen. Die rundprofilierte Fußleiste eines Kapitells ist als einziges
Pilasterelement um den gesamten Keil herumgeführt. An den Pilaster schließt
sich, abermals eigengesetzlich, eine konkav schwingende Wandvorlage ohne
Kapitell an, die wie eine flache Tafel dem Mauerkeil aufliegt. In der Wölbungszone wird sie als Konchengewölbe fortgesetzt und hebt sich mit einer
Kehle vom Gurt des Pilasters ab.

Die Konchenwände sind folglich dreifach geschichtet. Als äußerste Schicht ist die Außenmauer der Konche zu verstehen. Von dieser, durch einen Steg deutlich abgesetzt, folgt die zweite Schicht, das tafelartige Wandstück des Mauerkeils. Dabei haben Außenmauer und Wandstück verschiedene Fußkreise. In der dritten Schicht ist der Pilaster, im Gewölbe entsprechend der Gurt, den beiden anderen Schichten vorgelegt. Auch der Pilaster folgt mit seiner konkaven Krümmung einem eigenen, von den beiden anderen Fußkreisen unabhängigen Grundkreis. Die Außenwand erscheint zwischen den Mauerkeilen eingespannt. Durch ihre weiße Schmucklosigkeit, abgesehen von einem über der Kapitellzone ansetzenden Rundbogenfenster, hat diese Wand etwas folienhaft Zurückgenommenes. Die Außenwand des Hauptraums scheint überhaupt nur als neutrale Folie den vorgeblendeten Schichten hinterlegt zu sein. Die glatten Konchenwände erscheinen in krassem Gegensatz zu dem ausladenden, verkröpften Gebälk. Das umlaufende Gebälk greift zwar noch in die Konchenwand, bricht aber unvermittelt dort ab. Ebenso wie das Konchengewölbe, die tafelartige Wandvorlage und der Sockel setzt sich das Gebälk durch einen Mauersteg, der mit der Flanke der Wandvorlage identisch ist, von der Konchenwand ab.

Was kann aus der oben beschriebenen Wandschichtung über das Verhältnis "Unterbau-Gewölbe" gesagt werden?
Die Instrumentation der Mauerkeile, die Pilaster bzw. die Wandvorlage, ist gänzlich den Konchen zugeordnet, was durch die Eigengesetzlichkeit der Einzelteile betont wird. Diese setzen sich im Gewölbe der Konche als Gurt bzw. als Kalotte fort und besitzen im Unterbau jeweils einen eigenen, nur der Konche eingeschriebenen, also vom Hauptraum völlig unabhängigen Fußkreis. Bei den Ausbuchtungen ist der Schichtenzusammenhang zwischen Konchenunterbau und Konchenwölbung entscheidend.

Abb. 6

Doch wie verhält sich das Gewölbe des Hauptraums zu seinem Unterbau?
Der Fußpunkt des weit gespannten, jedoch stereometrisch nicht eindeutig bestimmbaren Gewölbes ist das Gebälk; eine eingeschobene Attika fehlt. Über den abgerundeten Mauerkeilen, die das Gewölbe im Unterbau vorbereiten und denen das Gebälk folgt, sitzen trichterförmig die ausgebuchteten Stelzfüße des Gewölbes. Im übrigen paßt sich das Gewölbe an die sphärischen Gurtbögen der acht Bogenarkaden an. Vergleichbar bläht sich das Gewölbe wie ein Segel über dem Acht-Arkaden-Gerüst des Unterbaus auf. Es wird dem klar durchstrukturierten Bogengestell des Hauptraums "über-

gestülpt" und schmiegt sich den freien Stellen an; es ist dem Unterbau des Hauptraums frei aufmodelliert.

Den Hauptraum und die beiden Anräume, Vorhalle und Chor, verbinden die Oratorientravéen. Sie schließen symmetrisch an den Hauptraum an. Erst der Einschub dieser Travéen ermöglichte die Konzeption des zentralisierten Hauptraums, nur durch sie konnte ein Longitudinalraum umgangen werden, wie er durch die Längsabmessungen der Kirche eigentlich gefordert wäre.

Darüber hinaus erfüllen die Oratorientravéen die Aufgabe, die drei in sich völlig selbständigen Räume, Vorhalle, Hauptraum und Chorraum, aneinanderzubinden.

Zum einen haben sie die Funktion, den Höhenunterschied zwischen dem höheren Hauptraum und den niedrigeren Anräumen auszugleichen; zum anderen sind sie die vermittelnden Elemente, die die Einziehung des breiteren Mittelraums gegenüber den schmäleren Anräumen überbrücken und die den bruchlosen, fließenden Übergang zwischen Hauptraum und Anräumen ermöglichen.

Fig. II

Die beiden Travéen bestehen aus zwei sich gegenüberstehenden, leicht schräg bzw. trichterförmig in die Anräume führenden Mauerteilen, die in sich leicht konkav ausbiegen. Jedes dieser Mauerteile wird instrumentiert durch zwei Pilaster, die ebenfalls in sich leicht konkav sind und die unmittelbar das konkav-konvex-konkav ausschwingende Oratorium rahmen. Dadurch entsteht eine belebte Wechselzone von ein- und ausschwingenden, den Wandstücken vorgeblendeten Elementen.

Nach oben schließen diese Wandstücke mit einem verkröpften Gebälk, das den konkaven Schwung der Mauer aufnimmt, ab. Dieses Gebälk ist zugleich auch der Kämpfer für das Gewölbe. In der Wölbungszone werden die Pilaster von zwei parallelen, sphärischen Gurten weitergeführt, die jedoch auf Grund der Trichterform der Travéen verschiedene Radien haben.

Die beiden vom Chor- bzw. Eingangsraum in die Oratorientravéen einschwingenden Bögen liegen ungeböscht dem Gewölbe auf, da sie jeweils von zwei parallel zueinander stehenden Pilastern ausgehen, also im Gewölbe keine Steigung ausgleichen müssen. Ihre Radien sind kleiner als die der geböschten Gurte, die in den Hauptraum einschwingen. Die beiden parallelen Arkadenbögen begrenzen die Wölbungsfläche, die in stereometrisch nicht eindeutig faßbarer Form 'hineinmodelliert' ist und sich den Gegebenheiten bruchlos anpaßt.

Durch die Oratorientravéen vermittelt und vorbereitet, schließen sich an den Hauptraum Chor- und Eingangsraum an.
Die Chorrotunde erhebt sich auf dem Grundriß eines längsgestreckten Runds. Der Rotundenzylinder wird von Pilastern in acht Wandtravéen untergliedert. Auf die Bogenarkadenöffnung folgen links und rechts je eine schmale Travée, dann je zwei etwas breitere Travéen und schließlich in der Mitte die breiteste Travée, die Altartravée. Diese Unterteilung der Rotundenwand mittels der Pilaster wird im Gewölbe von acht entsprechenden, radial geführten Gurten fortgesetzt, die jedoch von der Flachkuppel weggeschnitten werden.

Die Wandtravéen sind kahl und ungeschmückt. Einziges belebendes Element sind die sieben Stichkappen im Wölbungsbereich, die den Altar und die vier Rundbogenfenster aufnehmen, sowie die zwei in die Travéen auf der Querachse eingelassenen Emporen, die wie die Oratorien konkav-konvex-konkav aus den Travéen ausschwingen.
Das nordöstliche Fenster ist blind, das nordwestliche halbblind; sie dienen nur der Symmetrie zu den südlichen belichteten Fenstern. In die Mauern eingelassene Treppen in den beiden westlichen Schmaltravéen, links und rechts der Oratorientravéen, erschließen die Oratorien wie auch die an der Nordseite gelegene Sakristei.

Entsprechend der Chorrotunde im Osten ist dem Hauptraum im Westen der Eingangsraum vorgelagert.
Dieses Vestibül ist ein quergelagerter Ovalraum, dem in ca. 2,50 m Höhe eine von zwei korinthischen Säulen getragene Orgelempore eingestellt ist. Dadurch wird das Vestibül niedrig und dunkel. Die Orgelempore, die bis zu den konvexen Ausbuchtungen der Oratorien in den Innenraum einschwingt, setzt am westlichen Pilaster an. Hinter der Orgel befindet sich auf der Empore auch der Psallierchor.
Überwölbt ist der Raum mit einer Flachkuppel, deren Gewölbeansätze in Höhe der westlichen Fensterkalotte in der Mauer auslaufen. Die Belichtung erfolgt durch zwei Rundbogenfenster, die mit Stichkappen in die Wölbzone einschneiden. Die nördliche Fensternische ist wegen des anschließenden Turms vermauert.

Insgesamt ist Frauenzell ein Longitudinalbau, der sich aus drei Raumeinheiten zusammensetzt. Zwei Rotunden, der querovale Eingangsraum und der runde Chor, sind mittels in sich geschwungener und sich zum Mittelraum öffnender Oratorientravéen an den gestreckten Kernraum angeschlossen.

Der longitudinale, gestreckte Acht-Arkaden-Raum wird von sechs selbständigen, eigengesetzlich instrumentierten Konchen umgeben, die ihm eine zentrale Tendenz verleihen.

Abb. 6

Die Gesamtwirkung des lichterfüllten und weiten Innenraumes wird nicht durch strenge Tektonik bestimmt, sondern durch geschmeidige Modellierung. Nicht das tektonische Motiv der Arkade ist das Leitmotiv des Innenraumes, vielmehr wird der Kernraum von den sechs seitlichen, sich öffnenden Raumbuchten und den dazugehörigen Mauerkeilen geprägt. Nicht die acht Arkaden sind dominierend, sondern das Ein- und Ausbauchen der seitlichen Konchen mit den Mauerkeilen. Alle Übergänge im Raum sind gerundet bzw. verschliffen und verbinden sich zu einer einzigen Wellenlinie, die zusätzlich durch das Licht akzentuiert und rhythmisiert wird, ohne daß je ein harter, gerader Kontur entstehen würde. Selbst Chor- und Eingangsraum sind in das System der weichen Modellierung mit einbezogen. Sie sind gewissermaßen der gerundete Ausklang des Gesamtraumes. Sie hinterfangen licht- und raumhaltig, durch die ebenfalls in sich geschwungenen Oratorientravéen vermittelt und leicht eingezogen, den Gesamtraum auf der Längsachse. Die Raumwirkung des Ganzen geht eher vom Unterbau aus als von der Gewölbezone. Im Kernraum wirkt die Gewölbezone im Verhältnis zum hohen Unterbau untersetzt, als ob der Bau gleichsam mit hochgezogenen Schultern vor uns stünde. Der Innenraum lebt von der Modellierung der Wände und der lichterfüllten Leichtigkeit der Struktur. Er bekommt dadurch etwas intim Freundliches, einen freien Atemzug, der ganz im Gegensatz steht zu steiler, aufgerichteter und gespannter Monumentalität.

c) Die Plangruppe 911, a, b

Abb. 11, 12, 13

Im Historischen Stadtmuseum zu München liegen drei Pläne für ein Kirchenprojekt: zwei Fassadenaufrisse und ein Längsschnitt durch das Innere. Alle drei Pläne stammen aus der Sammlung Zettler; sie sind unter den Nummern 911, 911 a, 911 b registriert. Die Pläne stechen durch die ungewöhnliche Qualität der Zeichnung hervor. Es handelt sich um sauber aufgerissene, detaillierte Federzeichnungen mit

minutiösen Strichfolgen und außerordentlich feinen und gleichmäßigen Lavierungen. Jegliche Konstruktionslinien fehlen. In die Umrahmung der drei
Blätter ist links unten ein Maßstab eingetragen, jedoch ohne eine Maßbe-
zeichnung. Das Format der Blätter variiert.

Insgesamt darf man diese drei Pläne zu den Spitzenleistungen der barocken
Architekturzeichnung rechnen.[4] Sie dienten dem Barockarchitekten gleichsam als 'gezeichnetes Modell', das möglichst anschaulich das Bauvorhaben
wiedergeben sollte, um dem Bauherrn eine plastische Vorstellung des Projekts zu vermitteln.

Abb. 11

S. Z. 911 stellt einen Längsschnitt dar. Die Maße[5] sind in der Höhe 35 cm
zu 51 cm in der Breite. Der Plan ist grau laviert mit karminfarbenen
Mauerschnitten. Die Schnitte durch den Dachstuhl und die ebenfalls hölzerne Orgelempore sind sandfarben mit schematischer grauer Holzmaserung.

Abb. 12

S. Z. 911 a ist ein breiter Fassadenaufriß im Format 50 cm in der Höhe
zu 36,5 cm in der Breite. Der Plan ist grau laviert und das Dach rosa
getönt; die Fassadendekoration ist figural.

Abb. 13

S. Z. 911 b, der schmälere zweite Fassadenaufriß, ist 51 cm hoch und
35 cm breit; er ist ausschließlich grau laviert.

Abb. 11

Der Längsschnitt des Projekts ist in Draufsicht gegeben, und zwar in der
Kombination eines orthogonalen Aufrisses mit einem Längsschnitt durch die
Mittelachse.

Der Bau ist auf der Längsachse klar untergliedert in drei Teilräume. Zwei
Anräume, ein etwas größerer Chor links und ein kleinerer Eingangsraum
rechts, schließen sich an einen zentralen, flach überkuppelten Kernraum.
Dieser Kernraum erhebt sich mittels eines Acht-Arkaden-Gerüstes, auf dem
das Kuppelgewölbe aufliegt. Dabei sind zwei Arkadenarten unterschieden:
vier niedrige, schmale Diagonalarkaden und vier höhere breitere Arkaden
auf dem Achsenkreuz.

Abb. 11, Fig. III

Die feinen Schattierungen und die exakte Strichführung, vor allem aber die zweifache Projektion durch Schnitt und Draufsicht erlauben eine genauere Diskussion der Gesamtdisposition des Baues und seines Grundrisses. Der zentrale Mittelraum wird auf der Längsachse von zwei Bogenarkaden begrenzt. Da diese Arkaden im Schnitt wiedergegeben sind, schaut man direkt auf ihre Laibung. Bis einschließlich zum Gewölbefuß sind die Laibungen gleichmäßig weiß; das heißt, die Pilaster der Arkaden sind gerade. Die Bögen dagegen sind grau schattiert, was dem konvexen Einschwingen in den Kernraum entspricht. Der Scheitel des Bogens ist horizontal und gerade, weshalb die Vorder- und Hinterkante des Bogens nur parallel verlaufen können. Neben den Laibungsarkaden, weiter in den Kernraum greifend, folgen zwei ganz schmale Wandstücke, die etwas zurückgestuft sind. Auch diese Mauerstücke sind bis zum Gewölbefuß einfarbig dargestellt, und nur der Gewölbebogen ist, gemäß seines Einschwungs, schattiert. Sein Scheitelpunkt liegt höher als der des Laibungsbogens, und seine Laibung verläuft im Scheitel schräg nach oben. Wir haben demnach keinen Bogen mit parallelen, sondern konzentrischen Kanten vor uns, das heißt, der Bogen ist in der Laibung geböscht. Die Böschung aber hat zur Folge, daß die schmalen Mauerstücke, von denen diese Bögen ausgehen, schräg stehen müssen, das heißt sich trichterförmig gegenüberstehen.

Im Gegensatz zu den im Schnitt wiedergegebenen Arkaden auf der Längsachse erscheint die Mittelarkade auf der Querachse in Draufsicht. Alle Elemente der geschnittenen Arkaden auf der Längsachse wiederholen sich hier, weshalb es sich nur um die gleiche Bogenarkade handeln kann. Sie ist auf der Schattenseite mit einem fetten schwarzen Strich hinterfangen, auf der Lichtseite mit einer weißen Linie. Damit soll die, in Draufsicht kaum erkennbare, vor die Hauptarkade vorspringende Flanke eines Pilasters angedeutet werden, der sich an die Arkade seitlich anschließt. Dieser Pilaster ist konkav gekurvt, wie die Lavierung deutlich macht. Seine Flankenstärke entspricht dem oben beschriebenen schmalen Wandstück auf dem Längsschnitt.

In der Draufsicht erhalten wir das Maß für die Stirnbreite der vier Hauptarkaden. Da die Arkadenlaibung auf der Draufsicht nicht sichtbar ist und weil einem Ausschwingen der Arkade auf der Querachse zu dem Anraum das Einschwingen der Laibungsarkaden in den Kernraum widerspricht, müssen alle vier Hauptarkaden orthogonal zu den Raumachsen stehen und in der Laibung gerade geschnitten sein, genauso wie es die Laibung der geschnittenen Arkaden zeigt.

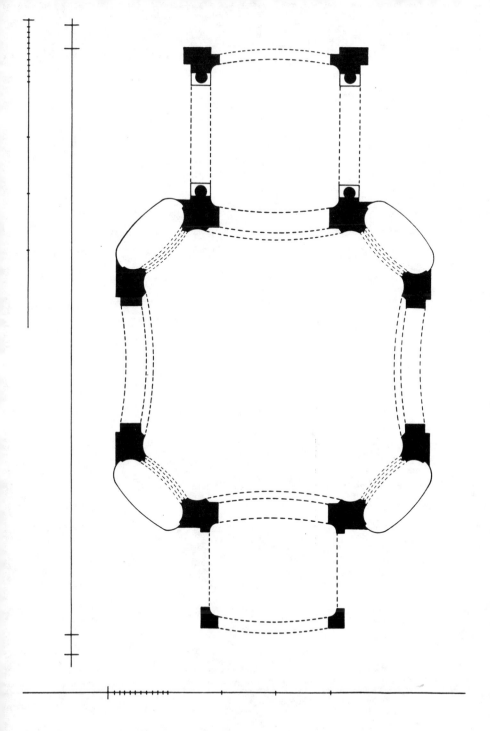

Fig. III   Rekonstruierter Grundriß zu Plan SZ 911

Somit ist die Stellung der vier Hauptarkaden eindeutig festgelegt: es handelt sich im Unterbau um acht orthogonal zu den Raumachsen stehende
ionische Pilaster, deren Stirn und Laibung gerade verlaufen und deren
Maße eindeutig ablesbar sind.

Die vier jeweils durch die Pilaster vorbereiteten Bögen schwingen in der
Wölbungszone mit parallel geführten Innen- und Außenkanten sphärisch in
den Kernraum ein; sie sind raumkonvex.

Weiterhin können wir die schmalen Arkaden bestimmen, die im Schnitt die
Laibungsarkaden begleiten. Sie geben in der Draufsicht die Flanke des
konkav gekurvten Begleitpilasters an.

Insgesamt bilden der Laibungspilaster der Arkade und der gekurvte Stirnpilaster zusammen das Massiv eines Pilasterpfeilers, der an der Kante eine
Kerbe ausbildet. Der gekurvte Pilaster tritt um die im Schnitt erkennbare
Stärke vor die Stirn der Hauptarkade, und zwar schräg, sich zum Kernraum
hin öffnend. Darüber folgen, ebenfalls im Plan schattiert, das konkave Gebälk und der Gewölbefuß.

Während in der Wölbungszone der konkaven Pilasterstirn schichtenmäßig
das Kuppelgewölbe entspricht, folgt der schräggestellten Pilasterflanke
der geböschte, schmale Bogen, der ein kurzes Stück des Gewölbeschnitts
erkennen läßt.

Schwieriger ist die Grundrißrekonstruktion der Diagonalarkaden und der
dahinterliegenden Räume.

Geht man von der konkaven Pilasterstirn aus und betrachtet deren Anschluß an die Diagonalarkade, so fällt im Originalplan auf, daß sich im
Pilasterbereich wie auch in der Bogenzone eine Strichfolge von vier hauchdünnen Linien anschließt. Der Zeichner war sehr genau, bis auf den Mil-
limeter.

Der Kapitellbereich läßt erkennen, daß auf das Kapitell der konkaven
Pfeilerstirn von hinten die Volute eines weiteren Kapitells trifft. Die Ka-
pitellvolute läßt keinen anderen Schluß zu als den, daß die Anräume auf
den Diagonalen ebenfalls eine ionische Pilasterordnung aufweisen, und zwar
in der Weise, daß direkt links und rechts eines jeden Eingangs zum Dia-
gonalraum ein Pilaster steht; wir schauen auf die Flanke des Pilasters,
seine Stirn bleibt jedoch unsichtbar. Die Pilasterflanke ist mit einem Strich
angegeben, entsprechend dazu hat auch der Laibungsbogen, der sich über
die Flanke des Eingangspilasters erhebt, eine Strichangabe in der Bogen-
bzw. in der Gewölbezone.

Folglich bleiben noch drei Linien übrig, die zu der zweiten Laibungs-

seite der konkaven Pilasterstirn gehören. Die zweite Laibungsseite muß
der ersten des Stirnpilasters entsprechen.

Der dreifachen Strichfolge gemäß kann sich nur folgende Pilasterlaibung
ergeben: analog zur anderen Laibungsseite ein schräger Anlauf, der mit
einem dreieckigen, kleinen Mauervorsprung auf die Flanke der Ordnung
des Anraums stößt. In der Gewölbezone erscheint der Mauersporn als
dünner Gurt mit dreieckigem Querschnitt.

Die Diagonalräume sind im Grundriß leicht vorstellbar: sowohl ihre einschwingende Öffnungsarkade, die Lavierung der Fensterwand, wie auch
der Blick in die Laibung der Fenster erweisen, daß dieser die Form eines
Querovals hat und diagonal zum Achsenkreuz steht. Demnach dürfte der
Pilaster direkt hinter dem Eingang zum Anraum dieses Oval nachzeichnen,
also ebenfalls gekurvt sein. Diese Räume sind vollständige, zum Kernraum
geöffnete Ovalrotunden.

Der Pilasterpfeiler ist damit soweit festgelegt, daß er drei gleichbreite
Seiten ausbildet: erstens den orthogonalen Laibungspilaster mit gerader
Laibung und Stirn; zweitens den gekurvten Stirnpilaster mit schrägen Flan-
ken und drittens den ebenfalls gekurvten Pilaster im Ovalraum, der dem
Stirnpilaster klappsymmetrisch entspricht.

Die Spitze des dreieckigen Sporns gibt die Klappachse an.

Das Gewölbe sitzt schichteinheitlich auf dem Unterbau auf. Über den acht
orthogonal stehenden Laibungspilastern erheben sich die vier Hauptarkaden.

Eine Stufe weiter vorne stehen die konkav geschwungenen Pfeilerstirnen,
die die Voraussetzung für das Gewölbe schaffen; deren schräggestellte Laibungen mit Sporn bereiten die vier Diagonalarkaden vor, die ebenfalls
sphärisch in den Mittelraum einschwingen.

Der Kernraum ist ein Acht-Arkaden-Raum, der mit allen seinen acht Bogenarkaden konvex in den Mittelraum einschwingt. Die vier Diagonalarkaden
entwickeln sich ganz und gar aus ihren ovalen Anräumen, deren Grundriß sie nachziehen bzw. dem sie eingeschrieben sind.

Aber nicht die Diagonalarkaden allein entwickeln sich aus den Ovalrotunden, vielmehr sind auch die Stirnen der Pilasterpfeiler von den ovalen
Diagonalräumen abhängig. Denn sie nehmen die Krümmung der Pilasterordnung des Ovalraumes klappsymmetrisch wieder auf und leiten mit einer
ondulierenden Linie ohne Brechung zu den vorschwingenden Hauptarkaden
über.

Für die Raum- und Grundrißdisposition bedeutet das: Die Ovalrotunden auf
den Diagonalseiten sind die gestaltgebenden 'Kernzellen' auch für den

zentralen Mittelraum, denn dieser entwickelt sich aus ihnen heraus. Die
Ovalrotunden sind ausschlaggebend für die im Grundriß und Gebälk besonders anschaulich werdende ondulierende Linie, die durch das sanfte Vor-
schwingen der acht Arkaden in den Raum und das ebenso verhaltene Rück-
schwingen der Pfeilerstirnen entsteht.
Nur die Lage der offensichtlich glatten Außenwände auf der Querachse
bleibt auf dem Längsschnitt unklar. Allein der vor die Wand gestellte
Altar ist ein Anhaltspunkt dafür, daß zwischen Arkade und Außenwand
ein zumindest kleiner Zwischenraum erwartet werden muß, dessen Tiefe
jedoch, im Gegensatz zu seiner geraden, kahlen Abschlußwand, für den
gesamten Raumeindruck des zentralen Acht-Arkaden-Raums kaum von Bedeutung ist.

Die acht Arkaden umstellen den Hauptraum in abwechselnder Folge.
Zwischen die weiten, hohen Achsarkaden, die vor den rechteckigen, kahlen Altarnischen stehen, sind die schmalen, niedrigen Diagonalarkaden
eingefügt. Zwar gehen alle Arkaden von derselben Kämpferhöhe aus, doch
bilden die Bögen infolge ihres verschiedenen Bogenmaßes ein regelmäßig
rhythmisiertes Bogengerüst aus, dem sich die Wölbung anpaßt. Zwischen
den Arkadenbögen bleibt jeweils Platz für die bis auf die Kämpferhöhe
heruntergezogenen konkaven Gewölbefüße.

Die Diagonalarkaden öffnen die sonst ganz in sich abgeschlossenen Ovalrotunden zum Mittelraum. Besonders betont werden die Rotunden durch das
um das gesamte Oval herumgeführte Gebälk der ionischen Ordnung, das im
Kernraum auf der Querachse vor den Rechtecknischen und auf der Längsachse vor den Anräumen jäh abbricht. Das Gebälk hebt die Diagonalarkaden hervor, so daß die Dominanz der wesentlich breiteren Arkaden-
stellungen auf den Hauptachsen abgeschwächt wird. Analog dazu bleibt
das Gebälk in den beiden Anräumen, Eingangsraum und Chor, ausschließlich auf die Ordnung beschränkt.
Das um die Ovale herumlaufende Gebälk bindet die Diagonalrotunden optisch an den davorliegenden Acht-Arkaden-Raum an. Zusätzlich wird diese
Wirkung durch die Lichtführung unterstützt. Man muß sich die diagonalen
Anräume wegen der zur Raumgröße relativ großen Fensterfläche (Rundbogenfenster plus Oculus) als helle, durchlichtete Raumbuchten vorstellen, die
sich wirkungsvoll von der breiten, verschatteten Fläche der kahlen Wand
der Rechtecknische auf der Querachse sowie von den Ausblicken in die
dunkleren Anräume absetzen.
Der ganze zentrale Mittelraum lebt von einem Wechselspiel von einschwin-

genden hohen-breiten Arkaden mit niedrigen-schmalen und dem Gegensatz
der hell durchlichteten kleinen Rotunden gegenüber relativ großen dunklen
Wandflächen bzw. Ausblicken in dunklere Raumeinheiten.

Das Rauminnere ist ein kontinuierliches, stark rhythmisiertes Arkadenge-
bilde, dessen Dynamik in den Einschwüngen der Bogenarkaden und den
Ausschwüngen der Pfeilerstirnen liegt. Das Widerspiel von glatter zu ge-
gliederter Wand steht in vollem Einklang mit dem optischen Reiz, den die
dunklen und lichthaltigen Anräume vermitteln.

Die Raumwirkung geht primär von dem zentralen Acht-Arkaden-Raum und
den ihn erst motivierenden Ovalrotunden aus. Eingangsraum und Chor sind
den Arkaden auf der Längsachse folienhaft hinterlegt, vergleichbar den
Rechtecknischen auf den Querachsen.

Auch für die Entwicklung der beiden Trabanten, Eingangsraum und Chor,
sind die beiden Laibungsarkaden des Längsschnitts der Ausgangspunkt.
Offensichtlich haben sie eine doppelte Funktion zu erfüllen. Sie gehören
einerseits zum zentralen Acht-Arkaden-Raum als dessen Begrenzung; zugleich aber sind sie auch Bestandteile der beiden kleineren Anräume, nämlich die Anschlußelemente, welche zwischen den Anräumen und dem Kernraum vermitteln. Je nach Betrachtungsweise gehören sie sowohl zum zentralen Mittelraum als auch zu den begleitenden Trabanten. Die Laibungsarkaden begrenzen Eingangsraum und Chor zum Hauptraum hin und schwingen
in diesen aus.

Spiegelbildlich dazu steht jeweils vor der Abschlußwand eines Anraumes
noch eine orthogonale Arkade von halber Laibungstiefe mit gerader Laibung,
die mit ihrem konzentrischen Bogen konkav nach außen schwingt; sie antwortet der Eingangsarkade im Gegensinn.

An der Chorseitenwand blicken wir abermals auf eine Arkadenstirn. Der
auffällig breite Bogen der Arkade wird von Säulen getragen, die orthogonal ausgerichtet sind, wie Sockel, Gebälk und Gewölbefuß erweisen. Die
Lavierung zeigt, daß der Bogen der Säulenarkade nicht sphärisch ausschwingt, sondern gerade geführt ist. Offensichtlich bilden die Säulen zusammen mit der breiten Bogenstirn ein Würdemotiv für die seitlichen geraden, wieder nicht eindeutig lokalisierbaren Abschlußwände, in denen die
Ehrenlogen sitzen.

Zwischen die Säulenarkaden und die ausschwingenden Laibungsarkaden ist
jeweils ein konkav geschwungenes Mauerstück gespannt, das die Flachkuppel vorbereitet; die Raumecken sind also ausgerundet.

Der Eingangsraum entspricht dem Chorraum auf der Längsachse, ist jedoch durch die eingezogene, hölzerne Empore zweistöckig und an der Seitenwand vereinfacht. An die orthogonal stehenden, ausschwingenden Laibungsarkaden schließt sich jeweils das konkave Wandstück der Raumecke an, die sich im Gewölbe als etwas niedrigere Flachkuppel fortsetzt. Die Arkaden der Seitenwand sind nicht eigens artikuliert, sondern einfach aus der Mauer herausgeschnitten. Sie öffnen sich mittels eines Grates und geben den Blick auf die glatte Abschlußwand frei, die durch zwei Türen und einen Oculus mit undefinierbaren Seitenräumen verbunden ist.

Aus der Analyse des Längsschnitts ergibt sich eine dreiteilige Grundriß-disposition. Der zentrale Mittelraum ist ein ungleichseitiges Bogenachteck, an dessen Diagonalseiten vier selbständige Querovale anlagern. Auf der Längsachse schließen sich zwei kleinere Raumeinheiten an, wobei der Chor annähernd ein Quadrat und der Eingangsraum ein Querrechteck bildet.

Der Grundriß der Außenmauern des Projekts ist vom Längsschnitt nicht ablesbar. Lediglich die Länge des Baus ist angegeben, während die Breitenausdehnung nicht zu rekonstruieren ist, da sich für die Lage der seitlichen Außenmauern keinerlei Anhaltspunkte finden.
Dennoch enthält der Längsschnitt noch einige weitere Informationen. Das Dach ist zweiteilig; der hölzerne Dachstuhl, der auf der Ost-West-Achse die gesamte Länge des Baus einnimmt, wird auf der Querachse von einem zweiten, höheren Zeltdach durchstoßen. Dadurch wird bereits am Außenbau der Mittelraum in seiner Bedeutung erkennbar.
Am Eingang ist eine Einturmfassade mit einer dorischen Säulenordnung auf hohem Sockel und mit gesprengtem Giebelabschluß geplant; über dem Giebelabschluß erhebt sich mittig der Turm.
Der Abschlußwand des Chores ist eine Pilasterordnung vorgelegt, was darauf hindeuten könnte, daß die dorische Ordnung um den gesamten Außenbau herumgeführt werden sollte.
Bei der Fassadenrekonstruktion sind wir jedoch nicht allein auf den Längsschnitt 911 angewiesen, sondern können auf die beiden ebenfalls orthogonal projizierten Fassadenaufrisse 911 a und 911 b zurückgreifen.

Abb. 12, 13

Bei einem Vergleich der beiden Projekte fallen sofort einige gravierende Unterschiede, zugleich aber auch Übereinstimmungen auf. 911 a ist der breitere und reichere Aufriß. Er hat ein weit hochgezogenes Mansarddach mit Oculi, das den zentralen Turm bis zur Mitte seines Glockengeschosses umfängt, so daß nur die obere Hälfte des Glockengeschosses und die abschließende Turmhaube frei herausragen, was dem Aufriß eine gewisse Gedrungenheit verleiht.

911 b dagegen zeigt eine schmale und hochaufgerichtete Fassade. Der Turm überragt in seiner vollen Höhe den Baukubus und schließt mit einer zunächst konkav anschwingenden, dann jedoch konvex ausbauchenden Haube. Das niedrige Zeltdach des Baukörpers verschwindet weitgehend hinter dem dominierenden Turm.

Hingegen stimmt das Aufbauschema des Untergeschosses der Fassade bei beiden Varianten überein. In beiden Fällen handelt es sich um eine eingeschossige, hochaufgesockelte Fassade mit einer zentralen Säulenädikula, über der sich der Turm erhebt und der eine konkav einschwingende Treppe vorgelegt ist. Das prägende Motiv der Fassade ist die Säulenädikula mit dem dreieckigen Sprenggiebel, der konkav geschwungene Schenkel hat. Die Säulenädikula öffnet sich zur geraden Eingangswand, die nur durch das Portal und ein Fenster unterbrochen wird. Die Eingangswand greift über die Gebälkzone hinaus und wird von dem geraden Teil des Sprenggiebels abgeschlossen. Unter dem Giebeldreieck wie auch zwischen dem Fenster und dem Portal sind Wappenkartuschen angebracht.

Die gesamte Ädikula wird von einer konkav einschwingenden Fassadentafel hinterfangen, die erst im Turmgeschoß ausläuft. Links und rechts der Fassadentafel sind die Seitentravéen mit konvex ausbuchtenden Mauerstücken an die Ädikula angebunden. Die Seitentravéen stehen schräg nach hinten, da man direkt in die äußere Laibung der Fenster schaut.

Dennoch, trotz des sehr ähnlichen Aufbauprinzips, divergiert die Wirkung der beiden Fassaden erheblich.

Die beiden seitlichen Schrägtravéen sind auf dem Plan 911 a breiter. Eine sich in Sockel und Gebälk weiterverkröpfende ionische Doppelpilasterordnung rahmt die mittlere, nur durch ein Fenster durchbrochene Bahn, die ihrerseits das Gebälk durchbricht.

Auf dem Plan 911 b dagegen besitzen die schmäleren, seitlichen Travéen nur eine einfache dorische Pilasterordnung, die die mittlere, zweifenstrige Bahn begleitet, während Sockel und Gebälk unverkröpft umlaufen.

Der Mittelteil der Fassade unterscheidet sich dadurch, daß die konkave Fassadentafel von Projekt 911 a, die die, nochmals um eine Stufe hervortretende, ionische Säulenädikula mit Sprenggiebel hinterfängt, soweit hervorgezogen ist, daß ihre Schenkel frontal zum Betrachter stehen und genügend

Raum für eine eigene Pilasterordnung haben, ja sogar den Fassadenskulpturen als Podest und Rücklage dienen können. Die konkave Fassadentafel setzt sich über dem Gebälk in zwei konkaven, ausgerundeten Anschwüngen fort, die den Turm bis zum Knick des Mansarddachs umrahmen. Den Ausgangspunkt der Anschwünge schmücken Skulpturen, die freistehen und in zwei Amphoren auslaufen.

Die ionische Säulenädikula, die vor die Tafel tritt, nimmt mit dem Sockel und dem Gebälk, die die beiden Säulen zusammenfassen, wie auch mit den Giebelschenkeln den konkaven Schwung der hinterlegten Fassadentafeln auf. In der Mitte springt die Ädikula zurück, um der geraden Eingangswand, die von einem Giebel bekrönt wird, Platz zu machen.

Eingangswand und Giebel durchbrechen das Gebälk.

Das abschließende, umlaufende Gebälk wird dreimal unterbrochen: durch die Eingangswand, aber auch durch die Fensterbahnen der seitlichen Travéen, was baukünstlerisch eine Aneinanderbindung der drei Travéen bewirkt, die formal durch die konvex ausbuchtenden Wandstücke erreicht wird.

Die Mitteltravée des schmaleren Fassadenprojekts 911 b ist gegenüber 911 a abgewandelt. Zwar verbinden auch hier konvex ausbuchtende Fassadenteile die seitlichen Schrägtravéen mit der Mitteltravée, doch tritt die der Ädikula hinterlegte konkave Fassadentafel weniger massiv hervor. Zum einen ist sie schmaler, zum anderen treten die Flanken im Bereich der Ordnung nicht in Erscheinung, das heißt, die Tafel ist nicht so weit hervorgezogen wie bei 911 a. Lediglich im Sockel wird man die im Vergleich erheblich dünneren Flanken gewahr. Erst oberhalb des Gebälks, in den gleichfalls konkav einschwingenden Anschwüngen, kommt der Tafelcharakter zu voller Geltung.

Die Anschwünge rahmen den Turmfuß und laufen am vollständig herausragenden Glockengeschoß in Voluten aus.

911 b ist eine klassische Einturmfassade, steilaufgerichtet, Turm und Fassadengeschoß im Verhältnis 1 : 1. Das flache Dach des Kirchenbaus spielt für die Fassadenwirkung keine Rolle.

Die dorische Säulenädikula ist frei vor die im Bereich der Ordnung hauchdünne, konkav einschwingende Tafel gestellt und wirkt nicht wie bei 911 a festgerahmt und hinterfangen von einer massiven Rücklage. Auch hier brechen konkaver Sockel und Gebälk, die die dorischen Doppelsäulen zusammenfassen, wie auch die konkav anlaufenden Schenkel des Sprenggiebels ab und geben den Blick auf die zurückgestufte glatte Eingangswand frei, die mitsamt dem bekrönenden Giebel in den Turmbereich eingreift.

Die Fassadenwirkung ist, trotz des formal ähnlichen Aufbaus der beiden
Fassadenaufrisse, verschieden.
Bei 911 a kommt der Dachlandschaft in Form des voluminösen Mansarddachs
eine nicht unbeträchtliche Wirkung zu. Sie vermittelt dem Betrachter den
Eindruck eines breitgelagerten, im Gegensatz zu 911 b fast schon gedrungen wirkenden Baues mit einer Einturmfassade, die beinahe im Volumen
des Baukörpers untergeht und deren Turm eher einem Dachreiter entspricht.
Die seitlichen Travéen spielen für die Fassadenwirkung fast keine Rolle;
vielmehr übernehmen die massiv zur Schau gestellten Schenkel der Fassadentafel deren Aufgabe.
Erst allmählich kristallisiert sich die Mitteltravée, die aus konkaver
Fassadentafel, Ädikula, Eingangswand und Giebel besteht, zusammen mit
dem Turm als die 'eigentliche Fassade' des Projekts heraus, die jedoch
immer hinterfangen bleibt vom gesamten Baukörper.
Die Fassadenvariante 911 b erscheint dagegen schlank und hoch, geradezu
steil aufgerichtet mit einer Säulenädikula, die sich monumental öffnet und
die Fassade regelrecht aufreißt.
Die glatte, weitgehend kahle Eingangswand hat den senkrechten Höhenzug
des Turmes schon vorbereitet und wird lediglich vom Giebel leicht unterbrochen.
Vergleicht man die Maßstabsangaben miteinander, zeigt sich, daß der Maßstab des Längsschnitts 911 mit dem Maßstab des Fassadenaufrisses 911 b
übereinstimmt, während der Fassadenaufriß 911 a mit einem kleineren Maßstab herausfällt.
Der identische Maßstab von 911 und 911 b wie auch die gemeinsame Verwendung der Dorica im Längsschnitt und im Fassadenriß, darüberhinaus die
Geschoßhöhen, die exakt übereinstimmen, lassen nur einen Schluß zu: Das
Fassadenprojekt 911 b gibt die zum Längsschnitt 911 gehörige Fassade
wieder.
Da der Fassadenaufriß 911 b ebenfalls in Orthogonalprojektion gegeben ist,
kann man die Fassadenbreite von 911 b auf den Grundriß übertragen, der
aus dem Längsschnitt 911 entwickelt wurde. Damit ist die Fassadenbreite
des Kirchenbaus eindeutig festgelegt, nicht jedoch die Breite des gesamten
Baukörpers. Es bleibt immer noch ungewiß, ob der Baukörper in seiner
Gesamtbreite nicht doch manchmal hinter die Fassadenbreite zurücktritt oder
auch über sie hinausragt, denn dies definieren weder der Längsschnitt,
noch der zugehörige Fassadenaufriß. Man muß sich mit dem Grundriß des
dreiteiligen Innenraums zufriedengeben, wobei die Lage der seitlichen
Außenwände unbestimmbar bleibt.

Allerdings wäre ein Außenbau, der exakt die Fassadenbreite aufnehmen würde, durchaus auch vom Innenraum her realisierbar. Im Innenraum würden auf der Querachse Rechtecknischen von der Tiefe eines dreiviertel Pilasters entstehen, die einen Altar aufnehmen könnten. Die Fensterlaibungen der Diagonalrotunden wären zwar ziemlich dick, jedoch gerade noch im Bereich des Praktikablen.[6]

Die Außenerscheinung des Baus hätte die Form eines gleichmäßig rechteckigen Kastens, dessen einzige Gliederung in der um den Baukörper herumgeführten dorischen Ordnung bestehen würde.
Problematischer bleibt der zweite Fassadenaufriß 911 a mit seinem kleineren Maßstab. Stellt der Plan eine Fassadenvariante desselben Projekts dar oder gehört er zu einem anderen, völlig selbständigen, jedoch unbekannten Bauprojekt?
Eindeutig zu beantworten ist nur, daß die Fassade von 911 a niemals zu einem Bau, wie ihn der Längsschnitt 911 beschreibt, passen kann. Die Fassade ist zu breit; sie würde zu weit über den in 911 geplanten Baukörper hinausstehen und kann demnach keine Fassadenvariante ein und desselben Entwurfs sein, wohl aber desselben Bauvorhabens.
Wahrscheinlich gehört 911 a zu einem ganz anderen Längsschnitt, der nicht überliefert ist und der insgesamt einen größeren Bau vorgesehen hätte, der jedoch zu teuer geworden wäre, weshalb man mit dem weniger aufwendigen Projekt vorlieb nehmen mußte.
Die identischen Wappen auf den zwei Fassadenaufrissen sind jedenfalls kein Beweis dafür, daß die zwei Pläne unbedingt zusammengehören, da eine spätere Eintragung in die Kartuschen nicht auszuschließen ist.

Eine zweite Möglichkeit wäre, daß der Plan überhaupt nicht zu dem Bauvorhaben von 911 und 911 b dazugehört, sondern ein ganz eigenständiger Plan ist, der nur aufgrund der formalen zeichnerischen und auch baukünstlerischen Übereinstimmungen, die allerdings ohne Zweifel auf ein und dasselbe Baubüro zurückgeführt werden müssen, den beiden Plänen 911 und 911 b hinzugefügt worden ist.
Die Zugehörigkeit des Planes 911 a bleibt weiterhin unklar, so lange sich dazu keine weiteren Informationen oder Pläne gefunden haben.

d) Die drei Bauten als Beispiele 'kurvierter Architektur'

Wie aus den Analysen hervorging, verbindet Berbling, Frauenzell und das
Projekt 911 ein ganz wesentliches Moment: Alle drei Beispiele gehören der
Gattung der 'kurvierten Architektur' an, die für den Bayerischen Raum
ganz ungewöhnlich war. Zwar gibt es auch in Bayern nicht wenige Bauten,
deren Wände oder Gewölbebögen in Kurvungen schwingen, wie zum Beispiel
Johann Michael Fischers Osterhofen, der ausgeprägteste Bau dieser Rich-
tung, doch ist ein gekurvter Bau nicht das Gleiche wie ein kurvierter.
Kurvierungen bedeuten eine Gradstufe mehr als Kurvungen.
Bei Kurvierungen wird die gesamte Raumstruktur von einem einzigen, alles
durchwaltenden Prinzip erfaßt und bis in die Pfeiler- und Bogenstellungen
bestimmt. Es ist dies das Prinzip der Rotunde, mit welchem die Einzelräu-
me, ja sogar die Einzeltravéen durchgeformt werden. Das Mittel hierfür ist
die Bogenarkade, die genetisch nichts anderes ist als der Ausschnitt aus
einem Rotundenmantel. Eben die Bogenarkade bestimmt bei allen drei Beispielen als Leitmotiv den Kernraum, also den Acht-Arkaden-Raum. In Berbling und Frauenzell ist die Bogenarkade eine Ausformung des Chor- und
Eingangsraumes, auf dem Projekt 911 aber eine solche der Diagonalräume.
In allen drei Fällen greifen die Anräume als Rotunden mit ihren Bogenarkaden in den Kernraum ein und legen dessen Aufbau so weit fest, daß alle
acht Oktogonseiten zu Bogenarkaden werden, und seien sie nur Blendarkaden.
Bei gekurvten Räumen hingegen ist die Kurve nicht das Prinzip der Gesamt-
struktur, sondern nur ein Motiv der Wand oder der Wölbung, das zwar
wichtig sein kann, aber neben anderen, gleichberechtigten oder sogar wich-
tigeren Motiven besteht. Hier ist die Kurve niemals raumbildend und schon
gar nicht systembildend, sondern allenfalls eine Sache der Modellierung.
Das Beispiel Osterhofen zeigt, wie ein herkömmlicher, tonnengewölbter Saalbau, der letztlich in die Tradition der Wandpfeilersäle gehört, in seiner
seitlichen Begrenzung gekurvt ist, aber dadurch trotzdem noch nicht zu
einem kurvierten Saalraum wird. Bestimmend bleibt der festgelegte Typus
des Wandpfeilersaales, und dieser wird nur in den Abseiten durch das
Mittel der Rotunde und der Bogenarkade neu durchgeformt, ohne daß die
Bogenarkade die Struktur des Saales wirklich prägen würde. Denn die Rotunden der Abseiten und die Bogenarkaden führen nur zu einer ondulierenden Kurvung oder besser: Schwingung der Wandform, nicht aber zu einer
davon abhängigen neuen Raumform.

Eine neue Raumform liegt jedoch in den hier diskutierten drei Beispielen vor; aus dem Acht-Arkaden-Raum wird ein kurvierter Acht-Arkaden-Raum, der auf der Grundrißfigur des konkav einschwingenden Bogenachtecks basiert. Das herkömmliche Oktogon erhält in allen seinen Teilen eine neue Qualität.

Dies ist bei keinem einzigen der sonstigen Oktogonräume in Bayern der Fall, weder bei den Pionierbauten Freystadt und Murnau, noch bei Fischer und seinen Nachfolgern, und erst recht nicht bei Zimmermann oder bei den Asam. Um so schwieriger, aber auch brennender wird deshalb die Frage nach den Inventoren der drei Beispiele, zumal sich die Forschung hierüber gänzlich uneinig ist.

Da die schriftlichen Quellen in allen drei Fällen keine eindeutige Auskunft über den entwerfenden Architekten geben[7], bedarf es einer sorgfältig abwägenden genetischen Untersuchung, die die charakteristischen Eigenarten jedes einzelnen Baues auf das Umfeld und die Voraussetzungen hin überprüfen muß, um von dorther Aufschlüsse über die Stellung des Baues innerhalb der Entwicklung sowie über den möglichen Entwerfer zu gewinnen.

2. Genetische Untersuchung

a) Die kurvierte Architektur in Böhmen

Die Wiege der kurvierten Architektur liegt in der italienisch-römischen Barockarchitektur[8], sie wurde von dem Norditaliener Guarino Guarini[9], der auch einen Plan für die Prager Theatinerkirche gefertigt hat, weiterentwickelt und kam mit Lukas von Hildebrandt nach Böhmen[10], wo sie unter der Baumeistersippe der Dientzenhofer ihren Höhepunkt erreichte. In Süddeutschland setzte sich die kurvierte Architektur nur sehr zögernd durch. Die Klosterkirche in Banz 1710-16 und die sogenannten Pläne für Holzkirchen[11] sind einzigartige Ausnahmen. Sie gehören in das Ouevre des Johann Dientzenhofer, der zusammen mit vier seiner Brüder in der zweiten Hälfte des 17. Jahrhunderts aus der Gegend von Bad Aibling[12] nach Prag ausgewandert war und um die Jahrhundertwende aus Böhmen nach Fulda und dann nach Franken kam.

Erst Balthasar Neumann griff bei der Würzburger Schönbornkapelle 1720 die kurvierte Architektur auf und setzte sich in der Folgezeit intensiv damit auseinander. Neumann hat die kurvierte Architektur weiterentwickelt und differenziert zu einer analytischen Klarheit der Schichtenzusammenhänge, wie es sie in der böhmischen Barockarchitektur noch nicht gegeben hatte.

Natürlich beeinflußte der 'radikale' Barock[13] im zweiten Viertel des 18. Jahrhunderts auch andere Architekten Süddeutschlands, wenn auch nicht so ausschließlich wie Neumann.

Zum Beispiel wird im Werk des Johann Michael Fischer das 'Böhmische' mehrfach greifbar; es sei nur auf seine beiden Bauten Osterhofen und Ingolstadt verwiesen, die am deutlichsten böhmische Elemente enthalten.

Doch trotz des Einflusses, den die böhmische Barockarchitektur auf Fischer ausübte, blieb er mit der Architektur und der Formensprache seiner Heimat Bayern tief verwurzelt.

Da es sich bei den drei zu bearbeitenden Bauten einerseits um kurvierte Architekturen böhmischer Natur handelt, andererseits die Projekte auf bayerischem Boden entstanden sind, liegt es auf der Hand, die barocke Architektur beider Einzugsbereiche, Böhmen wie Bayern, zur Grundlage der genetischen Untersuchung zu machen.

Berbling, Frauenzell und die Plangruppe 911, a, b[14] gehören ein und demselben Bautypus an: Ein zentralisierter Mittelraum wird auf der Längsachse durch zwei kleinere Anräume, Chor und Eingangsraum, erweitert.

Dieser Bautypus, auch in der Abwandlung von nur einem oder mehr als zwei Anräumen auf der Längsachse, findet weite Verbreitung vornehmlich in Böhmen, vereinzelt auch in Schlesien, wo er variantenreiche Ausbildung erfährt. Beispiele sind die Pfarrkirche in Hermanice 1723, St. Adalbert in Počaply bei Leitmeritz 1724-25, St. Bartholomäus in Prag 1726-31, die Klosterkirche von Wahlstatt in Schlesien 1727-31, St. Johann von Nepomuk am Felsen in Prag 1730, die kaiserliche Spitalskapelle auf dem Hradschin, Prag 1733, die Maria Magdalenenkirche in Karlsbad nebst einem dazugehörigen Entwurf, heute im Kreuzherrenarchiv in Prag, 1732-35, und die St. Klemenskirche in Odolená Voda 1737.

Alle genannten Kirchen und Entwürfe stammen von Kilian Ignaz Dientzenhofer, der sich in aller Intensität mit diesem Bautypus auseinandergesetzt hat.

Alle diese Bauten des Kilian Ignaz Dientzenhofer sind undenkbar ohne die Schloßkapelle in Smiřice, 1706 erbaut von seinem Vater Christoph Dientzenhofer.[15]

Smiřice ist der Initialbau für den Bautypus eines mittleren Zentralraumes, der sich über dem Grundriß eines Bogenachtecks erhebt und an den sich auf der Längsachse zwei Rotunden anschließen.

Der zentrale Kernraum konstituiert sich aus acht konvex einschwingenden Bogenarkaden. Die zwei Bogenarkaden auf der Längsachse zeichnen sich durch ihre ambivalente Struktur aus; einerseits zeichnen sie den Grundriß der Rotunden nach, andererseits sind sie konstituierende Elemente des Acht-Arkaden-Raumes. Die Arkaden auf der Querachse sind als Blendarkaden vor die konvex einschwingenden Seitenwände gestellt. Die vier Diagonalarkaden stehen vor linsenförmigen Anräumen.

Smiřice ist der erste vollständig kurvierte Bau Böhmens, bei dem zum ersten Mal die acht Bögen der Arkaden das Leitmotiv sind. In Smiřice ist die Variationsbreite, wie sich ein Acht-Arkaden-Raum konstituieren kann, offen dargelegt.

Zwei Arkaden werden durch vollständige Kreisrotunden auf der Längsachse bedingt. Die vier Diagonalarkaden entstehen aus linsenförmigen Anräumen, die vor ihrer konkav ausschwingenden Außenwand das Motiv des Bogens spiegelsymmetrisch wiederholen, wenngleich in der reduzierten Form des Blendbogens; wohingegen die Bogenarkaden der Querachse von den konvex einschwingenden Außenwänden motiviert werden.

Aber nicht nur der Innenraum von Smiřice ist eine Initialleistung, sondern auch der Außenbau mit dem konkaven Einschwung der Seitenwände, der dem Grundriß die Form eines Geigenkastens gibt.

Der Einschwung auf der Querachse wird von Kilian Ignaz Dientzenhofer
immer wieder zitiert, nur daß dieser den Rundgiebel von Smiřice durch
einen Dreiecksgiebel ersetzt, wie zum Beispiel in Počaply oder in St. Johann am Felsen in Prag.
Zwei der genannten böhmischen Bauten zeigen die engsten Übereinstimmungen mit den bayerischen Kirchen: Počaply und St. Johann am Felsen in
Prag. Die Analyse dieser beiden Bauten wird die grundsätzlichen Gemein-
samkeiten wie auch die feinen Unterschiede zu den bayerischen Bauten
aufzeigen.

b) Počaply und St. Johann am Felsen in Prag

St. Adalbert in Počaply[16] bei Leitmeritz, das von Kilian Ignaz Dientzenhofer in den Jahren 1724-25 erbaut wurde, ist das engste böhmische Vergleichsbeispiel zu Berbling. Beide Bauten folgen demselben Bautypus, wobei
das Aufbausystem identisch ist, wenn auch im Detail variiert. Die Bauauf-
fassung aber der beiden Kirchenbauten ist eine völlig verschiedene.

Fig. IV

Abermals handelt es sich um einen zentralen Hauptraum auf dem Grundriß
eines ungleichseitigen Oktogons, der von zwei querovalen Anräumen, Ein-
gangsraum und Chor, symmetrisch eingefaßt wird.
Die Achteckseiten auf den Achsen des Kernraumes sind annähernd gleich
lang und wesentlich länger als die kurzen Diagonalseiten, die von Rund-
bogennischen ausgehöhlt werden.
Die querovalen Trabanten schwingen mit ihren Langseiten konvex in das
Oktogon ein, so daß sich an den Anschlußstellen des Hauptraumes zu den
Nebenräumen Bogenarkaden öffnen und frei in den Mittelraum einschwingen.
Entsprechend den einschwingenden Langseiten der Querovale sind auch die
übrigen Oktogonseiten gekurvt, so daß ein Bogenachteck entsteht, das kon-
vex nach innen schwingt.
Die konvexe Krümmung der seitlichen Wände ist erheblich stärker als in
Berbling.
Das Choroval wird dreimal unterbrochen, auf der Querachse durch zwei
Fenster, im Osten durch eine Tür, die die quadratische Sakristei erschließt.
Die drei freistehenden Außenmauern der Sakristei sind alle leicht konkav
geschwungen, analog zu der vierten, das Choroval nachzeichnenden Wand.

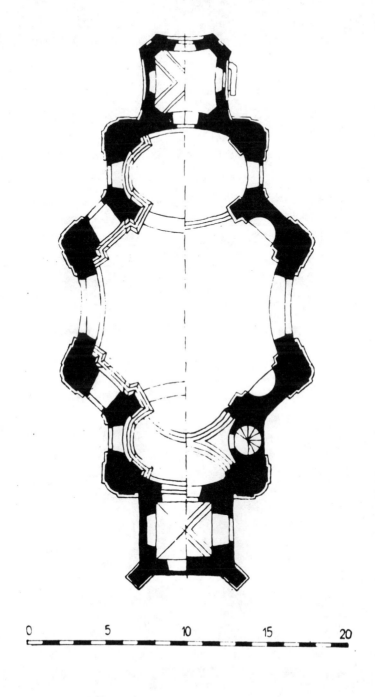

Fig. IV   Počaply, Grundriß (aus Norberg-Schulz, 1968)

Im Westen ist dem ovalen Eingangsraum ein quadratischer Turm mit über-
eckgestellten Strebepfeilern vorgestellt, durch den man das Kircheninnere
betritt.
Die Orgelempore macht einen energischen Konkavschwung in den Eingangsraum; sie wird durch eine Wendeltreppe erschlossen, die wiederum konvex
in das Oval einschwingt.

Abb. 14

Am Außenbau erscheinen Eingangsraum und Chor als Querrechtecke. Der
Kernraum hingegen artikuliert sich im Norden und Süden mit je drei Travéen. Zwei äußere gerade Travéen, die schräg anlaufen und im Inneren
den Diagonalen des Oktogons entsprechen, rahmen eine breitere, konkav
einfallende Mitteltravée, die in energischem Konvexschwung in den Innenraum einschwingt.
Am Außenbau in Počaply ist vom Innenraum nur die Abfolge dreier Räume
ablesbar, nicht aber deren Struktur.
Nicht einmal der Kernraum ist, wie in Berbling, am Außenbau abzulesen.
Nur die konkav eingesunkene Mitteltravée sowie die im Osten und Westen
konvex herausschwingenden Anschlußwände der Anräume spielen auf die
Binnenstruktur des Baus an.
Alle Kanten des Außenbaus sind abgerundet und werden von je zwei Pila-
stern gerahmt, die den jeweiligen Mauerverlauf aufnehmen.
Die kräftig gekurvte Mitteltravée wirkt wie eingespannt zwischen die kür-
zeren geraden Diagonaltravéen, die der dynamischen Energie des konvexen
Einschwungs einen Widerpart bieten.
Die Kurvungen der Mitteltravée, der äußersten Abschlußwände sowie der
Kanten sind der Augenreiz der ansonsten polygonal geführten Umrißlinie
des Grundrisses.

Fig. IV

Počaply ist seiner Grundrißdisposition zufolge ein Zentralbau mit zwei ihm
untergeordneten Trabanten, die allerdings Tendenzen zu einem Longitudinalbau vermitteln. Da jedoch die Querovale der Anräume im Verhältnis zum
Oktogon des Kernraumes viel kleiner sind, bleibt bei der Gesamtschau des
Grundrisses das Gewicht auf dem Hauptraum.
Die gesamte Anlage wird durch den zentralen Kernraum geprägt, an den
sich die Trabanten anschließen.

Počaply ist vom Typus her identisch mit Berbling.
Wieder ergibt sich eine Abfolge von drei Räumen: zwei querovale Rotunden

gruppieren sich symmetrisch um den zentralen Acht-Arkaden-Raum.

Abb. 15, 16

Wie in Berbling schließen sich zwei querovale Rotunden mittels Bogenarkaden, die einerseits die Querschnitte der Ovalrotunden beschreiben, andererseits konstitutionelle Elemente des Acht-Arkaden-Raumes sind, an den zentralen Acht-Arkaden-Raum an. Alle acht Wände des Kernraums schwingen
konvex ein.

In den Ecken der acht Wände sitzt eine dorische Ordnung, die im Unterbau
Pilaster und in der Gewölbezone sphärische Gurte ausbildet. Der Aufbau
konstituiert sich wieder aus acht Pfeilerarkaden, auf deren Bogengerüst
die Flachkuppel aufsitzt. Soweit entsprechen sich die beiden Bauten.

Unterschiede ergeben sich erst bei dem Aufbau des Acht-Arkaden-Gerüsts,
der Wandbehandlung, der Lichtführung und der daraus resultierenden
Gesamtschau sowie der Raumwirkung.

Der zentrale Kernraum wirkt vornehmlich durch seine dichte Folge von
Arkaden, die den Raum bestimmen.

Die Arkaden berühren sich nicht nur im Unterbau, sondern auch in der
Gewölbezone. Deshalb können sich keine konvexen Stelzfüße des Gewölbes
zwischen die Bögen der Arkaden schieben, wie in Berbling; für sie ist in
Počaply kein Platz. Vielmehr sind die Stirnen der Arkadenbögen und nicht
deren Laibung mittels eines faszienartig stuckierten Blendbogens besonders
artikuliert.

Abb. 2, 15

In Berbling setzen sich die Stirnen der Bögen nur durch einen circa zwei
Zentimeter breiten Streifen vom Gewölbe ab, und der Hauptakzent liegt auf
den Laibungen, während in Počaply die mindestens handbreiten Stirnen
dominieren gegenüber den zum Teil nur zwei Zentimeter breiten Bogenlai-
bungen. Sichtbar ist dies auf den Diagonalen, die von entsprechenden
Pilasterlaibungen vorbereitet werden. Wie in Berbling stoßen die Pilaster-
stirnen der Haupt- und Diagonalarkaden winklig aufeinander, so daß sich
ebenfalls eine Kerbe ergibt, die allerdings nicht ganz so deutlich ist wie
in Berbling, da die Wandbehandlung der Diagonalen divergiert; davon wird
noch die Rede sein.

Abb. 16

Im Gewölbe werden, analog zu den Stirnen des Unterbaus, die faszierten
Blendbögen aufgelegt. In ihren Fußpunkten berühren sie einander, trennen
sich aber infolge ihrer verschiedenen Radien bald. Durch die gegenseitige

Berührung der faszierten Blendbögen muß sich das Gewölbe den spitzen
Zwickeln einpassen.

Aber nicht allein die unmittelbar aufeinander folgende Reihung der Arkaden ist für den Raumeindruck wesentlich; mitbestimmend ist auch die rhyth-
mische Anordnung, wobei man zwischen den vier Hauptarkaden auf dem
Achsenkreuz und den vier diagonalen Nebenarkaden unterscheiden muß.

Beide Arten von Arkaden gehören zwar ein und demselben Schichtzusammenhang an, differieren jedoch stark in der Höhe, der Breite sowie in der
Ausbildung der Laibung. Die Hauptarkaden sind größer und weiter. Die
Laibung und die Stirn ihrer Arkaden treffen mit einer Nut aufeinander,
statt eine Kante zu bilden wie die Nebenarkaden. Sie öffnen sich trichterförmig zum Hauptraum, was besonders bei den Bogenarkaden auf der Längsachse zur Geltung kommt, denen gegenüber die Arkaden der Querachse nur
der Wand vorgeblendet sind, weshalb nur ein Teil der Laibung sichtbar
werden kann.

Die schräge Stellung der Pilaster im Unterbau bedingt im Gewölbe die
Böschung der sphärisch einschwingenden Gurte.

Auch die vier schmäleren Nebenarkaden mit ihren niedrigeren Scheiteln
stehen schräg zum Hauptraum. Die Betonung aber liegt hier nicht auf der
trichterförmigen Stellung der Arkaden, die ja nur mit einer Breite von
circa zwei Zentimetern in Erscheinung treten, sondern auf der Arkadenstirn, also auf dem Blendbogengestell, das sich im Unterbau zu den Pila-
sterstirnen entwickelt und sich im Gewölbe in faszierten Blendbögen fortsetzt.

Abb. 17

Die reduzierte Pilaster- und Bogenlaibung bei den Diagonalarkaden rührt
daher, daß die Arkaden bis auf zwei Zentimeter mit einer hervorstehenden
Mauer ausgefüllt sind, die konvex in den Innenraum einbaucht.

Die Mauer ist bis knapp unter Kapitellhöhe durch eine Rundnische ausgehöhlt und im Gewölbe von einem Oculus. Die Rundnische in Počaply, deren
Kalotte eigens von einem profilierten Fries abgesetzt ist, wird in Berbling
durch eine kastenförmige Rechtecknische ersetzt, deren oberer Abschluß das
rund um den Innenraum herumgeführte Gebälk ist.

Abb. 16

In Počaply sitzt über der dorischen Ordnung das dazugehörige, kräftig
ausladende dreiteilige Gebälk mit Triglyphenfries, das sich jedoch auf die
Diagonalen beschränkt, ganz im Gegenteil zu Berbling. Auf den Querachsen

bricht es unvermittelt an den konvex einschwingenden Seitenwänden ab;
die Wände sind bis auf ein Fenster völlig kahl.

Um die Verbindungsarkaden auf der Längsachse zu Chor und Eingangsraum
läuft das Gebälk herum, indem der Kämpferblock mit seinen Kanten stark
in die offene Arkade hineinspitzt. Um die Chor- bzw. Eingangsrotunde ist
nur noch das Kranzgesims des Gebälks herumgeführt.

Analog zum Gebälk verhält sich der Sockel, nur daß dieser den Diagonalen
vor den Nischen der Zylinderwand abbricht, während sich das Gebälk um
die Stärke der Pilasterstirn zurückverkröpft und über die Zylindermauer
legt sowie mit dieser leicht konvex in den Raum einschwingt.

Abb. 15

Zwischen die Arkadenbögen und das Gebälk ist eine hohe, friesartige,
durch Profile abgesetzte Zone eingestellt, die man nur als eine Art Attika
für die Bögen der acht Bogenarkaden verstehen kann. Durch diesen hohen,
fast schon wie ein zweites Gebälk wirkenden Einschub oder Sockel bekommen die Arkaden einen ungemein gestelzten und auch in sich gespannten
Zug.

Abb. 17

Die Querovale von Chor- bzw. Eingangsrotunde sind an den Hauptraum angeschlossen wie in Berbling, nämlich mittels der ambivalenten Arkaden,
die in diesem Zusammenhang als einschwingende Querschnittsarkaden der
Ovalrotunden zu verstehen sind. Jedoch erscheint in Počaply diese Querschnittsarkade vor der Chorabschluß- bzw. Eingangswand noch ein zweites Mal, wenn auch nur wenige Zentimeter stark. Das heißt, die Ovalrotunden öffnen sich auf der Längsachse zweimal, während die beiden Arkaden
auf der Querachse, wieder analog zu Berbling, der Rotundenwand lediglich
vorgelegt sind. Sie gehen von je zwei Pilastern aus, die dem Oval einbeschrieben sind und vor der Rotundenwand sitzen. Darüber ist in der selben
Schicht das segelartige Gewölbe eingespannt.

Abb. 3, 17

In Počaply sind die Bögen nicht eigens durch aufstuckierte Gurte wie in
Berbling betont, sondern heben sich analog zu den Pilastern nur durch
einen circa zwei Zentimeter starken Grat von der Rotundenwand ab.

Die Bogenstellungen auf der Querachse sind niedriger und schmäler als die
Querschnittsarkaden. Die vier Pilaster und das dazugehörige Gewölbe bilden

einen Baldachin aus, der in die querovale Rotunde eingestellt erscheint.
In Berbling ist es ein erweiterter Baldachin, der gemäß den vier auf-
stuckierten Bögen der Gewölbezone von den acht Pilastern des Unterbaus
ausgeht.
Die Rotundenwand ist in Počaply nur auf den Querachsen sichtbar und wird
von Fenstern unterbrochen. In die Gebälkzone greift ein hochrechteckiges
Rundbogenfenster ein und reduziert das Gebälk so, daß nur das Kranzgesims um das Oval herumlaufen kann. In der Gewölbezone sitzen zusätzlich
Fenster in Form von Oculi.
Der Eingangsraum unterscheidet sich vom Chor durch eine selbständig eingestellte Orgelempore. Sie zieht sich mit ihrer in Kapitellhöhe abschließenden Balustrade konkav in das Eingangsoval zurück, im Gegensinn zu der
konvex in den Mittelraum einschwingenden Querschnittsarkade. Die Orgelempore wird von einem Vier-Stützensystem getragen, das den Baldachin-
pilastern im Unterbau vorgeblendet ist, und zwar so, daß die Gurte, die
der Unterseite der Empore aufstuckiert sind, aufeinanderzuschwingen und
sich verschneiden. Die Gurte zeichnen zwei nebeneinanderstehende Ovale
nach, die sich berühren.
Die Pilaster geben den Querschnitt durch das jeweilige Oval an und sind
deshalb gerade, nicht jedoch gekurvt wie die dahinter liegenden vier Pilaster des Baldachins, die im Obergeschoß wieder sichtbar werden und die
dem Oval des Eingangsraums einbeschrieben sind.
Počaply ist ein bis ins Detail systematisierter Bau. Dientzenhofer verstand
selbst das Einziehen einer Orgelempore als eine eigenständige architektonische Aufgabe, die ihren ganz besonderen Reiz haben kann, indem eine
Variante zum Thema Oval vorgestellt wird.

Abb. 16

Wie in Berbling geht auch in Počaply die Raumwirkung von dem zentralen
Acht-Arkaden-Raum aus. Der Kernraum lebt von der dichten, rhythmisierten
Abfolge der Arkaden. Zugleich aber haben die zwischen die Arkaden einge-
spannten, kahlen bauchigen Wände einen entscheidenden Anteil an der Gesamtwirkung dieses Raumes.
Dominant sind die Arkaden auf den Achsen, die sich in voller Breite öffnen,
durch die gestelzten Bögen jedoch zugleich Steilheit erfahren. Diese vier
mächtigen Arkaden rücken räumlich sehr eng zusammen, da die viel niedrigeren und wesentlich schmäleren Nebenarkaden ihnen stark untergeordnet
sind.

Man muß aber andererseits auch ihre verbindende wie rahmende Funktion sehen. Diese kleineren Arkaden verbinden die vier großen in reizvollem Kontrast. Durch die sehr divergierenden Scheitelhöhen gewinnt das Gewölbe einen ausgewogenen Kranz von weiten, hohen Bögen mit großen Radien, die sich direkt an die schmalen, niedrigen Bögen mit erheblich kleinerer Spannweite anschließen. Die Arkaden schneiden einmal stärker, daneben weniger stark in das Gewölbe ein, so daß es auf der Bogenfolge aufliegt bzw. zwischen die Bögen eingespannt ist. Dadurch, daß immer zwei kleine Arkaden eine große Arkade rahmen, sie gewissermaßen begleiten, schließen sie sich zu einer Einheit zusammen, so daß man wieder vor dem Phänomen einer rhythmisierten Schauwand oder 'Facciata' steht, vergleichbar einer rhythmischen Travée. Nur existieren in Počaply nicht nur zwei dieser Innenraum-Fassaden wie in Berbling, sondern insgesamt vier. Schließlich haben wir in Počaply nur zwischen zwei verschiedenen Arkadenarten zu unterscheiden, so daß sich ein kontinuierliches, rhythmisiertes Arkaden-Rundum ergibt.

Die Diagonalarkaden sind 'oszillierende Raumteile', da sie gemäß ihrer ambivalenten Funktion einmal zu den offenen Raumtoren auf der Längsachse, das andere Mal zu den Blendarkadenwänden gehören, die in den Raum einbuchten.

Von den vier Schauseiten entsprechen sich jeweils zwei, wobei jede der beiden Typen ihren eigenen Charakter hat.

Die 'Facciate' auf der Querachse erscheinen als drei Zylinderwände, die in den Raum eingreifen. In der unteren Zone dominiert die Kahlheit ihrer Wände, während sie in der Gewölbezone durch Fenster geöffnet werden, wobei ein Oculus zum großen mittleren Schweiffenster kontrastiert. Im Unterbau alludieren die ausgehöhlten Rundnischen die Negativform des großen Mittelzylinders. Insgesamt gesehen, herrschen an den Schauwänden der Querachse die Volumina, das heißt konvex in den Raum hineinbauchende Körper; sie wirken dadurch, trotz der Fenster, mauerschwer und materiell geschlossen.

Das Wesen der dominanten Mittelarkade mit ihrer zylindrischen Geschlossenheit überträgt sich im Innenraum auf die begleitenden Travéen.

Was schon am Außenbau anklang, daß die gekurvte Mitteltravée von den sie flankierenden geraden Travéen gehalten wird, bestätigt sich im Innenraum und wird sogar noch gesteigert dadurch, daß die Diagonalen nun ebenfalls kurviert sind.

Abb. 15

Die Diagonalen können jedoch auch ganz anders wirken. Auf der Längsachse öffnet sich triumphal die Mittelarkade als Raumtor und leitet den
Blick weiter in den Chor- bzw. Eingangsraum, wo die Arkade vor den Ab-
schlußwänden nochmals, wie ein Pilaster von einer Rücklage, von einem
ähnlichen, wenn auch nur aufgeblendeten Arkadenmotiv hinterlegt und dadurch verstärkt wird.

Diese Hinterlegung der Arkaden auf der Längsachse ist ein Kunstgriff, der
die leichte Dominanz dieser beiden Schauseiten bewirkt, die liturgisch durch
den Chor vorgegeben ist.

Hier nun wirken die beiden Nebenarkaden, die die geöffnete Hauptarkade
flankieren, durchaus nicht wandhaft geschlossen, vielmehr bekommt das
zylindrisch Voluminöse etwas Transparentes. Die Nischen im Unterbau wirken in dieser Sicht wie Öffnungen, was im Gewölbe von den Oculi noch
unterstützt wird, deren runde Form diesmal adäquat den gespannten Halb-
kreisbogen des Raumtores begleitet.

So wird das mittlere Tor von zwei Travéen verstärkt und betont, die anschaulich ebenfalls geöffnet sind.

Fig. I, IV

Der Zentralraumeffekt wird entscheidend geprägt durch die ambivalente
Zwischenzone, die Diagonalen. Sie verbinden sich wechselweise mit den
Hauptarkaden und nehmen zugleich deren Wesensart an, um sodann diese
zu flankieren als auch ihre charakteristische Wirkung zu unterstützen und
zu betonen.

Die Gesamtwirkung ist die eines weiten zentralen, zugleich hohen Raumes,
von dem eine gewisse Spannung ausgeht, die aus der Gesamtheit aller
Einzelmotive herrührt.

Hervorgerufen zum einen durch Wände, die energisch gekurvt in den Raum
einschwingen, zum anderen durch die hoch aufgestelzten, straffen Arkadenbögen.

Beide Momente werden unterstützt von der Kahlheit der Wände, die jeglichen
Dekors entbehren.

Kahlheit des Innenraums, energische Kurvierung der Wände und straffe Ge-
spanntheit der Ordnung geben dem Innenraum von Počaply einen durchaus
monumentalen Charakter.

St. Johann von Nepomuk am Felsen in Prag[17] ist um 1730 von Kilian Ignaz
Dientzenhofer erbaut worden. Die Kirche ist erheblich größer als die bisher
beschriebenen Bauten.

Es handelt sich auch hier um eine Abfolge von drei Räumen, die jedoch
im Osten durch einen Vorchor erweitert wird. Der querovale Eingangsraum
und der Vorchor entsprechen sich, während der annähernd kreisrunde Chor
eine zusätzliche, vierte Raumeinheit darstellt. Das addierte Chorrund spielt
aber für den Grundtypus des zentralen Oktogons, dem sich zwei Raumeinheiten anschließen, keine Rolle.

Außerdem unterscheidet sich St. Johann am Felsen von den anderen Bauten
durch seine Zweiturmfassade. An den querovalen Eingangsraum gliedern
sich zwei über Eck gestellte, das heißt V-förmig auseinanderstrebende,
quadratische Türme an.

Im Osten dagegen wird der runde Chor von zwei quadratischen Sakristei-
anbauten völlig ummantelt; sie bilden einen Querriegel, weshalb der Chor
am Außenbau nicht wahrnehmbar ist.

Der oktogonale Mittelraum ist im Vergleich zu Berbling oder Počaply fast
doppelt so groß, in der Länge wie auch in der Breite, während Eingangsraum und Vorchor ungefähr den Trabanten der Vergleichsbeispiele entsprechen. Es handelt sich also um einen großen Kernraum, an den sich zwei
verhältnismäßig kleine Anräume anschließen.

Das zentrale Oktogon wird durch die Querovale von Eingangsraum und Vorchor erweitert. Die Anräume sind nicht identisch, da der Eingangsraum
kleiner ist. Dennoch öffnen sich beide zum Oktogon mit einer gleich großen
Bogenarkade, die das Grundrißoval nachzeichnet und in den Mittelraum ausschwingt. Wieder verhalten sich die Anräume und der Kernraum wie das
Positiv zum Negativ. Auch die übrigen Wände sind analog zu den zwei
Bogenarkaden auf der Längsachse gekurvt und schwingen alle in das Oktogon ein, so daß sich ein Bogenachteck ergibt.

Im Unterschied zu Berbling und Počaply handelt es sich jedoch um ein fast
gleichseitiges Bogenachteck. Alle acht Seiten des Oktogons, die Achsseiten
wie auch die Diagonalseiten, sind annähernd gleich lang, wodurch die zentrale Wirkung des Mittelraumes auf das Höchste gesteigert wird.

Die Gelenke des Oktogons sind die Ecken, in die die Ordnung eingestellt ist.
Es sind aber keine reinen Pilasterpfeiler, vielmehr werden die Pfeiler auf
den Diagonalen mit Halbsäulen kombiniert. Jeder Wand ist eine Arkade vorgelegt; die Arkaden der Hauptachsen gehen von Pilastern aus, die Arkaden
auf den Schrägseiten aber von Halbsäulen.

Insgesamt ergibt sich eine Folge von acht Arkaden: zwei freistehende
Bogenarkaden auf der Längsachse, zwei Blendarkaden auf der Querachse
und vier Arkaden auf den Diagonalen, die vor sehr flache, aber eigens
abgesetzte Altarnischen mit eigener Pilasterordnung gestellt sind.
Zwischen die acht Arkaden ist das Flachgewölbe eingespannt.
Eingangsraum und Vorchor schließen sich mit den Langseiten ihrer Ovale
symmetrisch an das zentrale Oktogon an, obgleich die Ovale verschieden
groß sind.
Der Vorchor greift jedoch nicht nur in den Kernraum ein, sondern auch in
den eingezogenen runden Chorraum im Osten. Obwohl die drei Anräume in
ihrer stereometrischen Form divergieren, verbindet sie dennoch das gleiche
Aufbauschema der Rotunde.

Im Westen betritt man das Kircheninnere durch den Eingangsraum, durch
den auch die Fassadentürme sowie die Orgelempore erschlossen werden.
Der Vorchor vermittelt zwischen dem zentralen Oktogon und dem Chorrund.
Auf der Querachse ist das Oval durch Fenster unterbrochen. Das Presbyterium dagegen wird nur von einem kleinen Oculus in der Ostwand belich-
tet, da es ansonsten von dem Querriegel der beiden quadratischen Sakristei-
räume umstellt ist, die durch die Türen auf der Querachse des Chors zu-
gänglich gemacht sind.
Abgesehen von dem östlichen Querriegel und von den Türmen ist die gesamte Umrißlinie des Außenbaus gekurvt und weist kein gerades Wandstück
auf. Alle Außenmauern des Zentralraumes schwingen konkav ein, weshalb
die Innenraumstruktur des Kernraumes auch am Außenbau ablesbar ist, wie
ein Positiv am Negativ. Im Gegensatz zu Berbling und Počaply sind auch
die sichtbaren Wände der Trabanten, also des Eingangsraums und Vorchors,
am Außenbau gekurvt.
Die Westfassade zeichnet das Oval des Eingangsraumes nach und tritt konvex
ausbauchend zwischen den beiden Türmen hervor.
Das Queroval des Vorchors ist am Außenbau zwar nicht ablesbar, dennoch
schwingt die Außenmauer konkav ein und verbindet sich mit der konvexen
Rotundenwand zu einer nicht konzentrisch verlaufenden Mauer, die am
Außenbau unvermittelt auf den rektangulären und starren Querriegel im
Osten stößt.
St. Johann am Felsen ist der am konsequentesten kurvierte Kirchenbau
Kilian Ignaz Dientzenhofers. Der gesamte Baukörper schwingt. Selbst am
Außenbau schwingen nicht nur alle Wände des Mittelraumes, sondern auch
die Wände der Trabanten.

Die Kanten des Oktogons, die die Mitteltravéen auf der Querachse rahmen,
sind abgerundet und werden von einem Pilasterpaar eingefaßt.
Die Mitteltravéen selbst sind zusätzlich mit je zwei Doppelpilasterpaaren
instrumentiert. Von den konkaven Mitteltravéen, die Nebenfassaden ausbilden, setzt sich im Westen die Hauptfassade ab, die als einzige Wand des
gesamten Baus konvex nach außen ausschwingt.
Die Sonderstellung der Westfassade dokumentieren auch die Halbsäulen, die
vor die Fassade gelegt sind und zusammen mit den über Eck gestellten
Türmen den konvexen Ausschwung rahmen.

In der Gesamtschau hat die Grundrißfiguration von St. Johann am Felsen
den Charakter eines Zentralbaus. Unterstrichen wird der Zentralbaugedanke
durch die Rundungen des Baukörpers, die überall am Außenbau erscheinen.
Vor allem aber geht der Eindruck des Zentralbaus von dem annähernd ein-
heitlichen Maß der acht Oktogonseiten des Kernraums aus.
Die Größenrelation zwischen Kernraum und Trabanten divergiert unverhält-
nismäßig. Die sehr kleinen Querovale wirken eher als große Kapellen des
mächtigen Zentralraumes denn als selbständige Räume und betonen den
Zentralbaugedanken.
Wie schon am Grundriß ablesbar, gehört St. Johann am Felsen demselben
Bautypus an wie die Kirchen in Berbling und Počaply: An einen zentralen
Acht-Arkaden-Raum schließen sich zwei querovale Rotunden an, indem sie
mit Bogenarkaden in den Mittelraum eingreifen. Die Bogenarkaden sind wieder von ambivalenter Struktur. Einerseits sind sie die Querschnittarkaden
der ovalen Anräume, andererseits sind sie zugleich Bestandteile des zentralen Acht-Arkaden-Raumes. Die acht konvex einschwingenden Wände werden von einer korinthischen Ordnung zusammengeschlossen, die im Unterbau
teils Pilaster, teils Halbsäulen ausbildet, welche sich im Gewölbe als
sphärische Gurte fortsetzen. Abermals schließen sich die acht Pfeilerarkaden zu einem Acht-Arkaden-Raum zusammen, der von einer Flachkuppel
überwölbt wird.
St. Johann am Felsen ist somit die dritte Variante eines Systems, das sich
bei allen drei Bauten entspricht. Aber auch in diesem Bau sind die einzelnen Aufbauelemente derart variiert durchgestaltet, daß die Raumwirkung
ihre eigene unverwechselbare Prägung erhält. Die drei Bauten sind vergleichbar mit drei Varianten zu ein und demselben Thema.

Nur die genaue Analyse des Achtarkadengerüsts und seiner Instrumentierung
sowie der Wandbehandlung kann Aufschluß über die spezifische Wirkung

dieses Baus geben.

Zunächst fällt die Regularisierung des Acht-Arkaden-Raumes auf. Alle
acht Bogenarkaden sind annähernd gleich groß, das heißt, Spannweite und
Scheitelhöhe sind bei allen acht Arkaden identisch. Es entsteht im Gewölbe
eine völlig gleichmäßige Bogenabfolge.

Zwischen die Bögen sind die Gewölbefüße der Flachkuppel eingestellt. Die
Arkaden berühren sich nicht unmittelbar wie in Počaply, vielmehr entspricht
ihre Stellung der Anordnung von Berbling, wo die Arkaden ebenfalls aus-
einandergeschoben sind, so daß sich zwischen zwei Arkaden jeweils ein
Knickpilaster im Unterbau und ein konvex ausgerundeter Kuppelfuß im Gewölbe einschieben konnte.

Der einzige Unterschied zu Berbling liegt darin, daß der eingeschobene
Pilaster bzw. der Kuppelfuß konkav gekehlt ist. Hier muß differenziert
werden zwischen den sechs vollständig freistehenden Bogenarkaden auf der
Längsachse und auf den Diagonalen im Gegensatz zu den zwei Blendarkaden
auf der Querachse.

Erstaunlicherweise sind die vier Diagonalarkaden, die ansonsten als Nebenarkaden fungieren, ebenso frei in den Raum eingestellte Bogenarkaden wie
die Arkaden auf der Längsachse; sie sind aufgewertet.

Doch nicht nur das: Die Diagonalarkaden sind im Unterbau als einzige Arkaden mit Halbsäulen instrumentiert. Die Hervorhebung der Diagonalen
mittels des Würdemotivs der Säule demonstriert die Priorität der vier Diagonalarkaden gegenüber den vier Achsarkaden, ob nun Blendarkaden auf
der Querachse oder offene Arkaden auf der Längsachse.

Die Ordnung der acht Arkaden, die sich zum Mittelraum öffnen, ist im Aufbau identisch mit der Ordnung in Počaply, mit Ausnahme der vier Halbsäulen auf den Diagonalen.

In der Höhe des Gewölbefußes wird die Entsprechung vollends deutlich:
Wie in Počaply, treffen Laibung und Stirn der Hauptarkaden mit einer Nut
aufeinander, während Laibung und Stirn der Nebenarkaden im Gewölbefuß
eine Kante bilden. Die Halbsäulen im Unterbau sind ihrer Natur gemäß
nicht gerichtet, so daß sie weder eine Laibung, noch eine Stirn ausbilden
können. Den Flanken der Pilaster bzw. der Gewölbefüße auf den Diagonalen
entsprechen faszierte Stirnen der Bögen im Gewölbe.

In St. Johann am Felsen handelt es sich auf den Diagonalen ebenfalls um
offene Bogenarkaden, die frei vor flachen Altarräumen stehen und von Halbsäulen ausgehen, gegenüber den flachen Blendarkaden in Počaply, die fast
völlig von der zylinderartigen, konvexen Wand ausgefüllt sind.

Außerdem stoßen in Počaply die beiden Flanken bzw. Stirnen der Arkaden direkt im Winkel aufeinander. Demgegenüber sind in St. Johann am Felsen die Halbsäule und die Pilasterflanke bzw. die beiden Bogenstirnen auseinandergerückt und treffen sich nur ideell im 90°-Winkel, vergleichbar mit Berbling.

In Berbling wurde der Kerbe ein Knickpilaster vorgelegt, der in Sockel und Gebälk konvex ausgefüllt ist. In St. Johann am Felsen dagegen wird die ideelle Kerbe zwischen zwei Arkaden mit einem konkav gemuldeten Pilaster derselben korinthischen Ordnung überbrückt, der sich durch einen Streifen links und rechts von der Ordnung bzw. den Bogenstirnen absetzt; der Pilaster bildet eine eigene, flach vortretende Schicht.

Im Gewölbe werden die konkaven Pilaster von den ebenfalls konkaven Gewölbefüßen weitergeführt, die sich trichterförmig erweitern und dann in die Scheitelkalotte übergehen. Die Wölbfläche liegt in derselben Schicht wie die gemuldeten Eckpilaster. Ansonsten paßt sich die Kuppel dem Achtbogengerüst der geböschten Gurte an.

Über den Pilastern und Säulen sitzt ein kräftiges, ausladendes Gebälk, das fast um den gesamten Kirchenraum herumgeführt ist. Nur vor den Wänden auf der Querachse des Acht-Arkaden-Raumes, vor den Fenstern des Vorchors und vor den Durchgängen des Chors zu den Sakristeiräumen wird das Gebälk unterbrochen.

Fig. V

Im Acht-Arkaden-Raum unterstützt das Gebälk zusätzlich die Betonung der Diagonalarkaden, indem es über die volle Breite der Arkaden geführt wird und sich in der Mitte eigens giebelartig vor- und hochkröpft, so daß Platz für die Stuckdekoration entsteht.

Wie in Berbling ist das Gebälk voll in den Schichtzusammenhang integriert. Das über die gesamte Breite der Diagonalarkaden geführte, sich verkröpfende Gebälkstück entspricht den Laibungen der Diagonalarkaden, das konkave Gebälkstück entspricht der konvex ausgefüllten Kerbe der Stirn der Diagonalarkaden wie auch das daran anschließende gerade Stück, während das über den Laibungspilastern gerade verlaufende Gebälk den Stirnen der Achsarkaden entspricht.

Über dem Gebälk folgt wieder der attikaartige Gewölbefuß, der, wie in Počaply, relativ hoch ist und die Arkadenbögen stelzt und spannt.

Der Gewölbefuß ist in dieser Form um den gesamten Kirchenraum herumgeführt: um den Acht-Arkaden-Raum und auch um die drei Anräume.

Die Gebälkstücke, die über die Diagonalarkaden konvex geführt sind, verkröpfen sich und teilen die dahinterliegenden Altarnischen wie Emporen

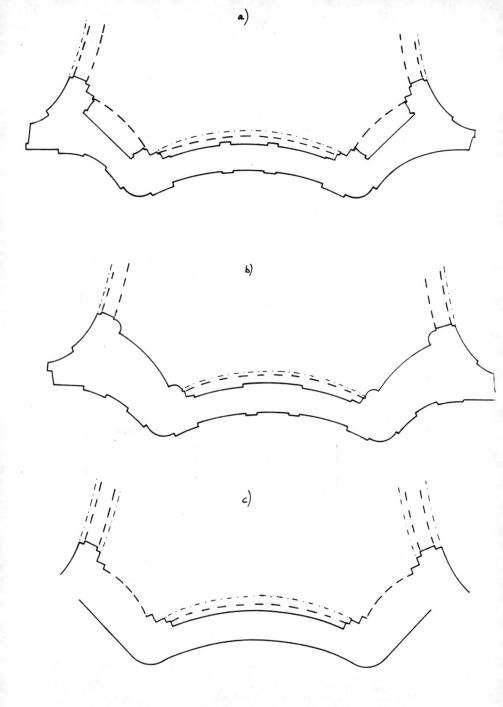

Fig. V   Der Schichtenzusammenhang der Wand in Berbling und Počaply
a Berbling, Schnitt durch den Pilaster; b Berbling, Schnitt
durch das Gebälk; c Počaply, Schnitt durch den Pilaster

- 43 -

in ein Unter- und Obergeschoß.

Die Wand unter den Gebälken wölbt sich konvex in den Raum und ist bis
auf ihre korinthische Pilasterordnung kahl und ohne Fenster. Über dem Gebälk wird die Wand durch große Oculi unterbrochen, die von einem Stuck-
rahmen geziert werden, der in einer Muschelform ausläuft.

Die raumkonvexen Wände auf der Querachse sind völlig schmucklos bis auf
ein Schweiffenster, dessen Sohlbank wenig unterhalb des Gebälks sitzt.
Selbst bei der Wandbehandlung spürt man die Dominanz der Diagonalarkaden.

Der spärliche Zierat der Kirchenausstattung beschränkt sich ausschließlich
auf die Diagonalen: auf die Umrahmung der Oculi, den Gebälkstuck und die
Pilasterordnung im Unterbau, die der Wand vorgeblendet wird.

An den Acht-Arkaden-Raum schließen sich direkt die querovalen Rotunden
von Eingangsraum und Vorchor. Dem Vorchor folgt im Osten das eingezogene
Chorrund. Analog zu den Querschnittsarkaden der Ovalrotunden, die das
Oval nachzeichnen, folgt an der Westwand im Eingangsraum eine Blendarkade und am Übergang vom Vorchor zum Chor eine weitere, jedoch
schmälere Querschnittsarkade, die ebenfalls das Queroval des Vorchors
nachzieht und in die Chorrotunde ausgreift.

Alle drei Anräume werden jeweils von vier Doppelpilasterpaaren gegliedert,
die den jeweiligen Rotunden eingestellt sind. Im Sockel und Gebälk werden
die Doppelpilaster zusammengefaßt. Im Eingangsraum läuft das Gebälk um
und bricht nur vor der Eingangswand ab. Im Vorchor wird das Gebälk von
den Fenstern auf der Querachse unterbrochen, ebenso wie es im Chor vor
den Durchgängen zu den Sakristeiräumen abbricht. Um die östliche Chorabschlußwand läuft das Gebälk herum, während der Gewölbefuß durch einen
Oculus unterbrochen wird.

Die Raumwirkung von St. Johann am Felsen wird, wie in Berbling und
Počaply, von dem Acht-Arkaden-Raum bestimmt. Der Acht-Arkaden-Raum
wiederum wird beherrscht von den dominierenden Diagonalarkaden. Diese
treten geradezu plastisch vor die Achsarkaden, indem das mächtige Gebälk
die vier Achsarkaden wie Klammern an die Diagonalarkaden anbindet, so
daß deren Eigenständigkeit, besonders im Unterbau, reduziert wird, was
noch einmal unterstrichen wird durch die Halbsäulen auf den Diagonalen.
Im Gewölbe können sich die Bögen der Arkaden eher behaupten, da hier den
Oculi der Diagonalen größere Schweiffenster auf der Querachse und in der
westlichen Eingangswand entgegengesetzt sind.
Im Osten dagegen kommuniziert der Oculus der Chorabschlußwand, der zwei-

fach eingefaßt wird von den beiden konzentrisch verlaufenden Querschnittsarkaden des Vorchors, optisch mit den Oculi auf den Diagonalen, die er
zugleich betont durch Wiederholung derselben Form und desselben Motives
und sie gegenüber der anderen dreimal auftretenden Fensterkombination,
Schweiffenster plus zwei Oculi, hervorhebt.
Das heißt, der Chorprospekt des Kirchenraums wird durch den dritten Oculus im Chor eigens akzentuiert, ohne jedoch die Zentralität des Mittelraums
einzuschränken, denn Vorchor und Chor sind gleich einer Folie dem Zentralbau hinterlegt.
Die dekorative Wandbehandlung unterstreicht zusätzlich die Vorrangstellung
der Diagonalen gegenüber den völlig kahlen Wänden auf der Querachse.

Auffällig ist die Lichtführung. Die Fenster sind ausschließlich weit oben in
der Gewölbezone angebracht; nur die Schweiffenster der Querachse ragen
leicht in die Wand des Unterbaus hinein. Während im Unterbau der Eindruck von wandhafter Geschlossenheit herrscht, scheint die Kuppel wie von
einer transparenten, lichterfüllten Fensterzone getragen.

In St. Johann am Felsen sind jetzt, im Gegensatz zu den beschriebenen
Bauten, die Diagonalarkaden das Hauptmotiv des Kernraumes.
Die Achsarkaden haben zwar dieselben Ausmaße wie die Diagonalarkaden,
treten aber baukünstlerisch hinter die Diagonalen zurück, was besonders
an der Gebälkführung und den eingestellten Halbsäulen auf den Diagonalen
anschaulich wird.
Der Acht-Arkaden-Raum von St. Johann am Felsen ist ein reiner Zentralraum, dem zwar kleine Anräume im Westen und Osten angefügt sind, dessen
Wirkung jedoch durch die drei Anräume nicht beeinträchtigt wird, da diese
gleichsam als Folien dem Mittelraum hinterlegt sind und ihn gewissermaßen
vervollständigen: zum einen durch das dritte Schweiffenster in der westlichen Außenwand, zum anderen durch den Oculus im ansonsten völlig dunklen Chorraum. Zwischen Zentralraum und dunklem Chor vermittelt die in-
direkt beleuchtete Zwischenzone des Vorchors.
Die Längstendenz ist in St. Johann am Felsen völlig aufgehoben; zur Wirkung gelangt nur der weite und zugleich hohe Zentralraum, der auf den
Diagonalen kräftig akzentuiert ist.

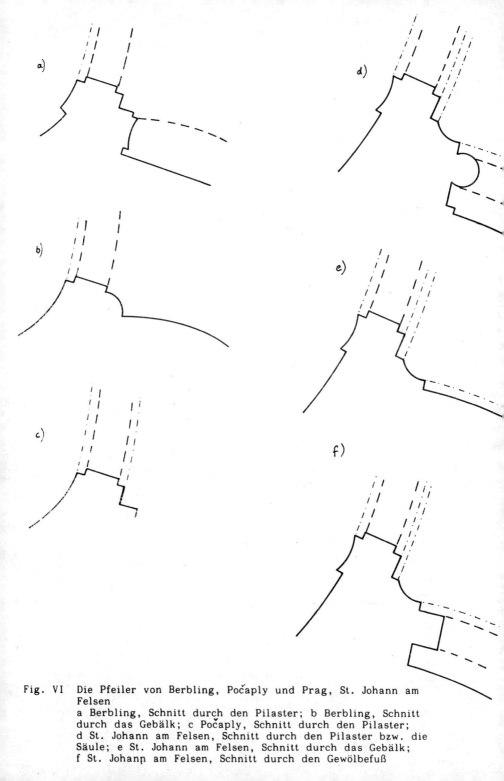

Fig. VI Die Pfeiler von Berbling, Počaply und Prag, St. Johann am
Felsen
a Berbling, Schnitt durch den Pilaster; b Berbling, Schnitt
durch das Gebälk; c Počaply, Schnitt durch den Pilaster;
d St. Johann am Felsen, Schnitt durch den Pilaster bzw. die
Säule; e St. Johann am Felsen, Schnitt durch das Gebälk;
f St. Johann am Felsen, Schnitt durch den Gewölbefuß

c) Vergleich der drei bayerischen Bauten mit der böhmischen Architektur

Die Analysen von Počaply und St. Johann am Felsen lassen erkennen, worauf die bayerischen Bauten zurückzuführen sind und worin sie sich von den böhmischen Vorbildern unterscheiden. Doch um den drei bayerischen Bauten wirklich gerecht zu werden, müssen der böhmische wie auch der bayerische Aspekt anhand von Einzelmotiven und Details an jedem einzelnen Bau nochmals gesondert herausgestellt werden.

Berbling.

Fig. I, IV

Der Vergleich von Berbling und Počaply macht deutlich, daß zwei Bauten, die sich zwar im System fast wörtlich entsprechen, doch aufgrund unterschiedlicher Durchgestaltung der einzelnen Aufbauelemente und einer völlig anderen 'In-Bezug-Setzung' dieser Elemente sich in ihrer Raumwirkung beträchtlich unterscheiden können.
Geht man Berbling im Detail durch, so erweist der Bau sich als eine "Summa" vielfältigster Einzelmotive, die man in der böhmischen bzw. bayerischen Barockarchitektur wiederfinden kann. Der Grundriß stimmt in seiner Binnenzeichnung mit dem von Počaply überein, doch die äußere Umrißlinie entspricht der von St. Johann am Felsen. Der Gesamtgrundriß ist demnach eine Kombination aus den beiden böhmischen Grundrissen.
Eine weitere Parallele, die auf St. Johann am Felsen hinweist, ist die auffällige Führung des Gebälks über die Diagonalnischen. Doch welch ein Unterschied zwischen dem monumentalen, sich nochmals verkröpfenden Gebälk in St. Johann am Felsen, das fast wie eine eingezogene Empore wirkt, und dem zierlichen, in seichtem Schwung über die Diagonalnische geführten Gebälk in Berbling!

Abb. 4, 18, 19, Fig. VI

Das auffälligste Motiv in Berbling aber sind die Kerbpfeiler, die uns in 'variatio' schon in Počaply und St. Johann am Felsen begegnen, aber ihren eigentlichen Ursprung in der Architektur des Christoph Dientzenhofer haben. Bei den Pilasterpfeilern in Břevnov bei Prag, erbaut 1708-15, findet sich der Kerbpfeiler gleich in zwei Varianten. Zum Innenraum wird die Pilasterkerbe ganz ausgefüllt (Variante a); die Kerbe dagegen, die das Gewölbe der seitlichen Nischen vorbereitet (Variante b), entspricht exakt der Berblinger Lösung. Ebenso wörtlich findet man die Berblinger Pilasterkerbe an den Wandpfeilerköpfen der etwas früher, 1703-11, entstandenen St. Niklas-Kirche auf der Prager Kleinseite. Offensichtlich handelt es sich hier um die böhmische Urform des Kerbpfeilers, worauf die Berblinger Variante zurückgeführt werden muß. Alle weiteren Abwandlungen des Kerbpfeilers, ob konvex oder konkav ausgefüllt, sind Varianten dieser Urform.

Abb. 3, 21

Die Einzelinstrumentierung des Chors von Berbling weicht erheblich von Počaply ab. Die Parallelen zum Chor von Odolená Voda hingegen sind zwingend. Dort ist in den Chor ebenfalls ein Baldachin eingestellt, dessen vier Stützen sich je aus zwei in Gebälk und Sockel zusammengefaßten Pilastern konstituieren, die sich im Gewölbe als Gurte fortsetzen. Die Gurte in Odolená Voda sind im Gegensatz zu Berbling nicht aufstuckiert, sondern in illusionistischer Weise auf das Gewölbe gemalt. Die Rotundenwand ist in Übereinstimmung zu Berbling und Počaply nur auf den Querachsen sichtbar.

Abb. 2, 3, 17, 21

In diesem Punkt aber divergiert der Chor von Odolená Voda von dem Berblinger, indem dort, wie in Počaply, die Ovalrotunde zweimal geöffnet ist, da sich die Querschnittsarkade am Übergang zum Kernraum vor der Chorabschlußwand noch einmal wiederholt.
Die Lünettenfenster in Berbling, die die Seitenwände des Kernraumes beherrschen, sind sowohl in Böhmen als auch in Bayern vereinzelt anzutreffen. In beiden Kunstlandschaften wurden die Lünettenfenster, zum Teil in Form von Thermenfenster, im 17. Jahrhundert von welschen Architekten eingeführt, wie in Böhmen Alt-Bunzlau, 1623, und St. Maria Victoria in Prag, 1640, oder in Bayern Kühbach, 1688, zeigen.
Kilian Ignaz Dientzenhofer hat das Motiv nur ein einziges Mal aufgenommen, und zwar in der Bartholomäuskirche in Prag. In Bayern fand das Motiv weitere Verbreitung, zum Beispiel bei Johann Michael Fischer in Schärding, bei Ignaz Anton Gunetsrhainer in Reisach und Schönbrunn bei Dachau, ferner in Murnau, wo der Architekt unbekannt ist, und bei den Bauten des Joseph Schmutzer.
Während in Böhmen das Fenster immer dreiteilig ist wie in Berbling, wurden in Bayern die Mittelstützen meistens weggelassen.

Die böhmische Provenienz von Berbling ist unbestreitbar, wie im Vergleich zu Počaply und St. Johann am Felsen deutlich wurde. Auch in vielen Einzelelementen wird das Böhmische deutlich faßbar, und trotzdem ist die Erscheinung des Baus unböhmisch.

Nicht nur die Stuckdekoration ist bayerischen Ursprungs; auch die kastenartigen Altarnischen auf den Diagonalen lassen sich allenthalben in Bayern belegen.[18]

Abb. 2, 15

Viel wichtiger und prägender ist aber die Proportion. Allein durch den behäbigeren Bogenschnitt der acht Arkaden ergibt sich eine ganz andere Proportion zwischen Unterbau und Gewölbezone als bei den böhmischen Beispielen. Während dort die gestelzten und gespannten Arkaden dem Bau einen energievollen Höhenzug geben, liegt der Ton in Berbling entschieden mehr auf dem Unterbau; der Raum wirkt deshalb eher gelagert und gesetzt. Die zierlicheren Einzelformen, wie Pilaster, Gebälk, Arkadenbögen im Zusammenspiel mit der heiteren Stuckdekoration, geben dem Raum einen intimen, kleinodartigen, nicht aber einen monumental-repräsentativen Charakter.

Abb. 2, 3, 15

Ganz anders ist auch die Art der Verteilung der Arkaden. Während jeweils drei Arkaden zusammengeschlossen sind zu Schauwänden, die dem Betrachter wirkungsvoll gegenüberstehen, fungieren die beiden seitlichen Arkadenwände als Verbindungsstück; ihre Hauptfunktion erfüllen sie in der Belichtung der beiden Prospekte zu Eingangsraum und Chor.

Die Prospektarchitektur, die sich in durchlichteter Klarheit dem Betrachter präsentiert, ist für Bayern, insbesondere für das Oeuvre Johann Michael Fischers, charakteristisch.[19] Offensichtlich ist Berbling die Übersetzung des böhmischen Počaply ins Bayerische.

Die unterschiedliche Auffassung der Bauten liegt nicht allein, wie man auf den ersten Blick annehmen könnte, im Dekor. In Počaply herrscht die Architektur allein, während Berbling sich im Kleide des feinsten bayerischen Rokokodekors präsentiert.

Hier wird die böhmische Monumentalität aufgegeben zugunsten einer bayerischen Prospektarchitektur. In Berbling spürt man nichts mehr von der gespannten, gestelzten Arkatur, von der kräftigen Ordnung mit dem ausladenden Gebälk oder gar von dem energischen Volumen des Baus in Počaply. Vielmehr ist Berbling erfüllt von heiterer Entspannung, die aus dem Einklang resultiert, der zwischen den wohlausponderierten, zierlichen Formen, dem trefflichen Rokokostuck und nicht zuletzt dem Licht entsteht.

Frauenzell.

Abb. 6, 7

Vereinzelt ist in der Forschung die Beziehung zwischen Frauenzell und St. Anna im Lehel in München, gebaut von Johann Michael Fischer in den Jahren 1727-30, angedeutet worden.[19a)]
Beide Bauten weisen enge typenmäßige Übereinstimmungen auf; sie haben einen länglichen, jedoch zentralisierten Hauptraum mit je drei seitlichen Konchen, einen runden Chor und eine querovale bzw. kreissegmentarische Vorhalle. Die Räume setzen sich aus je drei Teilräumen zusammen: dem Eingangsraum, dem Kernraum mit sechs Konchen und dem Chor.
In der Aneinanderfügung der drei Haupträume zueinander besteht aber ein wesentlicher Unterschied.
In St. Anna stoßen die drei Räume unmittelbar aneinander. Chor- und Eingangsraum werden mittels über Eck gestellter, kannelierter Pilasterpfeiler vom Hauptraum abgetrennt.
In Frauenzell dagegen sind die drei Haupträume durch zwei Oratorientravéen voneinander abgesetzt, die von parallel geführten Gurten nach vorne und hinten begrenzt werden.
Der Chorbogen ist durch den Eingangsbogen der Travée verdoppelt.
Das Motiv des verdoppelten Bogens ist bei Fischer in Osterhofen bekannt.
Fischer schließt das Langhaus symmetrisch zum Eingang wie zum Chor mit je einer Oratorientravée.
Der Baumeister von Frauenzell hat offensichtlich die Oratorienlösung von dem Langhausbau Osterhofen auf den Zentralbau Frauenzell transponiert.
Er verwendet die Oratorientravéen als Überleitungstravéen, die trichterförmig nach Osten und Westen weiterleiten. Dadurch wurde es möglich, die vorgegebene Länge der Kirche[20)] zu erreichen und das Langhaus trotzdem als Zentralbau durchzubilden. Die Oratorientravéen 'strecken' die Kirche.

Im Aufbau entsprechen sich Frauenzell und St. Anna insofern, als der Mittelraum durch die in den Raum hineinragenden Mauerkeile, die sechs Anräume ausbilden, artikuliert wird.
In Frauenzell sind die Mauerkeile durch die vorgelegten Pilaster und die dahinterliegenden, ebenfalls vorgelegten Wandteile, die sich in der Gewölbe-

zone als sphärische Gurte beziehungsweise, davon durch eine Kehle abgesetzt, als Konchengewölbe fortsetzen, überall den Konchen zugeordnet und nicht dem Hauptraum. Die Konchen sind somit deutlich vom Hauptraum geschieden; sie sind selbständige, in sich abgeschlossene Anräume, was in der eigenen Instrumentierung, der eigenen Wölbzone und in der eigenen Grundrißkurve veranschaulicht wird.

In St. Anna dagegen sind die in den Raum hineinragenden Mauerstücke durch ihre Pilasterinstrumentierung teils dem Hauptraum, teils den Konchen zugeordnet. Einmal sind einfache Pilaster verwendet, die die Konchen vom Hauptraum abtrennen und die man als 'Sekundärordnung' bezeichnen kann; zum anderen gibt es kannelierte Pilaster, die den Konchen wie auch dem Hauptraum zugeordnet sind und die entsprechende 'Primärordnung' bilden. Dabei öffnen sich die beiden Mittelkonchen zum Innenraum, während die Diagonalkonchen abgeschlossene Einheiten für sich bilden, vergleichbar den Konchen in Frauenzell.

Tatsächlich können gewisse formale Parallelen zwischen Frauenzell und St. Anna gezogen werden, doch in der Struktur unterscheiden sich die beiden Bauten wesentlich.

Während St. Anna vom Wechselspiel des sich zum Kernraum Öffnens und Schließens der Konchen und Anräume lebt, wird in Frauenzell die Eigenständigkeit der Konchen und Anräume betont.

In St. Anna lebt der Geist von der Kirche im böhmischen Wiesen[21] nach, Frauenzell dagegen ist verwandt mit der Struktur von Hermanice[21] oder besser noch von Wahlstatt.[21]

In Hermanice vollzieht Kilian Dientzenhofer den ersten Schritt in seiner Entwicklung zum Acht-Arkaden-Raum. Der Hauptraum wird belebt von sechs seitlichen, in den Kernraum einschwingenden Arkaden, die von Pilasterpfeilern ausgehen. Die in Frauenzell konvex ausbauchenden Konchenwände verlaufen in Hermanice konzentrisch zu den Arkaden, so daß die Konchenräume zu Wandnischen reduziert sind.

Anders in Wahlstatt: Hier bilden je zwei seitliche Konchen fast dieselben Konchenräume aus wie in Frauenzell, nur mit dem Unterschied, daß in Wahlstatt jede Konche zwei Arkaden ausbildet: eine in den Kernraum schwingende Bogenarkade, wie in Frauenzell, sowie zusätzlich eine Blendarkade, die vor die raumkonkave Außenwand gelegt ist und eigens die abgeschlossene Selbständigkeit der Konchen betont.

Auch in Wahlstatt gehen die Bogenarkaden der Konchen von Pfeilern aus, die in den Kernraum hineinragen und ähnlich wie in Frauenzell zum Mittelraum konvex ausgerundet sind. Allerdings beschränkt sich die Ausrundung in Wahlstatt ausschließlich auf das Gebälk und die Attika, so daß hier nicht wie in Frauenzell der Eindruck entstehen kann, daß der Mauerkeil zum Mittelraum mit einer Art 'Säule' instrumentiert ist. Während in Frauenzell der Blick des Betrachters über das gerundete Ende des Mauerkeils gleitet und so von Konche zu Konche geleitet wird, sind die beiden Säulen, von denen in Wahlstatt die Konchenarkaden ausgehen, durch eine Zäsur getrennt. Die Zäsur unterstreicht die Eigenständigkeit jeder einzelnen Konchen wie auch aller Konchen zusammen gegenüber dem Hauptraum.

Abb. 6, 8, 27

Vergleichbar auch die kahle Schmucklosigkeit der an die Konche angeschobenen Außenwand, deren einziger Schmuck, wie in Frauenzell, ein Fenster ist.

Ergänzt man in Wahlstatt jeweils die dritte Konche links und rechts, so ergibt sich die Struktur von Frauenzell, und lediglich der Formenkanon wäre zu unterscheiden.

Als Musterbau für Frauenzell kommt eher Wahlstatt als St. Anna im Lehel in Frage.

Die Oratorienjoche von Frauenzell sind jedoch bayerischen Ursprungs; sie gehen auf Osterhofen und letztlich auf die Münchener Theatinerkirche zurück.

Die acht Arkaden in Frauenzell wiederum sind böhmisch. Der Hauptraum hat den Grundriß eines einschwingenden Bogenachtecks und acht einschwingende Bogenarkaden: ein Motiv, wie es aus der böhmischen Architektur, vornehmlich bei Kilian Ignaz Dientzenhofer, bekannt ist. Bei entsprechenden böhmischen Bauten fehlt jedoch das Motiv der Oratorientravéen als Vermittlung zwischen Hauptraum und Anräumen.

Abweichend vom Böhmischen sind jedoch der Aufbau und Schnitt einer einzelnen Arkade. In Böhmen folgt auf das Gebälk grundsätzlich eine Attikazone, welche die Gewölbezone erhöht.

In Frauenzell hingegen wachsen die Bögen der Arkaden direkt aus dem Gebälk. Das Fehlen der Attikazone bewirkt den Eindruck, die Kirche 'zöge die Schultern hoch', denn auf den hochaufgerichteten Unterbau folgt eine flache, fast gedrungene Gewölbezone.

Die Gedrungenheit des Aufbaus ist zugleich auch die Folge des Bogenschnitts der Arkaden, der ähnlich behäbig geführt ist wie in Berbling und daher in krassem Gegensatz zu den gespannten und gestelzten Arkaden böhmischer Provenienz steht.

Analog zu Berbling bestimmt auch in Frauenzell der Unterbau den Raumeindruck, während das Gewölbe diesem nur aufmodelliert wird, das heißt
die Proportionen von Frauenzell sind keineswegs böhmisch. Unterstützt wird
dieser Eindruck zusätzlich von den ausgedünnten Pilastern, Bögen und Pro-
filen und von dem nur. wenig ausladenden Gebälk.
Ein zweites, auf böhmische Bauten zurückführendes Element in Frauenzell
ist der eigenartige, an seinem Ende konvex auslaufende Mauerkeil. Der Abschluß läßt sich so erklären, daß die beiden aufeinanderstoßenden Pilaster
mit ihren Flanken eine Kerbe bilden, die konvex geschlossen ist.

Abb. 15, 18, 19, 20

Diese Form des Mauerkeilabschlusses ist ein wörtliches Zitat der Wandpfei-
lerköpfe von Břevnov, und zwar der Variante a. Břevnov, Variante b, und
die Pfeilerköpfe von Niklas Kleinseite entsprechen sich, wie schon im Zusammenhang mit Berbling erwähnt.
In St. Niklas Kleinseite nahmen die dem Pfeilerkopf vorgelegten Pilaster
ursprünglich die Gurtbögen des Langhauses auf und bekamen so ihren Sinn
und ihre Zuordnung.
In Frauenzell dagegen bleiben die Pilaster den Konchen zugeordnet, während der gefüllte Pilasterkopf schon im Unterbau das Gewölbe wie in Wahlstatt vorbereitet.
Betrachtet man in Wahlstatt die Seitenwände einer Konche bzw. den Abstand
zwischen den zwei Säulen, so wölbt sich die Wand zwischen den Säulen,
von denen die Bogen- bzw. Blendarkaden ausgehen, ebenfalls vor. Auch
bei Kilian Ignaz Dientzenhofer gibt es den gerundeten Mauerkeil von Frauenzell, nur an anderer Stelle; zudem sind in Wahlstatt die Pilaster durch
Säulen ersetzt. In die konvexe Füllung ist eine schmale Rundbogennische
gehöhlt.
In Frauenzell kommen zwei verschiedene Einflußbereiche zusammen: erstens
der Sechs-Konchenraum von St. Anna im Lehel in München, kombiniert mit
den Oratorientravéen aus Osterhofen, und zweitens die Raumstruktur des einschwingenden Bogenoktogons mit einschwingenden Bogenarkaden, ferner die
völlig eigenständigen, in sich abgeschlossenen Konchen und die ausgerundeten Pilasterpfeilerköpfe, was alles böhmischer Provenienz ist.

Wie schon in Berbling, überwiegt auch in Frauenzell das böhmische Formenrepertoire gegenüber dem bayerischen. Allein die hohe, sehr schlanke Ordnung, der Schnitt der Arkaden, das Fehlen einer Attikazone über dem
schwächlichen Gebälk: kurzum, die Proportionen des Raumes sind gegenüber

den böhmischen Vergleichsbeispielen verschoben. Gegenüber dem 'radikalen' Barock Böhmens mit seiner kräftigen und energischen Formensprache wirkt der Raum in Frauenzell eher gefällig in seiner durchlichteten Weite mit den modelliert wirkenden Wänden, die wie in einer wellenartigen Bewegung erscheinen, um in den noch leicht nachschwingenden Oratorienjochen auszulaufen; abgerundet und zusammengefaßt von einem flachen Gewölbe, das weich darübermodelliert ist.

Der Längsschnitt 911.

Abb. 11

Der Plan 911 läßt denselben Bautypus erkennen wie die bereits untersuchten Bauten. Analog zu Berbling, Frauenzell und den böhmischen Vergleichsbauten sind die drei Teilräume durch Arkaden ambivalenter Struktur aneinandergeschlossen.

Formal trifft das auch für 911 zu, allerdings mit dem einen Unterschied, daß bei den vorgenannten Bauten die Rotunden von Chor und Eingangsraum die acht Arkaden des Kernraumes motivieren, während im Plan 911 die acht offenen Arkaden des Kernraumes von vornherein das Leitmotiv sind.

Die Hauptelemente des Aufbaus gehen also vom Kernraum aus, während es sich bei den bisher genannten bayerischen und böhmischen Vergleichsbauten umgekehrt verhält: Dort geben die Rotunden der Anräume den Ausschlag für den mittleren Acht-Arkaden-Raum.

Hätte sich der Hauptraum ebenfalls nach den rektangulär angelegten Anräumen gerichtet, wären jedoch niemals sphärisch in den Raum einschwingende Bogenarkaden entstanden, sondern geradegeführte Arkaden auf den Hauptachsen, wie man sie von der Augustiner-Eremitenkirche in Ingolstadt[22], einem Bau des Johann Michael Fischer, begonnen 1736, kennt.

Abb. 11, 17, Fig. III

Im Plan 911 wird der Hauptraum durch die vier Ovalrotunden auf den Diagonalen motiviert und geprägt. Die vier ovalen Anräume sind die gestaltgebenden Kernzellen des Acht-Arkaden-Raumes. Die Grundrißfigur des Kernraumes erinnert sofort an Ingolstadt, nur daß dort die vier Anräume kein regelmäßiges Oval bilden, sondern aus vier Kreissegmenten mit Knickstellen zusammengesetzt sind.

Im Längsschnitt dagegen muß man die Ähnlichkeit und Übereinstimmung mit der Grundkonzeption von St. Johann am Felsen in Prag konstatieren, obgleich der böhmische Bau nur sehr flache Altarräume auf den Diagonalen ausbildet und der Hauptraum von der Chor- bzw. Eingangsrotunde motiviert wird.

Auch bei der Plangruppe 911, a, b muß man von zwei verschiedenen Einflußbereichen ausgehen, die man anhand der beiden oben genannten Vergleichsbauten treffend veranschaulichen kann, indem man die wichtigsten Motive analysierend vergleicht.
Der Acht-Arkaden-Raum im Plan 911 ergibt sich aus acht Bogenarkaden, wobei man zwischen zwei Arkadenarten differenzieren muß. Die größeren, weiteren und orthogonal ausgerichteten Bogenarkaden auf den Hauptachsen unterscheiden sich von den kleineren, schmäleren Bogenarkaden auf den Diagonalen durch eine eigene Stirn. Da die Diagonalarkaden aus der Wand herausgeschnitten sind, bilden sie nur eine Laibung aus, vergleichbar den seitlichen Arkaden im Chor von Počaply.
Insgesamt ergibt sich eine rhythmisierte Abfolge von Arkaden mit unterschiedlichem Bogenschnitt. Während die großen Arkaden behäbig geschnitten sind, erreichen die Diagonalarkaden den gestelzten Schnitt böhmischer Bogenarkaden.

In St. Johann am Felsen zeichnet sich die Arkadenfolge durch den Gleichklang der annähernd identischen, hochgestelzten und angespannten einschwingenden Bogenarkaden aus.
In Ingolstadt gibt es wie im Plan 911 zwei Arkadentypen, allerdings mit dem großen Unterschied, daß die orthogonal stehenden, größeren Arkaden auf den Hauptachsen keine Bogenarkaden, sondern gerade geführte Arkaden sind. Zudem besitzen sie einen niedrigeren Scheitelpunkt als die schmäleren, höheren Bogenarkaden auf den Diagonalen, die annähernd böhmische Proportionen haben. Der Unterschied zwischen den verschiedenen Scheitelhöhen wird auf den Hauptachsen durch eine modellierte gemuldete Zwischenzone überbrückt, die das Gewölbe schließt.
Die Bogenarkaden auf den Diagonalen sind völlig eigenständige Architekturteile, die vor den Anräumen stehen und nicht in diese integriert sind. Sie übernehmen die Vermittlung zwischen den Anräumen auf den Diagonalen und dem Kernraum.

Abb. 20

Die vier Anräume werden durch Emporen böhmischer Provenienz[23], die konvex in den Kernraum einschwingen, in zwei Stockwerke unterteilt, so daß sich im Untergeschoß dunkle Altarräume ergeben, die im Kontrast zu den

hellen, durchlichteten Räumen des Emporengeschosses stehen.
Die lichte Helligkeit des Emporengeschosses ist vergleichbar mit den vier
Lichtbuchten im Plan 911.
Die acht Bogenarkaden im Plan 911 werden von Pilasterpfeilern bedient,
die sich jeweils aus einem geraden Pilaster an der einen Flanke, einer
konkaven Stirn, die der zweiten Flanke klappsymmetrisch entspricht, zusammensetzen. Da auch die Arkaden, die von den orthogonal stehenden
Pilastern ausgehen, Gurte haben, die in den Kernraum einschwingen, ergibt sich im Grundriß eine ondulierende Linie, die von den Pilasterpfeilern ausgeht und die zum Vergleich mit Ingolstadt geradezu auffordert.
In böhmischen Acht-Arkaden-Räumen sind orthogonalstehende Pilaster so
gut wie nie zu finden; hier gehen die Bögen der Arkaden von Pilastern
aus, die sich trichterförmig gegenüberstehen, und infolgedessen sind die
Bögen geböscht.
Die Hauptarkaden im Längsschnitt 911 sind Kombinationen: sie gehen von
orthogonalstehenden Pilastern bayerischer Provenienz aus, doch sind die
Bögen gekurvt wie in Böhmen, haben aber, der Pilasterstellung entsprechend, eine gerade Scheitellinie.
Auf die Pilasterpfeilerform im Plan 911 trifft man in der Hofkirche von
Berg am Laim in München, die Johann Michael Fischer ab 1739 ausgeführt
hat. Die Pfeiler stehen am Übergang vom Hauptraum zum Ritterordenschor und sind am besten ablesbar im Gebälk.
Im Unterbau steht eine Säule neben einem Pilasterpfeiler, beide werden
jedoch im Gebälk zu einem Pfeilerkomplex zusammengefaßt. Die Säule ist
die Gelenkstelle zwischen Hauptraum und Ritterordenschor.
Das Gebälk zeichnet im Ritterordenschor eine Kreisform nach und bildet
am Übergang zum Hauptraum eine Kante aus. Jenseits der Kante verläuft
das Gebälk klappsymmetrisch konkav, nur wird es über die gekurvte Flanke des orthogonal ausgerichteten Pilasterpfeilers weitergeführt, um dann
die gerade Stirn des Pilasterpfeilers nachzuziehen.
Im Längsschnitt 911, in Ingolstadt, wie auch in Berg am Laim stehen
im Kernraum die Pilaster der Hauptachsen orthogonal, ganz im Gegensatz
zu den böhmischen Vergleichsbauten.
Im Plan 911 wird der konkave Gewölbefuß durch die konkave Pilasterpfei-
lerstirn vorbereitet, ein wörtliches Zitat von St. Johann am Felsen.
Kilian Ignaz Dientzenhofer hat die Variante des konkaven Gewölbefußes,
im Gegensatz zu dem konvexen Gewölbefuß wie in Wahlstatt, öfter verwendet, wie der Chor der Wallfahrtskirche in Nicov von 1720, einer seiner
frühesten Bauten, bestätigt.

In Ingolstadt dagegen[24] kann es erst gar nicht zur Ausbildung eines Gewölbefußes kommen, da Fischer die unterschiedlichen Scheitelhöhen zwischen
den Arkaden auf der Hauptachse und den Bogenarkaden auf den Diagonalen
mit der gemuldeten Zwischenzone ausgleicht. Ein Gewölbefuß ist infolge der
modellierten Zwischen-. bzw. Überleitungszone nicht realisierbar.
Der Anschluß des Unterbaus an die Gewölbezone kann in dem Plan 911 nur
von böhmischen Vergleichsbauten, wie St. Johann am Felsen oder Wahlstatt,
abgeleitet werden, wo sich die Wölbung nahtlos dem Bogengerüst anpaßt.
Auffällig ist bei der Planung, daß sich die Gebälkführung nicht wie in
Ingolstadt allein auf die Ordnung beschränkt, sondern zusätzlich noch um
die ovalen Anräume auf den Diagonalen herumgeführt wird. Die Diagonalen
werden dadurch akzentuiert und optisch an den Hauptraum angebunden.

Abb. 3, 15, 16, 17

Die Betonung der Diagonalen ist so nur bei böhmischen Bauten anzutreffen,
wie in St. Johann am Felsen, Počaply und Berbling, mit dem Unterschied
allerdings, daß dort die Diagonalen keine raumhaltigen Anräume ausbilden,
sondern flache Altarnischen wie in St. Johann am Felsen.

Die Fensterformen der Plangruppe 911, a, b sind sowohl in Böhmen als
auch in Bayern vertreten. Schweiffenster gibt es hier wie da in allerlei
Variationen. Identischen Schweiffenstern begegnet man jedoch nirgendwo;
lediglich in St. Anna im Lehel in München findet man relativ ähnlich geformte Fenster, wie die im Chor von Plan 911.
Das zweite Motiv sind die Oculi der ovalen Anräume, die im Plan 911 im
Untergeschoß mit Rundbogenfenstern kombiniert sind.
Diese Kombination verwendet Fischer häufig an seinen Fassaden, zum Bei-
spiel in St. Anna im Lehel, Rott am Inn wie auch umgekehrt, das heißt
die Oculi unterhalb der Rundbogenfenster, in Ingolstadt und Zwiefalten.
In Innenräumen hingegen finden Oculi in Bayern nur vereinzelt Verwendung,
ganz im Gegensatz zu Böhmen.
Dort werden Oculi vorzüglich an exponierten Stellen des Innenraumes angebracht, wo sie zu raumgestaltenden Akzenten werden wie in St. Johann am
Felsen und Počaply. Aber auch die Kombination mit den hochrechteckigen
Rundbogenfenstern ist in der gesamten böhmischen Barockarchitektur verbreitet: Kiritein Annakapelle, Raigern, Počaply-Chor, Wahlstatt etc.[25]
Die ausgerundeten Ecken in Chor- und Eingangsraum im Plan 911, die mit
der konkaven Rundung die vier Wände zusammenbinden, ist eine eigenartige,
einfache Ecklösung.

Derartige Ecklösungen sind selten und bei Kilian Ignaz Dientzenhofer nur in einem kleinen, schlichten Bau zu finden, dem Entwurf für eine Friedhofskapelle in Prag-Košiře von 1723.[21] In Böhmen kommen sie auch bei einem großen Bau vor, der Kloster- und Wallfahrtskirche Maria Heimsuchung in Hejnice, 1722-29 von Thomas Haffenecker erbaut. Dort bilden die beiden Hauptjoche des Langhauses genau dieselben konkav gemuldeten Ecken aus, wie sie der Chor und der Eingangsraum auf dem Plan 911 aufweisen.

Die eingestellten Säulen im Chor, die den außerordentlich kräftigen Gurtbogen tragen, kennt man, wenn auch durch das dominante Gebälk verunklärt, aus St. Johann am Felsen, wo sie vor den Altarnischen auf den Diagonalen stehen.

Außerdem begegnen wir diesem Motiv in einem Plan für die Piaristenkirche in Wien[26] von Kilian Ignaz Dientzenhofer, nur mit dem kleinen Unterschied, daß die Gurte auf dem Entwurf nicht gerade geführt sind wie im Plan 911, sondern einschwingen.

Abb. 22

In fast ebenso wörtlicher Wiederkehr findet sich das Motiv wiederum in Hejnice. Hier wird der sehr kräftige Kastengurt, der zwischen Langhaus und Querhaus vermittelt, ebenfalls von orthogonalstehenden Säulen vorbereitet.

Die Säulenarkade ist in Hejnice wie auch im Plan 911 als Würdemotiv für die Oratorien aufgefaßt, darüber hinaus in Hejnice als Würdemotiv für die dahinter befindliche Familienkapelle und Grablege der Familie Clam-Gallas. Offenbar hat auch dieses Motiv seinen Ursprung in der böhmischen Barockarchitektur, während es in Bayern nicht vorkommt.

Im Projekt 911 wird der Kernraum von einem eigenen Zeltdach überfangen, welches das Zeltdach der Längsachse durchquert. Der Längsschnitt von St. Johann am Felsen zeigt exakt dieselbe Dachung.

Der geplante Bau auf Plan 911 ist ein Beispiel dafür, wie sich zwei verschiedene Landschaften trotz der Unterschiedlichkeit ihrer Architekturauffassung in einem einzigen Bau vereinigen, ja sogar so durchdringen können, daß eine eindeutige Scheidung der Einflüsse nur ein subjektives Abwägen der Gewichte bleiben muß.

Dennoch eindeutig auf bayerischen Ursprung zurückzuführen sind die ovalen Anräume auf den Diagonalen, die Orthogonalstellung der Hauptarkadenpilaster und nicht zuletzt die ondulierende Linie des Grundrisses, die den gesamten Bau modelliert.

Andererseits zeugen der systematische Aufbau, der sich vor allem im Anschluß von Unterbau zu Gewölbe widerspiegelt, wie auch die vielen eindeutigen böhmischen Einzelmotive von außerordentlicher Kennerschaft der böhmischen Barockarchitektur, wie sie im bayerischen Raum sonst nur in Berbling und Frauenzell faßbar ist.

Die Fassadenaufrisse 911 a und 911 b.

Abb. 12, 13

Zum Abschluß der genetischen Untersuchung der Plangruppe S. Z. 911, a, b
fehlen noch die beiden Fassadenaufrisse. Auch in diesem Fall kann nur ein
Vergleich mit böhmischen wie auch bayerischen Barockfassaden bei der Frage nach der Herleitung weiterhelfen.

Das auffälligste Motiv bei den Fassadenentwürfen ist die zentrale Säulenaedikula, die durch die Instrumentierung mit Doppelsäulen ganz besonders
betont und hervorgehoben wird.
Die Fassadenvarianten thematisieren das Motiv der Säulenaedikula, wobei
der Entwurf von 911 b die monumentalere, straffere und klarere Ausführung
des Themas ist.
Das Aedikulamotiv an Fassaden ist ein weitverbreitetes Motiv, das sowohl
in der böhmischen als auch in der bayerischen Barockarchitektur geläufig,
um nicht zu sagen die Regel war. Die Variationsbreite ist groß, da die
Einzelelemente beliebig austauschbar sind: Säulen können durch Pilaster
ersetzt werden in einfacher und doppelter Stellung oder auch in Kombination
von Säule und Pilaster; der Giebel variiert zwischen dreieckigem und seg-
mentbogigem Zuschnitt, geschlossen oder aufgesprengt. Für alle Variations-
möglichkeiten lassen sich in Bayern wie auch in Böhmen zahllose Beispiele
finden. Man vergleiche zum Beispiel die Gesamtoeuvres von Johann Michael
Fischer und Kilian Ignaz Dientzenhofer. Zwar verwenden Fischer und
Dientzenhofer das Aedikulamotiv sehr häufig, doch die Instrumentierung
mit Säulen bzw. Doppelsäulen, einem Würdemotiv von höchstem Anspruch,
ist selten.
Fischer verwendet die Säule ausschließlich bei Bauten, die diesem höchsten
Anspruch genügen sollen, zum Beispiel bei Reichsstiften wie Zwiefalten
und Ottobeuren oder bei der kurfürstlichen Hofkirche in Berg am Laim.[27]
Ansonsten verwendet Fischer an Fassaden immer Pilaster.
Die Instrumentierung von Fassaden mit Säulen erscheint bei Kilian Ignaz
Dientzenhofer willkürlich und tritt öfter auf[28], obwohl er nur ein einziges

Mal auf Doppelsäulen zurückgreift, bei der Fassade von St. Niklas in der
Altstadt von Prag.

Beide Architekten bevorzugen den Dreiecksgiebel, obgleich sie auch den
Segmentgiebel öfter aufnehmen.

Die Fassadenaufrisse 911 a und b haben jeweils einen Giebel, der Bestand-
teil der Aedikula ist, das heißt er übergreift nur die Fassadenmitte, nicht
aber die beiden schräganlaufenden Seitentravéen. Die Fassadentafel hinterlegt ebenfalls nur die zentrale Aedikula und übergreift auch in der Wechselzone des Turmsockels ausschließlich diese. Die gesamte Fassade ist auf
die Mitte hin konzentriert.

Bei den Bauten des Johann Michael Fischer dagegen wird die zentrale
Aedikula im Obergeschoß nicht isoliert fortgesetzt, vielmehr dient das Obergeschoß dazu, die Aedikula und die beiden Seitentravéen des Untergeschosses zusammenzufassen. Man könnte sagen, daß das Obergeschoß einen großen, sich über die gesamte Fassadenbreite erstreckenden 'Schweifgiebel' ausbildet, der die Betonung der Mitte im Untergeschoß durch die Aedikula im
Obergeschoß wieder zurücknimmt zugunsten einer übergreifenden Form, die
die ganze Fassade zusammenfaßt.

Der übergreifende 'Schweifgiebel' ist eigentlich kein Giebel im herkömmlichen Sinn. Er entsteht vielmehr dadurch, daß die Mittelwand der Aedikula
vom Erdgeschoß im Obergeschoß weitergeführt wird und mit einem kleinen
Schweifgiebel abschließt.

Diese übergiebelte Mittelwand wird von großen volutenartigen Seitenteilen
so an die Seitentravéen des Erdgeschosses angebunden, daß insgesamt wieder der Eindruck eines großen 'Schweifgiebels' entsteht, der das Erdgeschoß übergreift.[29]

In Böhmen dagegen bleibt die Betonung der mittleren Aedikula auch im Obergeschoß erhalten. Entweder ist der Giebel der Aedikula schon der obere Abschluß der Fassade, oder die Aedikula wird im Obergeschoß nochmals eigens
überhöht, nicht aber die Seitentravéen. Allenfalls werden die Mittelaedikula
und die Seitentravéen durch eine abschließende Attikazone verbunden, aus
der sich jedoch die Mitte isoliert herausschält.[30] In Böhmen liegt also die
Betonung auf der zentralen Aedikula; selbst im Obergeschoß wird dieser
Akzent weitergeführt und verstärkt.

Abb. 11, 13

Ein weiterer Aspekt zur Beurteilung des Außenbaus ist die Ordnung. Wie
schon erörtert, kann man aus der Kombination des Fassadenaufrisses 911 b

und dem Längsschnitt 911 ablesen, daß eine Ordnung geplant war, die um den gesamten Baukörper herumgeführt werden sollte.

Eine umlaufende Ordnung ist in Bayern selten, in Fischers Oeuvre sogar nie zu finden. Gegenbeispiele sind die Pfarrkirche in Bayrischzell, wo die Dorica um den gesamten Bau herumläuft, oder Berbling.

In Böhmen dagegen gehört die umlaufende Ordnung seit den Bauten des Christoph Dientzenhofer[31] zum geläufigen Formenrepertoire und wird von Kilian Ignaz Dientzenhofer immer wieder aufgegriffen.[32]

Zur klassischen dorischen Ordnung gehört der Triglyphenfries. Auf dem Fassadenaufriß von 911 b beschränkt sich dieser ausschließlich auf die zentrale Aedikula und sitzt dort nur oberhalb der Säulen.

Auch Fischer akzentuiert mit dem Triglyphenfries meist nur die Ordnung, wie zum Beispiel in den Entwürfen zu Ottobeuren. In Fürstenzell beschränkt er den Triglyphenfries analog zu 911 b auf die Ordnung der Aedikula. Bei anderen Bauten jedoch verwendet Fischer den Fries auch rhythmisiert, wie an dem Turm von Deggendorf oder umlaufend wie bei den Türmen von Niederalteich. Den durchgehenden Triglyphenfries gibt es in Bayern abgesehen von den Türmen Fischers noch in Bayrischzell.

Abb. 15

Kilian Ignaz Dientzenhofer hingegen verwendet fast immer den durchgehenden Triglyphenfries, beschränkt ihn aber oft auf die Fassade, wie bei St. Johann am Felsen und der Elisabethinerinnenkirche am Slup, oder er läßt ihn um den Innenraum herumlaufen wie in Počaply.

Genauso verwenden auch andere böhmische Architekten den Triglyphenfries, wie die Zweiturmfassade von Lechwitz und Hejnice bezeugen. Hejnice ist der einzige böhmische Bau, bei dem die Triglyphen nur auf die Ordnung der Fassade beschränkt sind.

Der quadratische Turm mit den abgeschrägten Ecken ist in Bayern wie in Böhmen verbreitet. Ob nun die Schrägen wie bei 911 a unbesetzt bleiben[33] oder mit einem volutenartigen anlaufenden Phantasiepilaster besetzt sind wie bei 911 b[34]: alle Spielarten sind geläufig oder werden weiter variiert.[35]

Die Turmhauben auf den Fassadenrissen sind einmalig. Weder in Bayern noch in Böhmen findet sich ein konkretes Vergleichsbeispiel. Eine gewisse Ähnlichkeit kann nur zwischen den Turmhauben von 911 a und Kiritein konstatiert werden, doch dürften die von Kiritein aus dem 19. Jahrhundert stammen.

Auffällig bei beiden Fassadenprojekten ist die Überleitung von der Mittelaedikula zu den beiden seitlichen Schrägtravéen. Auf beiden Aufrissen erscheint ein konvex ausgerundetes Mauerstück an dieser Stelle. Ein derarti-
ges Zwischenstück oder Verbindungsglied zwischen den einzelnen Wandab-
schnitten gibt es in der bayerischen Barockarchitektur nicht ein einziges
Mal, wie auch die böhmische Barockarchitektur nur ein annähernd ver-
gleichbares Objekt liefert: die Fassade von St. Wenzel in Broumov.
In Broumov wird die vorspringende Mitteltravée mittels vergleichbarer kon-
vexer Mauerstücke an die beiden dahinterliegenden orthogonalstehenden
Seitentravéen angebunden.
Unter Berücksichtigung aller genannten Aspekte muß man feststellen, daß
die Fassadenaufrisse 911 a und b eine Sonderstellung einnehmen, die eine
sichere Zuordnung nicht ermöglicht. Jedoch ist die Plastizität der beiden
Fassadenentwürfe eher böhmisch als bayerisch. Die gekurvten böhmischen
Fassaden entstehen aus einem organischen Gefüge von konvexen und konkaven Formen und weisen einen großen inneren Zusammenhalt auf.[36]
In Bayern dagegen bleibt das Bemühen um Plastizität immer additiv und
dekorativ. Bei der Fassade von Zwiefalten zum Beispiel wirkt die äußerst
kräftige und plastische Säulenaedikula wie vor die eigentliche Fassade da-
vorgestellt. Die Wuchtigkeit der Aedikula übertönt die Wirkung der übrigen
Fassade, und dennoch bleibt die Aedikula in ihren Proportionen eine Portalaedikula, da sie breitgelagert und gedrungen, nicht aber schlank und hoch
aufgerichtet ist wie die Fassadenaedikulen böhmischer Provenienz.[37]
Den bayerischen Fassaden fehlt die Selbstverständlichkeit der Formen gegenüber den gekurvten böhmischen Fassaden, die aus einer zwar spannungs-
reichen, zugleich aber ausgewogenen Beziehung von Bewegung und Gegen-
bewegung resultiert. Allein die Fassade von Diessen, die wohl eleganteste
Fassadenlösung im Oeuvre des Johann Michael Fischer, erreicht annähernd
die Selbstverständlichkeit, die gekurvten böhmischen Fassaden zu eigen ist.

Da die Genese der beiden Fassadenentwürfe nicht eindeutig bestimmbar ist,
muß man eine Gewichtung der oben herausgearbeiteten Teilaspekte vorneh-
men und werten. Dazu bedarf es eines Blickes auf die baukünstlerische Auffassung bzw. auf das jeweilige Kunstwollen in der Fassadengestaltung bei
Fischer einerseits und bei Kilian Ignaz Dientzenhofer andererseits.
Hierbei fällt auf, und dies ist wohl der entscheidende Aspekt, daß Fischer
immer dazu neigt, die im Erdgeschoß angelegte Betonung der Mitte durch
die Aedikula mit einem die Fassade übergreifenden Obergeschoß wieder
zurückzunehmen und zu relativieren. Damit verleiht Fischer allen seinen

Fassaden einen geschlossenen Kontur, der alle Teile der Fassade zusammenschließt. Die Fassaden wirken dadurch breit und gelagert.

Kilian Ignaz Dientzenhofer tut das Gegenteil: Er versucht, die Betonung der
Mitte, die er durch die zentrale Aedikula angelegt hat, gegebenenfalls im
Obergeschoß weiterzuführen, und überhöht demnach nur die Aedikula, um
sie nochmals zu betonen.

Auch bei den vielen Zweiturmfassaden Kilian Ignaz Dientzenhofers tritt die
mittlere Aedikula deutlich als Zentrum der Fassade hervor, während die
Türme nur flankierende Funktion besitzen.[38]

Während bei Fischer die Aedikula immer eine Portalaedikula zu bleiben
scheint, wird die Aedikula bei Kilian Ignaz Dientzenhofer als zentrale
Fassadenaedikula thematisiert, ob nun erhöht wie bei den Einturmfassaden
oder flankiert wie bei den Zweiturmfassaden.

Die Thematisierung der Aedikula zu einer Fassadenaedikula bzw. zu einem
überdimensionierten Eingangstor in den Kirchenraum ist das 'tertium comparationis' für die Fassadenprojekte 911 a und b. Denn auch bei diesen Entwürfen ist die Aedikula das zentrale, die Fassade bestimmende Motiv; sie
ist das Thema der Fassade.

Den Entwürfen am nächsten stehen einige böhmische Fassaden und Fassadenentwürfe. Die Fassade von St. Johann am Hradschin, ehemals Ursulinerinnenkirche, thematisiert ebenfalls die zentrale Fassadenaedikula wie auch die
relativ bescheidene Fassade der Elisabethinerinnenkirche am Slup in Prag.

Der wesentliche Unterschied jedoch zu den Entwürfen besteht darin, daß
die beiden Prager Bauten keine kurvierten, sondern völlig flächige Fassaden
aufweisen.

Abb. 12, 13

Ferner erwähnenswert ist die Fassade für die erste Variante des Umbau-
projektes von Hejnice, geplant von Thomas Haffenecker 1721. Die Proportionen dieses Projektes wie auch die Fassadenaedikula sind vergleichbar mit
dem Planentwurf 911 a.

Zu 911 a gibt es einen Fassadenentwurf aus der Kilian Ignaz Dientzenhofer-
Nachfolge von František Kermer 1710 - 1786.[39]

Es handelt sich dabei um die circa 1770[40] entstandene Fassade für die
Kirche zum Heiligen Jakob in Metličanech. Zwar ist auch hier die Doppel-
pilasteraedikula nicht gekurvt, dafür eigens hinterlegt, um dann links und
rechts mit zwei konvexen Wandstücken, die jedoch breiter und stärker durch-
fenstert sind, zu den nochmals zurückgestuften Seitentraveen zu vermitteln.

Zu dem zentralen einstöckigen Turm leitet ein attikaartiges Sockelgeschoß über, das die Breite der Aedikula hat und den quadratischen Turm mit seinen abgeschrägten Ecken vorbereitet.

Somit dürften die Fassadenentwürfe eher im Zusammenhang mit der böhmischen denn mit der bayerischen Barockarchitektur entstanden sein.

Dennoch dürfen die Eigenständigkeit der Durchgestaltung und ganz besonders die Plastizität nicht außer acht gelassen werden.

TEIL II

Monographische Einzeluntersuchung der drei Bauten

1. Berbling

a) Quellenlage und Geschichte

Berbling liegt südwestlich von Bad Aibling, jenseits der Mangfall am Fuße einer bewaldeten Hügelkette. Bekannt wurde die kleine Dorfkirche durch Wilhelm Leibls hier im Jahre 1882 entstandenes Gemälde 'Frauen in der Dorfkirche', das sich heute in der Hamburger Kunsthalle befindet.

Der Kirchenbau hingegen spielte in der Literatur kaum eine Rolle, obwohl sich die Kirche durch ungewöhnliche Qualität und Originalität auszeichnet. Auf die Schönheit und Feinheit wie auch auf die Außergewöhnlichkeit des Baus wurde jedoch immer wieder hingewiesen, da es in der Nachbarschaft keinen vergleichbaren Bau gibt.[41] In der Literatur zur bayerischen Barockarchitektur wird Berbling, wenn überhaupt, nur am Rande erwähnt.[42] Lediglich einige heimatkundliche Aufsätze würdigen den Bau.[43]

Quellenkundlich läßt sich Berbling auf das neunte Jahrhundert zurückführen. Quellen jedoch über den Bau der Kirche oder aus der Bauzeit, das heißt zwischen 1751-56, gibt es nicht. Aus der Folgezeit sind ebenfalls nur vereinzelte Dokumente überliefert.[44] Zwischen 1774-89 ist ein Briefwechsel zwischen dem Benediktinerkloster Scheyern, dem Berbling inkorporiert war, der Pfarrei Berbling und dem Bischof von Freising erhalten. Es geht dabei um den Streit, der zwischen Kloster und Pfarrei entfacht war wegen der Konsekrierung der neu erbauten und sehr teuren Kirche und der dadurch entstandenen Verschuldung Berblings gegenüber Scheyern, so daß der Bischof von Freising als Schiedsrichter hinzugezogen werden mußte.[45]

Den besten und zusammenhängendsten Überblick über die Geschichte und Baugeschichte von Berbling gibt die 1846 verfaßte Chronik mit dem Titel: 'Chronik der Pfarrei Berbling im Dekanate Aibling, verfaßt von Josef Grassinger der zeit cooperator zu Aibling.'[46]

Die Geschichte der Pfarrei Berbling.[47]

Die Pfarrei Berbling ist eine der ältesten Pfarreien von Altbayern und gehörte ursprünglich zu Kloster Chiemsee, unter dessen Obhut es bis 815 blieb.
Aus dieser Zeit, genauer aus dem Jahre 804, stammt die erste Nachricht
von Berbling, das damals noch Bergwilling hieß. 815 jedoch hatte der Bischof von Freising die Pfarrei samt allen ihren Einkünften erhalten.
1142 gab Otto IV., Bischof von Freising, den Berblinger Zehent an das Benediktinerkloster Scheyern ab, das ihm dafür zwei Höfe eintauschte. Nach
und nach erhielt Scheyern auch das Hofmarksrecht über Berbling.
Im Jahre 1262[48] bekam das Kloster Scheyern die ganze Pfarrei Berbling
von Herzog Ludwig II. geschenkt, natürlich mit dem ausdrücklichen Ein-
verständnis des Bischofs von Freising. Bis zur Säkularisation Scheyerns
1803 gehörte Berbling zu dem Benediktinerkloster, danach ging die Pfarrei
an den Staat. Berbling selbst kam zu dem Landgericht Aibling, dann Rosenheim, die übrigen Ortschaften jedoch zu Miesbach; erst 1838 kam die gesamte Pfarrei Berbling zum Landgericht Aibling.

b) Die Baugeschichte und die Hausstätter Werkstatt

Die Baugeschichte der Kirche kann man nur anhand des 1787 verfaßten Brie-
fes von Isinger und den dazu teilweise im Widerspruch stehenden Angaben
Grassingers rekonstruieren. Außerdem gibt es an Quellenmaterial noch einige
Aufstellungen des Pfarrers Reischl[49] und ein Gemälde[50], das zum Tag der
Konsekrierung eigens fertiggestellt wurde und noch heute in der Kirche
hängt.

Vor dem jetzigen Bau hatte in Berbling schon eine mittelalterliche Kirche
gestanden. Sie wird in der Reformationszeit zum erstenmal erwähnt und war
schon seinerzeit dem Heiligen Kreuz geweiht.[51] In der zweiten Hälfte des
17. Jahrhunderts wird die Baufälligkeit des Dachstuhles beklagt.[52]
Unter dem Vikariat[53] des Johann Reischl (1737-67), der von dem Scheyrer
Abt Placidus Forster[54] (1734-57) eingesetzt worden war, wurde die mittelalterliche Kirche[55] abgebrochen und in der Zeit zwischen 1751-55/56[56] eine
völlig neue Kirche erbaut. Zwar wurde die Kirche einfach benediziert, so
daß Gottesdienste abgehalten werden konnten, doch ließ die Konsekrierung
weitere 33 Jahre auf sich warten.[57] Die Baukosten allein für den Kirchenbau betrugen 30.000 fl[58], eine ungeheuer hohe Summe; noch weitere 1.000 fl,
die das Haus des Abtes Placidus verschlungen hat[59], müssen hinzugezählt
werden. Die Gemeinde Berbling verfügte aber nur über ein Kapital von

circa 9.000 fl zum Zeitpunkt des Baubeginns.[60]

Als Baumeister der Kirche nennt Grassinger den Maurermeister Millauer zu Hausstatt bei Litzldorf in der Pfarrei Au.[61]

Die Millauer entstammen einer Baumeisterwerkstatt, die ihren Sitz in Hausstatt bei Feilnbach[62] hatten und ausschließlich in der Umgebung, das heißt in dem Landstrich zwischen Mangfall im Norden, Leitzach im Westen, Inn im Osten und dem heutigen Österreich im Süden, tätig war.

Die Meister dieser Werkstatt sind als die Hausstätter Maurermeister in die Literatur eingegangen.[63] Der älteste feststellbare Meister der Werkstatt war Johann Mayr der Ältere (1643-1718), der Begründer.[64]

Sein Sohn Johann Mayr der Jüngere (1677-1731), der die erste Schulung im väterlichen Betrieb erfuhr, verließ Hausstatt und wurde Palier des Wolfgang Dientzenhofer in Amberg. 1699 heiratete Johann Mayr der Jüngere die Witwe von Martin Gunetsrhainer in München. Durch die Heirat übernahm er automatisch die Stadtmaurermeisterstelle des verstorbenen Martin Gunetsrhainer und die Fürsorge für die beiden hinterlassenen Stiefsöhne Johann Baptist (1692-1763) und Ignaz Anton (1698-1764) Gunetsrhainer.

Die Werkstatt in Hausstatt führte indessen Abraham Millauer (1680-1758)[65] aus Derndorf weiter. Er wurde der Nachfolger Johann Mayrs des Älteren, da er dessen Tochter Barbara 1706 geehelicht hatte. Zwei Söhne entstammten dieser Ehe, Philipp (1710-1753) und Leonhard Millauer (1713-1762)[66], wobei Philipp[65] ebenfalls in die Hausstätter Werkstatt eintrat.

Mit Hans Thaller (1725-1796)[65], der die Witwe Philipps geheiratet hatte, erlosch die Hausstätter Schule.

Abraham Millauer scheint der produktivste Meister der Werkstatt gewesen zu sein; jedenfalls gab er 78jährig an, 15 Bauten in Tirol und Bayern neu erbaut zu haben.[67]

Abraham unterscheidet dabei aber nicht zwischen Bauten, die er auch eigenhändig geplant, und Bauten, die er nur als Palier ausgeführt hat, deren Planung jedoch auf einen anderen Inventor zurückgeht, wie zum Beispiel in Au, Kössen und Reisach.

Das Werkverzeichnis[65] bestätigt, daß die Hausstätter Meister bei vielen Bauten nur ausführende Meister, also Paliere, waren, während die Invention und Planung der Bauten in den Händen anderer Architekten lagen. Offensichtlich ist die Zusammenarbeit der Hausstätter mit größeren Architekten, mit denen sie außerdem noch verwandt waren, keine Seltenheit.[68]

Gesichert ist die Zusammenarbeit beim Umbau der Pfarrkirche St. Maria in Bad Aibling 1755/56, die nach dem Entwurf Johann Michael Fischers von Abraham Millauer durchgreifend umgestaltet wurde.

Abb. 24, 25, 95

Ebenso belegt ist die Zusammenarbeit von Vater und Sohn Millauer mit Ignaz Anton Gunetsrhainer in den 30er und 40er Jahren in Reisach sowie 1751 in Neubeuern.

Die Planung von Au 1719 und Kössen um 1720 geht auf Wolfgang Dientzen-hofer, 1678-1747[69], Marktmaurermeister und Ratsherr von Aibling, zurück, die Ausführung wurde abermals Abraham Millauer übertragen.

Aus den Bauten, die den Hausstätter Meistern allein zugeschrieben werden, als deren Inventoren sie also galten, fallen zwei Bauten völlig heraus: Berbling - und Ebbs in Tirol.

Abgesehen von diesen beiden Kirchen handelt es sich vorwiegend um Bauten, die entweder dem Typus der Wandpfeilerkirche[70] folgen, oder aber dem re-duzierten Wandpfeilertypus, dem Saalbau mit Pilasterwänden[71] angehören.

Aus der letztgenannten Gruppe ragt ein Bau hervor: Wiechs. Diese Kirche unterscheidet sich von den anderen genannten Bauten des Typus vergleichs-weise durch Variabilität, die sich im Experimentieren äußert. Die drei Tra-véen des Langhauses sind herkömmlich, nur sind sie nicht mit einer Stich-kappentonne überwölbt, sondern mit Platzlgewölben. Außergewöhnlich hin-gegen scheint die vierte Travée zu sein, die zwischen Chor und Langhaus eingestellt ist und sich wesentlich von den übrigen drei Travéen unter-scheidet.

Abb. 2, 5, 11, 24, 25

Bei näherer Untersuchung fällt aber auf, daß diese Überleitungstravée ein einziges 'mixtum compositum' ist aus Reisach[72], wo ebenfalls ein recht-eckiger Raum zum Chor hin abgerundet wird, und Berbling, vergleicht man die Blendarkaden und die rechteckigen Altarnischen auf den Diagonalen.

Wie in Reisach, so werden auch in Wiechs die Ecken des rechteckigen Lang-hauses zum eingezogenen Chor konkav ausgerundet und kalottenartig über-wölbt. In diese konkav ausgerundeten Ecken stellt der Erbauer die recht-eckigen Kastennischen von Berbling ein, die hier ebenfalls von einem durch-laufenden Gebälk abgeschlossen werden. Über dem Gebälk werden schichten-einheitlich zu den Altarnischen zwei halbkreisförmige Rundbogen aufstuckiert, die sofort an die Berblinger Blendarkaden erinnern.

Wenn Wiechs zwischen 1754-58 erbaut worden ist, kann man diese vierte
Travée nur auf Reisach 1737-1746 und Berbling 1751-55/56 zurückführen.

Interessant gemacht ist auch das Chorjoch: In das Chorrechteck ist ein
Baldachin eingestellt, der von einem konkaven Vier-Stützen-System ausgeht,
das sich mit einer ganz eigenen Schicht, sowohl im Unterbau als auch im
Gewölbe, absetzt, eine Lösung, die an den Hauptraum auf dem Plan S. Z.
911, respektive an St. Johann am Felsen erinnert.

Wiechs ist ein Bau des Experimentierens und Verarbeitens; diese Kirche ist
ein gutes Beispiel dafür, wie ein kleinerer Baumeister aus erstklassigen
Bauten Motive herauslöst und versucht, die gewonnenen Eindrücke für sich
selbst zu nutzen und in modifizierter und wesentlich vereinfachter Form
in seine eigene Sprache umzusetzen. Doch es versteht sich von selbst, daß
der Meister von Wiechs unmöglich mit dem Inventor von Berbling identisch
ist.

Außer den genannten Wandpfeiler- bzw. Saalbauten gehören noch Kleinholzhausen und Schwarzlack zu den von den Hausstättern eigenständig geplanten Kirchenbauten.

Kleinholzhausen ist ein sehr bescheidener Bau; an den rechteckigen flach-
gedeckten Hauptraum schließt sich eine Rundapside, es fehlen jegliche Glie-
derungen.

Schwarzlack dagegen weist scheinbar Parallelen zu Berbling auf; jedenfalls
ist in der Literatur immer wieder auf die Beziehung zwischen Berbling und
Schwarzlack hingewiesen worden.[73] In Schwarzlack schließt sich an einen
kurzen Hauptraum, der jedoch abgeschrägte Ecken aufweist, also ein ungleichseitiges Oktogon zum Grundriß hat, ein querrechteckiger Chorraum mit
Emporen im Osten und ein identischer Vorraum im Westen an. Hauptraum und
Chor haben ein Platzlgewölbe. Offensichtlich wurde Schwarzlack wegen des
symmetrischen Anschlusses von Chor- und Vorraum, einer Lösung, die den
Gesamtraum zusammenschließt, mit Berbling verglichen.

Doch wo bleibt die Kurvierung, wo bleibt die Idee der impulsgebenden Rotunden? Schließlich sind es in Berbling die Rotunden von Vorhalle und Chor,
die die Kurvierung des Hauptraumes erst motivieren.

Wo bleibt zudem das Acht-Arkaden-Gerüst? Diese kurze Gegenüberstellung
genügt, um die Vergleichbarkeit der beiden Bauten 'ad absurdum' zu führen.
Da die Bauten für fast dieselbe Bauzeit anzusetzen sind, zwischen 1750-1757,
steht zweifelsfrei fest, daß der Meister von Schwarzlack unter dem Einfluß
des Baugeschehens in Berbling gestanden hat, in ganz ähnlicher Weise wie
der Meister von Wiechs.

c) Forschungsstand

Hat man Berbling mit den gesicherten Bauten der Hausstätter Werkstatt verglichen, so ist es äußerst fraglich, ob ein derart origineller und qualität-
voller Bau aus dem Geist dieser ländlich einfach gebliebenen Werkgemein-
schaft hervorgegangen ist.
Die These, daß nicht nur die Ausführung, sondern auch die Planung des
Berblinger Baus auf Philipp Millauer und Hans Thaller zurückgehe[74], muß
angezweifelt werden, da sie den Vergleichen nicht standhalten kann. Die
Diskrepanz zwischen den angeführten Bauten ist unüberwindbar.
Die Wandpfeiler- und Saalbauten der Hausstätter, aber auch Wiechs und
Schwarzlack kann man in keinerlei Verbindung mit der kurvierten Architektur in Berbling bringen.
Man muß davon ausgehen, daß die erwähnten Philipp Millauer und Hans
Thaller in Berbling ausschließlich die ausführenden Paliere oder Maurermeister waren und daß die Planung einem unbekannten Architekten zuzuschreiben ist. Auch in der Literatur sind verschiedenste Zuschreibungen
formuliert worden. Nach einem dieser Vorschläge ist Johann Michael Fischer
als Inventor anzunehmen.[75] Doch in Berbling ist diese These noch weitaus
abwegiger als in Frauenzell.[76] Die genetische Untersuchung hat ergeben,
daß Berbling dem böhmischen Počaply entlehnt ist; der Grundriß ist wörtlich übernommen, der Aufriß hingegen im Detail und in der Proportion abweichend.
Bei Fischer wird zwar der Acht-Arkaden-Raum zu einer Leitidee, aber niemals wird Fischer zum Kopisten, vielmehr verarbeitet er böhmisches Formengut und überträgt es in seine eigene Formensprache, der im Aufbau wie auch
im Detail die Strenge und Systematik der böhmischen Architektur fehlt. Er
ersetzt diese Systematik durch das modellierende Element, das seine Bauten
auszeichnet und das die gefällige, bayerische Auffassung von Barockarchitektur entscheidend geprägt hat.
Einige andere Autoren halten Ignaz Anton Gunetsrhainer für den Inventor
von Berbling.[77]
H. Voelckers Hauptargument liegt in der Behandlung der Diagonalen in
Berbling[78], die rechteckige Kastennischen ausbilden, deren obere Begrenzung das darüber geführte Gebälk ist. Genau dieses Moment hat Voelcker in
Neubeuern und Reisach (Mitteltravée) beobachtet. Beide sind nachgewiesene
Bauten von Ignaz Anton Gunetsrhainer. Die Übereinstimmung ist evident,
nur wurde dabei nicht erwogen, daß genau diese rechteckige Altarnische

in der bayerischen Barockarchitektur durchaus öfter vorkommt, das heißt
zum festen Formenrepertoire gehörte und daher keinen sicheren Anhaltspunkt
in Hinsicht auf die Handschrift eines ganz bestimmten Architekten bietet.
Außerdem wird auf die häufige Zusammenarbeit der Millauer mit Ignaz Anton
Gunetsrhainer verwiesen.

Andererseits bemerkt Voelcker die Übereinstimmung Berblings mit St. Johann
am Felsen in Prag, besonders hinsichtlich der Außenerscheinung, was die
Leistung der Invention von Gunetsrhainer in Berbling erheblich relativieren würde.

Völlig zurecht betont zudem Pückler-Limburg, daß der Plan von Berbling
von Anfang an bis in alle Einzelheiten festgelegt gewesen sein muß, da
von einem Wechsel der Bauleitung von Millauer auf Thaller im Jahre 1753
nichts zu spüren ist.

Ein dritter Zweig in der Literatur vergleicht Berbling mit der böhmischen
Architektur.[79] Während H.G. Franz - wie schon Voelcker und Bomhard -
Berbling mit St. Johann am Felsen vergleicht und insbesondere die Identi-
tät der Grundrisse betont, erwähnt Norberg-Schulz die Ähnlichkeit zu
Počaply.

Abb. 11, Fig. III

Außerdem sieht Norberg-Schulz einen Zusammenhang zwischen Frauenzell und
Berbling, indem er den böhmischen Einfluß Kilian Ignaz Dientzenhofers bemerkt. Franz hat im Zusammenhang mit St. Johann am Felsen den Plan
für St. Elisabeth als Kopie des Prager Innenraums identifiziert, was allerdings, wie der rekonstruierte Grundriß zeigt, nicht zutrifft; aber immerhin
wurde eine Verbindung festgestellt.

Erst 1983 nennt Schütz alle drei Projekte in einem Atemzug "die Gruppe der
'böhmischen' Architekturen auf bayerischem Boden".

d) Neueinordnung des Baus

Zweifellos kann man in Berbling die ins Bayerische übertragene Kirche von
Počaply erkennen, doch immer noch bleibt die Frage offen: Woher kommt
die Planung für Berbling und von wem stammt sie?

Fest steht jedenfalls, daß eine Planung existiert haben muß, die bis ins
Detail den Bau festgelegt hat, zumindest was den Aufbau, nicht aber die
Proportion betrifft. Aber wie gelangt dieser Plan in den Besitz von Scheyern

bzw. Berbling, und vor allem: wer hat diesen Plan gefertigt?

Zur Lösung des Problems ergeben sich drei Alternativen.
Erstens, der Plan von Berbling war ein Originalriß von Kilian Ignaz
Dientzenhofer.
Zweitens, es handelt sich um eine Plankopie von Počaply, oder
drittens, um einen Plan eines bayerischen Architekten, den er allerdings
nach einer originalen böhmischen Planskizze oder einer eigenhändig in
Böhmen angefertigten Skizze ausgearbeitet hat.

Zu 1)
Falls der Berblinger Plan ein Originalriß Kilian Ignaz Dientzenhofers ge-
wesen sein sollte, ließe sich eine Verbindung und Beziehung nur über die
Sippe der böhmisch-fränkischen Dientzenhofer[80], die aus der Gegend von
Bad Aibling stammen, herstellen.
Die Familie Dientzenhofer hatte ihren Hof in Gundelsberg, nur wenige hun-
dert Meter von dem Sitz der Hausstätter Meister entfernt. Im Jahre 1673
waren die fünf Baumeisterbrüder mit zwei Schwestern aus der Heimat fort-
gezogen und waren frühestens 1676 in Prag angekommen.
Nur einer der Brüder, Christoph (1655-1722), blieb bis zu seinem Lebensende in Böhmen. Die vier anderen Brüder kehrten in die Oberpfalz bzw.
nach Franken zurück.
Wolfgang (1648-1706) zog 1680 nach Amberg. Er unterhielt freundschaftliche
Beziehungen zu den früheren Nachbarn, den Meistern von Hausstatt. Noch in
der Heimat war er Trauzeuge bei der Heirat Johann Mayrs des Älteren gewesen, und kurz vor 1700 arbeitete dessen Sohn Johann Mayr der Jüngere
mit an der Kirche und dem Kloster der Salesianerinnen in Amberg. Im Jahre
1682 folgten die Brüder Georg (1643-1689) und Johann Leonhard (1660-1707),
nur der jüngste, Johann (1663-1726), blieb noch mindestens bis 1685 in Prag,
wo er nach eigenen Angaben bei zwei berühmten Baumeistern gelernt hat.
Von Johann ist auch überliefert, daß er "auch zu Rom die ... Paläst gesehen". 1713 ist eine Reise nach Wien gesichert.
Kilian Ignaz Dientzenhofer (1689-1751) war der Sohn des in Prag verblie-
benen Christoph, mit dem er seit 1713/14 zusammenarbeitete. Kilian Ignaz
Dientzenhofer unternahm ebenfalls eine Reise nach Wien, vermutlich im
Jahre 1728.[81]
Wenn also der Plan von Berbling ein Originalplan Kilian Ignaz Dientzenhofers war, so kann es sich nur um einen Riß für die Heimat gehandelt haben,
der bei ihm persönlich in Auftrag gegeben worden ist.

Ein Auftrag könnte vielleicht dadurch angeregt worden sein, daß Abt
Placidus Forster für den Berblinger Bau etwas 'Besonderes' wünschte, weshalb er über die Hausstätter Meister auf Dientzenhofer verwiesen worden
sein könnte. Allerdings ist dies recht unwahrscheinlich.

Zu 2)

Die zweite Möglichkeit, daß es sich in Berbling um die Plankopie von
Počaply handelt, ist plausibler. Der Plan hätte Berbling eventuell über
Johann Dientzenhofer, den Onkel Kilian Ignaz Dientzenhofers, erreichen
können, da die Familienbande unter den Dientzenhofern offensichtlich nie
ganz abgebrochen sind.[82]

Nicht zu unterschätzen ist auch der künstlerisch-geistige Austausch, der
zumindest zwischen Christoph und Johann bestanden hat, denn Werke wie
die sogenannten Pläne für 'Holzkirchen', vermutlich vor 1721, oder die
Klosterkirche in Banz 1709-13 sind ohne Kenntnis der Bauvorhaben seines
älteren Bruders (Niklas Kleinseite, 1703-11, Břevnov 1708-15) nicht vorstellbar.

Andererseits hätte eine Verbindung auch über die Benediktinerkongregation
entstehen können; sei es, daß Kloster Scheyern mit Břevnov, dem Počaply
unterstand, direkt in Kontakt stand, oder daß eventuell Banz eine Vermitt-
lerrolle zwischen dem böhmischen Břevnov und dem bayerischen Scheyern
hatte.

Wenn es sich in Berbling um eine exakt ausgebreitete Plankopie von Počaply
gehandelt hat, so wäre nicht auszuschließen, daß die beiden Hausstätter
Meister anhand des Planes den Bau in Berbling hochgeführt haben.

Abb. 26, 27

In diesem Zusammenhang muß auch noch der zweite Bau neben Berbling genannt werden, der völlig aus den Hausstätter Projekten herausfällt, nämlich
die Pfarrkirche Mariae Himmelfahrt in Ebbs in Tirol. In Ebbs ist die Quellenlage, im Gegensatz zu Berbling, sehr günstig.[83]

Es ist belegt, daß Ebbs in den Jahren 1748-56 gebaut worden ist; 1748 wurde der Grundstein gelegt, 1754 wurde die Kirche einfach benefiziert und am
29. August 1756 feierlich durch den Erzbischof Sigismund Graf von Schratten-
berg aus Salzburg geweiht.

Aus der Urkunde geht hervor: Haec Parochialis Ecclesia... "ex integro
aedificari coepta et post quadriennium exstructa est ab Abrahamo Millauer
Bavaro prope Aybling Architecto, cum duobus filiis Philippo et Leonardo,
Architecto lignario Francisco Zaisser Kueffstainensi"...

Das heißt also, Ebbs wurde von Abraham Millauer und seinen beiden Söhnen angefangen und innerhalb von vier Jahren ausgeführt.
Abraham wird als integer, sprich rechtschaffen solide bezeichnet, außerdem als Architekt. Nach moderner Auffassung würde das Wort Architekt dafür sprechen, daß Abraham als der Inventor der Kirche zu verstehen sei. Doch in ein und demselben Satz wird der Zimmermann Franz Zaisser als 'Architecto lignario' bezeichnet.
Mit anderen Worten, wenn selbst der Zimmermann als Architekt bezeichnet wird, in Sachen Holz, so darf man die Bezeichnung Architekt mit Sicherheit nicht im modernen, heutigen Sinn verstehen, sondern kann oder muß im Falle Abraham Millauers mit Maurermeister, Palier oder Baumeister übersetzt werden, was aber noch lange nicht 'Inventor' bedeutet.

Betrachtet man den Bau von Ebbs, so fällt zunächst die Größe der Kirche auf. Sie ist 44 Meter lang, 12,5 Meter breit und 16 Meter hoch. Es handelt sich um einen stattlichen, großen Bau, der die übrigen Millauer-Projekte an Ausmaßen teilweise sogar um das Doppelte übertrifft.
Zudem handelt es sich in Ebbs um eine außergewöhnliche Innenraumstruktur, die mit den übrigen Wandpfeiler- und Saalbauten der Hausstätter Meister gar nichts zu tun hat.
Die Kirche ist ein Saalbau zu drei Travéen, wobei zwei sechseckige Travéen durch eine mittige Pilastertravée, die weit und massig in den Innenraum eingreift, verbunden werden. Die Mitteltravée wird von einer Tonne überwölbt, die rahmenden Sechseckräume von Platzlgewölben. Die Vermittlung zu Chor- bzw. Eingangsraum leisten schrägstehende, konkav gerundete Mauerstücke, die mit einer Art Kalotte überwölbt sind und somit das Langhaus zentralisieren.

Abb. 26, 28

Dieser Bautypus führt geradewegs nach Böhmen bzw. Prag. Vergleicht man Ebbs mit der Kirche St. Ursula von 1678 in der Prager Neustadt von Marcantonio Canevale[84], so wird man eine weitgehende Übereinstimmung der beiden Bauten konstatieren müssen[85], selbst bis auf die in die Schrägseiten der sechseckigen Raumkompartimente eingelassenen Nischen. Dieser Typus wird in Prag nochmals von František Maximilian Kanka bei St. Klemens[86] aufgenommen und wiederholt. Lediglich die Einziehung zu Chor- und Eingangsraum weicht in Ebbs von den Prager Beispielen ab, da dort jeweils zwei Pilasterpfeiler bzw. Säulen eingestellt worden sind, die kräftige Kastengurte tragen. In der Tat war Abraham Millauer der

Typus der Prager Kirchen St. Ursula und St. Klemens bekannt, wie ein
Grundriß von St. Klemens erweist, der kürzlich von Heinrich Gerhard Franz
auf dem Haustätter Hof, dem Wohnsitz der Millauer, gefunden worden ist.
Die Hausstätter haben demnach über original böhmisches Planmaterial ver-
fügt.[86a]
Aber auch die gerundeten Vermittlungsmauern in Ebbs sind nicht dort er-
funden worden; sie sind ein wörtliches Zitat der kurz vor Ebbs erbauten,
lediglich fünf Kilometer entfernten Kirche in Reisach 1737-46 von Ignaz
Anton Gunetsrhainer, bei der Abraham Millauer der Palier war.
Ebbs ist offensichtlich die Synthese aus dem böhmischen St. Ursula bzw.
St. Klemens und dem bayerischen Reisach.[87]

Aber nicht nur der Innenraum von Ebbs geht auf böhmische Vorbilder
zurück, sondern auch die Fassade, die auf dem Deckenfresko nochmal abgebildet ist. Sie zeigt ein Dientzenhofer-Motiv, den Segmentgiebel, der die
Mitteltravée weitläufig überfängt, wie man ihn von Waldsassen, St. Martin
in Bamberg und vielen böhmischen Beispielen[88] kennt.
Außerdem befinden sich am Beginn des Chorjochs in Ebbs zwei rein böhmische Fenster, wie sie sonst nur bei Kilian Ignaz Dientzenhofer zu beobach-
ten sind.[89] Es sind Schweiffenster, die oben und unten am Übergang zum
Fensterabschluß je zwei spitze Nasen ausbilden, in Bayern ein außerge-
wöhnliches Motiv, das nur bei einer kleinen Baugruppe Wiederverwendung
gefunden hat. Auf diese Baugruppe wird an anderer Stelle noch näher eingegangen.[90] Man kann wohl Ebbs als den vierten böhmischen Bau auf
bayerischem bzw. Tiroler Boden erklären und ihn in die böhmische Baugruppe einreihen.
Allerdings unterscheidet sich Ebbs von den anderen drei Beispielen dadurch
gravierend, daß der Bau keine kurvierte Architektur ist.
Ebbs ist, wie eindeutig belegt, von Abraham Millauer gebaut worden unter
der Mithilfe seiner beiden Söhne; allerdings drängt sich angesichts dieses
qualitätvollen, wie auch für das Hausstätter- bzw. für das Abraham Millau-
er-Oeuvre atypischen Baues die Frage auf, ob dieser Bau, wie auch Berbling, auf eine Planung der Millauer zurückgehen kann.

Abb. 23

Vielleicht hilft eine weitere vergleichende Untersuchung, den Sachverhalt
zu klären. Vergleicht man Bauten desselben Wandpfeilertypus, die Abraham
Millauer selbst geplant und ausgeführt hat wie Litzldorf, Schleching oder
Reith, mit ebensolchen Bauten desselben Wandpfeilerschemas, die jedoch von

Wolfgang Dientzenhofer geplant worden sind, von Abraham Millauer aber nur ausgeführt wurden, wie Kössen und Au, so stellt man einen deutlichen Qualitätsabfall fest.

Die von Dientzenhofer geplanten Bauten überragen Millauers Werke hinsichtlich der Proportion, der Kräftigkeit der Gliederung und bisweilen durch eine außerordentlich sensible Abgrenzung der Raumteile wie in Au, die sofort einen anderen, ideenreicheren Geist erkennen läßt, zum Beispiel die feine Lösung in Au, wo die Chortravée durch eine eigene Schicht leicht hervorgehoben wird gegenüber den Langhaustravéen.
Nicht einmal solche vergleichsweise bescheidenen Inventionen oder Feinheiten können bei Bauten des Abraham Millauer beobachtet werden. Es scheint, daß Abraham Millauer oder überhaupt die Hausstätter Werkstatt nur bekannt waren für ihre soliden und korrekten Maurerarbeiten, wofür auch die Hinzuziehung des 78-jährigen Abraham Millauer in Hopfgarten zeugt, wo es um die Nutzbarkeit des Entwurfes von Kassian Singer für die Kirche ging.
Zugleich muß noch einmal darauf hingewiesen werden, daß Abraham Millauer selbst bei der Aufzählung seiner 15 neu erbauten Kirchen keinen Unterschied macht zwischen von ihm selbst geplanten oder von anderer Hand geplanten Projekten. Ihm scheint vielmehr daran gelegen gewesen zu sein, seine Fertigkeit im Handwerk unter Beweis zu stellen.
Man sollte die Hausstätter Meister in Zukunft mehr als ausführende denn als schöpferische Meister betrachten. Aus diesem Grund muß man die Planung von Berbling wie auch die von Ebbs anderen Architekten zuschreiben.
Falls es sich in Berbling und Ebbs um exakt ausgearbeitete böhmische Originalpläne gehandelt hat, so wären die Hausstätter Meister mit Sicherheit in der Lage gewesen, diese Pläne in die Realität umzusetzen.
In Ebbs wiederum spricht die Synthese von bayerischem und böhmischem Formengut für die Umarbeitung eines eventuell böhmischen Planes, was allerdings, und das hat der Vergleich mit den Wolfgang-Dientzenhofer-Bauten erbracht, schwerlich Abraham Millauer zugetraut werden kann.

Zu 3)
Deshalb sollte man die dritte Möglichkeit in Betracht ziehen, daß der Plan von Berbling wie auch der von Ebbs von einem einheimischen Architekten in Bayern gemacht worden ist, und zwar nach einer in Böhmen gezeichneten Vorlage.
Für Berbling läßt sich ein Grundriß des böhmischen Počaply annehmen, wie er für Ebbs mit dem Grundriß von St. Klemens in Prag erhalten ist.

Demnach muß man zwischen den böhmischen Skizzen und der Ausführung des Baus eine dritte Instanz einschalten. Millauer[91] und Thaller hätten dann den Bau nach einem in allen Einzelheiten detaillierten und festgelegten Plan ausgeführt, der in Bayern entstanden ist. Hinzuzufügen wäre noch, daß H. Voelcker[92] einen eigenhändigen Plan Hans Thallers vorliegen hatte, auf Grund dessen schlechter Qualität sie eine Autorenschaft Thallers von vornherein ausschließen konnte.

Es müßte sich also ein in Bayern beheimateter Architekt finden lassen, der den Ausführungsplan nach einer böhmischen Skizze - ob von eigener Hand oder von einem Kollegen spielt keine Rolle - hergestellt hat.

Es gibt in München zwei Meister, die belegbar in Böhmen auf Wanderschaft waren. Der eine ist Johann Michael Fischer[93], den man jedoch als Architekt für Berbling sofort wieder ausschließen sollte; daß Fischer aber von seiner Wanderschaft Skizzen mitgebracht haben dürfte, steht wohl außer Frage.

Der Zweite, der in Böhmen gewesen war, ja sogar bei Kilian Ignaz Dientzenhofer gearbeitet haben soll, ist Philipp Jakob Köglsberger[94], von dem allerdings nicht viel mehr als seine Tätigkeit in Berg am Laim und Schäftlarn überliefert ist.

Weiterhin käme noch Ignaz Anton Gunetsrhainer in Frage, für den zwar keine Böhmenreise belegbar ist, der aber sehr wohl als Stiefsohn des Johann Mayr des Jüngeren zu München, wie auch als Schwager Johann Michael Fischers in Berührung mit böhmischen Skizzenbüchern hat kommen können. Mit Sicherheit hat in dieser Familie ein reger Austausch in Sachen Architektur stattgefunden, zumal Fischer wie auch Ignaz Anton in ihren frühen Jahren Mitarbeiter in Johann Mayrs Baubüro waren.[95]

Ignaz Anton übernahm 1733, zwei Jahre nach des Stiefvaters Tod, dessen Stelle als Stadtmaurermeister. Außerdem hat Ignaz Anton immer wieder mit den Hausstätter Meistern, mit denen er verwandt war, zusammengearbeitet. Ignaz Anton hat sowohl die Kirche in Reisach 1737-46 wie auch den Umbau von Neubeuern 1747-51 geplant, während die Ausführung den Meistern aus Hausstatt zufiel, auf die auch Johann Michael Fischer bei seinem Umbau in Aibling 1755/56 zurückgriff. Die Planung von Reisach zeigt Gunetsrhainer als einen Architekten der Synthese, der verschiedenste Zitate aufgreift und zu einem neuen Ganzen verarbeitet. Der Grundriß von Reisach zeigt ebenfalls Parallelen zu dem böhmischen Grundrißschema von St. Ursula; wieder wird die stark in den Raum eingreifende Mitteltravée von zwei symmetrischen breiteren Travéen eingefaßt. Im Aufriß jedoch ist Reisach unvergleichbar mit den böhmischen Beispielen. In Reisach wird der monumentale syri-

sche Bogen zum Leitmotiv. Der syrische Bogen und auch die konkav ausgerundeten Raumecken, wie sie später in variierter Form in Ebbs auftauchen,
weisen viel eher nach Italien, speziell nach Rom. Die Karmeliterkirche in
Reisach zitiert Motive, die augenfällig von der römischen Augustinerinnen-
kirche Sta. Maria dei sette dolori von Borromini[96] übernommen sind, wahrscheinlich eine Forderung des Konvents.

Auch bei dem römischen Bau ist der syrische Bogen das Leitmotiv. Borrominis höchst einfache Raumstruktur beschränkt sich auf vier syrische Bögen,
die sich als Arkaden auf der Längsachse und als Arkadennischen auf der
Querachse öffnen. Verbunden werden die vier Arkaden durch die Wände, die
die Ecken des Raumes konkav ausrunden.

Ignaz Anton Gunetsrhainer hingegen rhythmisiert die Längswände, indem er
zwei weite syrische Bögen aufeinander folgen läßt, wodurch zwischen den
zwei Arkaden einer Längswand ein massives, in das Rauminnere eingreifendes
Wandstück entsteht, das allerdings im Aufriß durch die Kastennische wieder
entmaterialisiert wird. Diese drei Travéen haben Tonnengewölbe, während
die ausgerundeten Raumecken kalottenartig überwölbt werden. Das Motiv
des syrischen Bogens wiederholt sich jeweils analog zu dem römischen Beispiel bei den Arkaden zu Chor- und Vorraum.

Der syrische Bogen als Leitmotiv taucht in Kirchenräumen der bayerischen
Barockarchitektur nur noch ein einziges Mal auf, und zwar bei den Diago-
nalarkaden der Pfarrkirche in Murnau, erbaut zwischen 1717-1731, deren
Architekt unbekannt ist.[97]

Natürlich wird auch dieser Bau Gunetsrhainer bekannt gewesen sein. Ignaz
Anton Gunetsrhainer hat in Reisach das Motiv des syrischen Bogens zur Monumentalität in der Erscheinung geführt. Aber nicht nur der syrische Bogen,
sondern die gesamte Raumauffassung ist monumental und steht in keinem
Vergleich zu dem recht kleinen, einfachen Raum Borrominis. Im Vergleich
dazu wirkt die Raumstruktur in Reisach äußerst plastisch und höchst kraft-
voll. Die Proportion hat sich verändert; die Säulen stehen auf sehr hohen
Sockeln, wie die Ordnung in der Kollegienkirche in Salzburg, sie sind selbst
ausnehmend kräftig und werden unkonventionell und effektvoll eingesetzt.
Die Säulen haben keine tragende Funktion; sie enden in Schmuckamphoren.
Ihre Funktion liegt darin, die syrischen Bögen zu rahmen, ein Würdemotiv
von größter Wirkung.

Eine vergleichbare Inszenierung von Säulen zeigen die Kolossalsäulen der
Kollegienkirche; sie wiederum sind einzig dem Hochaltar zugeordnet, den sie
rahmen und nobilitieren. Aber nicht nur die Sockel und die Säulen, sondern

auch die Mitteltravée in Reisach, die körperhaft zu einem hohlen Kasten
ausgehöhlt wird, führt direkt nach Salzburg in die Kollegienkirche, die
Fischer von Erlach 1694-1707 erbaut hat. Vergleicht man die vier in den
Kirchenraum hineingestellten Rechteckkästen, so spürt man den Zusammen-
hang.
Gunetsrhainer stand bei dem Bau von Reisach offensichtlich im Bann der
Architektur Fischer von Erlachs, deren monumentalen, ja kolossalen, den-
noch immer anthropomorph bleibenden Klang er auf Reisach überträgt.
Der Bau lebt allein von seiner Kahlheit und der kräftigen plastischen
Durchgliederung, wiederum ein 'Tertium comparationis' zur Kollegienkirche.

Ignaz Anton Gunetsrhainer ist hier ein Werk gelungen, das er aus Zitaten
verschiedenster Herkunft eigenständig und selbstsicher zu einer neuen Einheit zusammengefügt hat. Der Bau ist eine echte Invention.
Zwar erreicht das Tiroler Ebbs nicht die Monumentalität von Reisach, doch
ist auch dieser Bau aus einer Synthese entstanden; aus dem Grund- und
Aufriß des böhmischen St. Ursula und St. Klemens kombiniert mit dem Motiv
der ausgerundeten Ecken des kurz zuvor erst in unmittelbarer Nachbarschaft entstandenen Reisach.
Daher liegt es auf der Hand, Ignaz Anton Gunetsrhainer auch als Architekten bzw. als Inventor von Ebbs anzunehmen. Offensichtlich hatte Gunetsrhainer den Grundriß von St. Klemens zur Verfügung, denn, wie gezeigt,
setzt er sich sowohl in Reisach als auch in Ebbs mit diesem Prager Bau
auseinander. Während er in Reisach nur zitiert, tritt in Ebbs das Vorbild
offen zu Tage.
In diesem Sinne wäre es denkbar, daß Gunetsrhainer auch den Ausführungsplan von Berbling, nach einer Skizze von Počaply, entworfen hat.
In allen drei Fällen hätte er in den Hausstätter Meistern die idealen
Paliere gehabt.
Zwar sind genetische Untersuchungen bei Bauten, die entweder kopiert sind
wie Berbling und Ebbs oder motivisch zitieren wie Reisach, nicht zwingend
beweiskräftig, aber dennoch sollte auf einige sich wiederholende Motive aufmerksam gemacht werden.

Bei allen drei Bauten wird das Lünettenfenster verwendet, in Berbling als
Thermenfenster klassisch unterteilt, in Reisach und Ebbs ohne Zwischen-
streben. Ein anderes Motiv ist die in Bayern zwar verbreitete, im Oeuvre
des Ignaz Anton Gunetsrhainer jedoch häufig auftretende Rechtecknische.

Zu den Ausführungsarbeiten in Berbling gilt es noch einige Aspekte zu er-
wägen. Wie schon erörtert, übernimmt im Jahre 1753, nach dem Tode von
Philipp Millauer, Hans Thaller die weitere Ausführung der Kirche und bringt
die Arbeiten zu Ende.[91]

Fig. VII, Abb. 1

Am Außenbau von Berbling fällt sofort die auffällige Wandgliederung ins
Auge. Die Wand ist gefeldert, wobei hochrechteckige, weiße Wandfelder mit
konkav ausgerundeten Ecken, die durch Rauhputz etwas erhaben sind, sich
von der gelben, glattgeputzten Umrahmung absetzen.
Diese Wandmusterung kommt auch an der kleinen Kirche St. Salvator in
Fisslkling bei Kraiburg, Kreis Mühldorf[65], vor, nur daß hier die rauhge-
putzten Wandfelder, die die Form von langen Paneelen mit konvex ausgerundeten Ecken haben, gelb sind und sich von der glatten weißen Umrahmung absetzen. Aber nicht nur die Außenwandgliederung in Fisslkling
stimmt mit Berbling überein, sondern auch die Turmhaube, die nahezu identisch ist, wenn auch in Fisslkling direkt über dem kleinen Rundprofil der
Haupteinziehung die kleinere Abschlußzwiebel aufsitzt. In Berbling dagegen läuft die Haupteinziehung nach dem Rundprofil ein wenig weiter, wodurch die gesamte Haube gestrecktere Proportionen erhält.

Abb. 29, 30

Da man davon ausgehen kann, daß Thaller bei der äußeren Gestalt wie
auch bei der Turmhaube in Berbling freie Hand hatte und somit seine eigenen Vorstellungen in die Tat umsetzen konnte, hat derselbe Thaller im Jahre 1758 bei der Erneuerung von Fisslkling die in Berbling schon erprobten
Motive auf St. Salvator übertragen.
Interessanterweise kann man in Fisslkling und auch an dem ebenfalls dem
Stilkreis Hans Thallers zugeschriebenen Wallfahrtskirchlein in Kirchbrunn,
Landkreis Mühldorf[65], das ebenfalls Kloster Scheyern unterstand, rein böhmische Fenster studieren, wie man sie von Kilian Ignaz Dientzenhofer und
in Ebbs kennt - offensichtlich eine Ausnahme in Bayern.
Selbst Johann Michael Fischer oder der Fenstervirtuose Dominikus Zimmer-
mann haben nicht ein einziges Mal Fenster dieser Art verwendet.

Abgesehen von diesen außergewöhnlichen Einzelmotiven, läßt der Hauptraum
von Fisslkling aufmerken, der im 18. Jahrhundert an eine alte Einsiedelei
- heute Vorraum - angebaut wurde.
Es handelt sich um einen raumkonkaven Acht-Nischen-Raum, dessen Wände

Fig. VII   Fisslkling, Äußeres, Wandgliederung

alle gekurvt sind: Zwei große weite Rundnischen auf der Querachse und
vier kleine konkave Fensternischen auf den Diagonalen. Die Nischen der
Querachse sind mit orthogonal ausgerichteten Arkaden an den Hauptraum
angebunden, der von einer Flachkuppel überwölbt wird. Den Übergang von
den Diagonalnischen zu dem flachen Muldengewölbe vermitteln Stichkappen.
Vor der Wand liegt eine zarte Pilastergliederung, durch die die große
Nische auf der Längsachse vor dem Chor dreigeteilt wird; es entsteht ein
flacher, dreifacher Prospekt, der den zwei plastischeren Dreierprospekten
auf der Querachse antwortet.

Noch ein weiterer Bau kann dieser Gruppe hinzugefügt werden, die Pfarrkirche St. Margaretha in Bayrischzell[98], die genauso wie Berbling und
Kirchbrunn dem Kloster Scheyern unterstand. Sie weist in den Längswänden
ebenfalls Kilian Ignaz Dientzenhofers Fenster auf. 1733 hat sich Scheyern
für einen Neubau entschlossen. In Bayrischzell wird das Motiv der gerundeten Kalottentravéen von Reisach auf einen kleinen Bau übertragen[99],
und zwar symmetrisch und nicht vor dem Chor wie in Wiechs. Der Baumeister von Bayrischzell ist zwar unbekannt, doch kann man den Bau in die
Reihe der Bauten der Hausstätter Meister einreihen, die innerhalb des
Oeuvres durch die Originalität und die Motivwahl eine Sonderstellung einnehmen, wie Wiechs, Schwarzlack, Fisslkling und Kirchbrunn (Außenerscheinung).
Zwar erreichen diese fünf Bauten nicht die Qualität von Reisach, Ebbs
oder Berbling, doch haben sie einen ganz eigenen und eigenwilligen Reiz.
Die spezifische Auswahl böhmischer Einzelmotive wie Fenster und Kappen
deuten daraufhin, daß die Meister dieser Bauten mit rein böhmischem Formengut konfrontiert worden sind und daraufhin bei den eigenen Entwürfen
böhmische Einzelmotive -wie Versatzstücke - eingebracht haben. Aber auch
die eindeutigen Übernahmen in der Raumstruktur von Bauten wie Reisach
und Berbling bekräftigen die Behauptung, daß diese Bauten nur den Meistern von Hausstatt zugeschrieben werden können, da die häufige Zusammenarbeit mit Ignaz Anton Gunetsrhainer zu einer Prägung führen mußten.
Nicht zuletzt bestehen auch mehrmalige Beziehungen der Hausstätter Meister
zu Kloster Scheyern, für das sie in Berbling, Kirchbrunn und Bayrischzell
tätig waren.

Wägt man die Argumentation ab, so dürfte es sich in Berbling um ein Projekt gehandelt haben, das von Kloster Scheyern, respektive von Abt Placidus Forster, bestellt wurde, für das Ignaz Anton Gunetsrhainer einen Plan

nach dem böhmischen Pŏcaply angefertigt hat. Als Vorlage diente Gunetsrhainer wohl ein in Böhmen gefertigtes Skizzenbuch, dem er auch die Idee
für Ebbs entnommen haben dürfte. Die Ausführung legte man in die Hände
der Hausstätter Meister, die sich sowohl in der Zusammenarbeit mit Ignaz
Anton Gunetsrhainer, als auch mit dem Kloster Scheyern bewährt hatte.
Ein Rätsel jedoch bleibt die gewaltige Summe von 30.000 fl, die der Kirchenbau in Berbling verschlungen hat. Glaubt man den kaum anzweifelbaren
Ausführungen des Pfarrers Isinger, so wären die Ausgaben unverhältnis-
mäßig hoch in Relation zur Größe des Baus, aber auch im Vergleich zu den
Baukosten anderer Projekte. Für die Pfarrkirche in Au[100] haben sich die
Baukosten auf 9.000 fl belaufen. Das böhmische Pŏcaply[101] hat 8.379 Gul-
den gekostet. Kössen in Tirol[102] kam auf 9.408 fl.

Diese drei Vergleichsbeispiele haben ungefähr dieselben Ausmaße wie Berbling, sind also auch von der Größe, das heißt auch vom Materialaufwand,
vergleichbar. Nur Ebbs bringt eine vergleichbare Bausumme von 32.000 fl
auf.[103] Zwar ist Ebbs etwa doppelt so groß wie Berbling, doch auch diese Tatsache kann die unglaublich hohe Summe nicht rechtfertigen.

2. Frauenzell

a) Lage und Baugeschichte

Das 1803 säkularisierte Benediktinerkloster Frauenzell liegt nördlich der
Donau zwischen Donaustauf und Wörth, inmitten einer hügeligen Waldland-
schaft. Die Klosterkirche entstand in den Jahren 1747-1752. Obwohl sie
sich durch eine einmalige Grundkonzeption auszeichnet, blieb sie in der
kunstwissenschaftlichen Literatur wenig beachtet. Zwar würdigen einige
heimatkundliche Aufsätze den Bau, doch wird er in der allgemeineren, um-
fassenderen Literatur immer nur kurz erwähnt oder oberflächlich gestreift.

Aufgrund einer Quelle des 18. Jahrhunderts wird vermutet, der Bau lasse
sich auf einen der Gebrüder Asam zurückführen. Angesichts dieser Zuschreibung und des reichlich vorhandenen schriftlichen und bildlichen Quellen-
materials ist es bemerkenswert, daß die Kirche bis heute unbearbeitet
blieb.
Im folgenden wird die Baugeschichte des Klosters kurz umrissen, die Lage
der Kirche innerhalb des Klosters sowie ihr Außenbau beschrieben; anhand
der Quellen wird die herkömmliche Asam-Zuschreibung überprüft und schließlich die Baumeisterfrage erörtert.

Über die Geschichte und Baugeschichte von Frauenzell berichten folgende
drei Chroniken: Für die Zeit bis in die Mitte des 17. Jahrhunderts ist vor
allem die von Abt Stephan Rieger verfaßte 'Chronica des Klosters von
1312-1670'[104] von Wert, die am ausführlichsten auf Bauangelegenheiten
eingeht.
Neben dieser Klosterchronik muß auf eine zweite Chronik: 'Chronik des
Benediktinerklosters Frauenzell', verfaßt im Jahre 1853 von Joseph Sächerl[105],
zurückgegriffen werden, weil sich einige wichtige Nachrichten nur hier finden.
Die wichtigste und für die Baugeschichte entscheidende Quelle ist das im
Jahre 1737 geschriebene 'Compendium annalium Cellae Marianae' von Corbinian Kugler.[106] Sie ist diejenige Quelle, die in der Literatur am häufig-
sten zitiert wird und die zusammen mit der sich auf sie berufenden Sächerl-
Chronik den Ausgangspunkt für die Asam-Zuschreibung der Kirche von
Frauenzell bildet.

Die Geschichte des Klosters läßt sich bis auf eine im Jahre 1312 gegründe-
te Einsiedelei zurückverfolgen.[107] Durch finanzielle Unterstützung und
Landschenkungen des ansässigen Landadels[108] wuchs die Ansiedlung in
einem Ausmaß, daß sie der Bischof Nikolaus von Regensburg am 29. Januar
1320 bestätigte[109] und die neue Gründung offiziell der Regel des Heiligen
Benedikt unterstellte.[110]

Die 1320 erbaute Zelle[111] wurde der Dreifaltigkeit und der Heiligen Mutter
Gottes geweiht.[112] Im Laufe der Zeit änderte sich der Name vom ursprünglichen 'Marienzell' über 'Unser Lieben Frauen Zell' zum heutigen 'Frauenzell'.[113]

31 Jahre später erhob Bischof Friedrich von Regensburg Frauenzell zum
Priorat[114], und erst ein dreiviertel Jahrhundert danach wurde Frauenzell zur Abtei ernannt.[115] Aus der Zeit des Priorats stammt der mittelalterliche Turm[116], der heute noch steht; er ist der älteste erhaltene
Bauteil in Frauenzell.

Erst im ersten Viertel des 17. Jahrhunderts[117] brachte es Frauenzell zu
Wohlstand und Ansehen. Die Klostergebäude aus dem 15. Jahrhundert[118]
wurden erneuert[119], ja es entstand sogar eine zweite Kirche, die Dreifaltigkeitskirche[120], die 1621 erbaut und 1623 geweiht wurde.

Das 18. Jahrhundert[121] brachte die entscheidenden Neuerungen für den
Kloster- und Kirchenbau.

Mit dem 14. Abt, Benedikt I. Eberschwang, kam der Klosterbau wieder
in Gang. Die zur Abtswahl erschienene kurfürstliche Kommission legte es
dem neuen Abt nahe, nach und nach das alte und baufällige Kloster neu
zu errichten.[122] Schon im Jahr darauf, 1722, begann der Neubau des
Klosters mit der Fundamentierung. Am 30. Juni desselben Jahres erfolgte
die Grundsteinlegung. Drei Jahre später, am 6. Oktober 1725, waren die
neuen Konventsgebäude fertiggestellt. In der Zeit von 1727-1733 wurden im
Norden an die Konventsgebäude das Refektorium und die Bibliothek, im Süden die Sakristei mit einem doppelstöckigen Kreuzgang angefügt. Hinzu
kam noch ein Querriegel, der Bibliothek und Sakristei miteinander verband
und in dem Kapitelhaus, Psallierchor, Küche und Keller untergebracht
waren.

Nach einer kurzen Bauunterbrechung 1733 wurde 1734 der Bau der Konventsgebäude fortgeführt. Nördlich der Bibliothek wurde ein weiterer Flügel errichtet; außerdem ließ man die Kellerei und die Hauptklosterpforte aufführen. Bis zum Jahre 1735 waren alle Klostergebäude mit Ausnahme der
Kirche fertiggestellt.[123]

Trotz beginnender Krankheit setzte sich der Abt Benedikt schon im darauffolgenden Jahr 1736 mit verschiedenen Baumeistern in Verbindung, in der Absicht, eine neue Kirche errichten zu lassen.[124] 1737 ließ der Abt den südlich der alten Kirche gelegenen Friedhof neben die Dreifaltigkeitskirche verlegen, um Platz für den Kirchenneubau zu gewinnen. Das Areal für die Kirche steckte er eigenhändig ab. Daraufhin ließ er die Fundamente ausheben und die Grundmauern circa sechs Meter hoch aufführen.[125]

Am 11. Juni 1737 starb der Abt, und es folgte eine Bauunterbrechung von zehn Jahren.

In der Amtszeit des Abtes Benno Engerer 1737-1745[126] war aufgrund der Verschuldung des Klosters und der Kriegswirren des österreichischen Erbfolgekriegs an den Weiterbau der neuen Kirche nicht zu denken. Abt Benno ließ lediglich die dringendsten Reparaturarbeiten ausführen. So wurden im Jahre 1746 nur der Turm und die Dreifaltigkeitskirche, in der die Konventualen ihre Gottesdienste abhielten, ausgebessert. Außerdem ließ der Abt eine neue Sakristei und ein Seelenhaus in dem neuen Friedhof bei der Trinitätskirche errichten.

Erst unter dem 16. Abt von Frauenzell, Benedikt II. Cammermayr, 1745-1750, wurde 1747 der Bau der neuen Kirche fortgeführt.[127] Als erstes ließ der Abt am 5. März 1747 in einer Prozession alle heiligen Altäre und Gerätschaften aus dem mittelalterlichen Vorgängerbau in die Dreifaltigkeitskirche überführen.[128] Dann erst wurde die alte Kirche abgerissen[129] und der Bau der neuen Kirche in Angriff genommen.[130]

Da Benedikt II. 1750 starb, erlebte er die Vollendung der Kirche nicht mehr. Der Innenraum der Kirche wurde erst 1752 fertiggestellt.[131]

1759 fielen alle Ökonomiegebäude einem Brand zum Opfer; doch wurden sie erweitert und wieder aufgebaut, wie auch das Brauhaus.[132]

Der letzte Abt von Frauenzell, Heinrich II. Mühlbaur, 1788-1803[133], mußte 1803 mit seinen Ordensbrüdern das neuerbaute und wohlgeordnete Kloster verlassen.

Am 21. März 1803 wurde Frauenzell säkularisiert. Im Zuge der Säkularisation wurde der Querriegel des ehemaligen Klosters abgerissen. Der Südflügel wurde Pfarrhof, der Osttrakt diente als Schulhaus, während der Nord- bzw. Westflügel an einheimische Bürger verkauft wurden. Die ehemalige Klosterkirche ist seit 1803 Pfarrkirche.[134]

Im 20. Jahrhundert mußte sie nach und nach renoviert werden.[135] Die Arbeiten wurden 1911 - 1918 noch durch das Königliche Generalkonservatorium für die Kunstdenkmale Bayerns ausgeführt.

1959 begannen Verhandlungen über eine Gesamtrenovierung des ehemaligen Klosters, worauf 1961 der Außenbau der Kirche wieder instandgesetzt wurde.

Die Restaurierung des Innenraumes und der Ausstattung war bis 1979 weitgehend abgeschlossen.

Der aufwendigste Eingriff war die Sicherung des gesamten Deckengewölbes
mittels eines Ringankers aus Stahlbeton. Diese Maßnahme wurde erforder-
lich, als sich 1976 ein zwei Zentimeter starker Riß durch das ganze Hauptgewölbe zog. Die zunächst befürchtete akute Gefährdung des Baus konnte
durch eine baustatische Untersuchung ausgeschlossen werden. Dennoch ent-
schloß man sich 1977 zur Sicherung des Gewölbes, die eine Restaurierung
der Deckenfresken nach sich zog.

Im Gegensatz zur renovierten Kirche konnte die Wiederinstandsetzung der
ehemaligen Klostergebäude bis heute noch nicht abgeschlossen werden.

b) Außenbau und Lage der Kirche innerhalb des Klosterverbands

Die an einem Südhang gelegenen Klostergebäude[136], die im 19. Jahrhundert teilweise abgebrochen worden sind, umschließen mit dem ehemaligen
Kreuzgang, der Sakristei und mit einem Teil des ehemaligen Konventtrakts
die Nordseite der Kirche, während im Süden nur das ehemalige Brauhaus
an sie anschließt.

Der Kirchenbau muß die Hanglage, das heißt ein Gefälle von Nord nach
Süd, ausgleichen.

Fig. II

Außerdem ist der Bau eng mit den ihn umgebenden Bautrakten verbunden;
er ist derartig in seine Umgebung eingebunden, daß nur mehr die Westfassade völlig freisteht. Die nördliche Seitenansicht dagegen wird in der
unteren Hälfte des Unterbaus von den ehemaligen Konventbauten verdeckt.
Dabei verbreitert sich der Kreuzgang im Osten um die Breite der Sakristei, um dann die volle Breite des Konventgebäudes zu erreichen. Dies hat
zur Folge, daß auch ein Viertel des östlichen Chores vom Konvent umschlos-
sen ist.

Gestatten diese, wenn auch nur fragmentarischen Teilansichten des Außen-
baues der Kirche Schlüsse auf den Innenraum der Kirche?

Der Außenbau läßt den Betrachter einen dreigeteilten Innenraum vermuten;
die Dreiteilung ist insbesondere in der Dachlandschaft artikuliert.

An der Südseite folgt auf die konvex nach Westen ausschwingende Fassade
ein, wenn auch leicht schräg nach außen verlaufendes, jedoch gerade ge-
mauertes Wandstück, dem im Inneren der Eingangsraum entspricht. Daran
schließt sich ein in der Firsthöhe höherer und in den Maßen breiterer

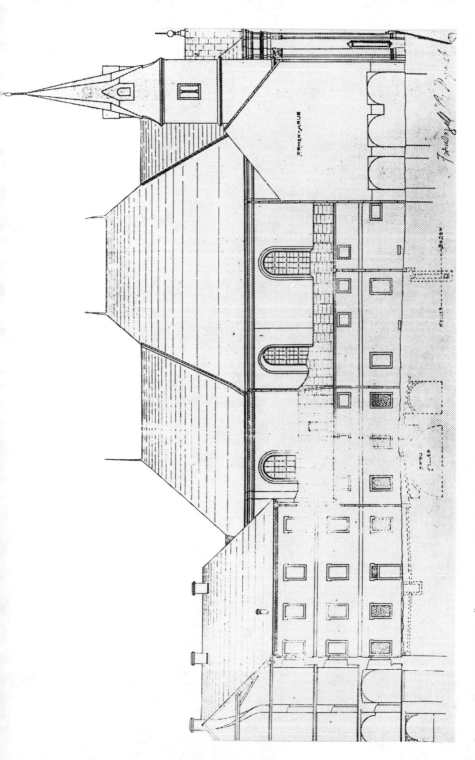

Fig. VIII   Frauenzell, Äußeres, Ansicht der Nordseite

Hauptraum an, dem wiederum ein analog zum Eingangsraum niedrigerer und eingezogener Chorraum mit konvexem Rundabschluß angefügt ist: eine fast symmetrische Anlage in Form eines Hauptraumes mit zwei Anräumen, wobei die Längsachse des Chorraums um etwa fünf Meter länger als die des Eingangsraums ist.

Der Hauptraum ist nochmals dreifach unterteilt. Er hat eine gerade verlaufende Mitteltravée von circa zwölf Meter Länge. An diese schließen sich zwei symmetrische, wesentlich schmälere Seitentravéen an, die mittels eines konvexen Mauerverlaufs die Breitendifferenz von drei Metern zwischen der ausladenderen Mitteltravée des Hauptraumes zu den eingezogenen Anräumen überbrücken.

Die Dachlandschaft entspricht auch dem Innenraum. Es handelt sich um drei hintereinander gestaffelte Walmdächer mit gleicher Trauflinie, jedoch verschiedenen Firsthöhen.

Diese bezeichnen die Raumteile. Mit ihren Stirnseiten vollziehen sie das konvexe Ausschwingen der Grundmauern nach, das heißt der Fassade, der Chorabschlußwand sowie das der vermittelnden Rundungen der Seitentravéen des Hauptraumes. Dem Dach des Eingangsraumes ist zusätzlich ein kleiner, die Mittelachse der Fassade betonender Giebelaufsatz vorgelegt, der ebenfalls den konvexen Schwung der Fassade aufnimmt.

Abb. 5

Die Wandflächen der drei Bauteile, mit Ausnahme der Westfassade, sind kahl und schmucklos. Einzige Zierformen und gleichermaßen zusammenfassende bzw. rahmende Elemente sind Sockel und Kranzgesims. Sie sind um den gesamten Baukörper herumgeführt und verkröpfen sich leicht an den Anschlußstellen, nämlich an der Wand des Hauptraumes zwischen der geraden Mitteltravée und den geschwungenen Seitentravéen sowie am Übergang von dem Chorraum zu der abschließenden, konvex ausschwingenden Chorabschlußwand. Zusätzlich sind die Übergangsstellen durch aufgemalte Lisenen betont.

Abb. 5, Fig. VIII

Die Belichtung des Raumes erfolgt von beiden Seiten im Norden wie im Süden durch je sechs Rundbogenfenster: im Hauptraum durch je drei, im Chor durch je zwei und im Eingangsbereich durch je ein Fenster. Die nördlichen Fenster werden im unteren Bereich durch Anbauten verdeckt, teilweise sind sie sogar blind. Die Laibungen der Rundbogenfenster schneiden tief in die Außenmauern ein. Die Fenster sind relativ hoch angebracht, so daß sie

erst kurz vor dem Fußpunkt des Dachansatzes abschließen, wohl zu dem
Zweck einer wenigstens teilweise ausgewogenen beidseitigen Belichtung von
Süden wie von Norden.

Der Kirchenbau des 18. Jahrhunderts behält den mittelalterlichen, fünf-
stöckigen, aus Granitquadern erbauten Turm bei. Er erhebt sich nördlich
der Westfassade, nur durch ein circa zwei Meter breites Mauerstück, das
wie die Fortsetzung des nördlichen Querriegels des Konvents anmutet, von
der Fassade entfernt.

Die fünf Geschosse werden durch umlaufende Gurtgesimse voneinander abge-
hoben. In der Helmzone geht der Turm von seinem quadratischen Grundriß
in einen achteckigen über, wo die Nahtstellen mit vier kleinen Graniterker-
chen mit Rundbogenöffnungen besetzt sind. Die einzigen Gliederungselemente
der Turmgeschosse sind in den ersten drei Stockwerken Schlitzfenster mit
gefasten Gewänden, im vierten Stock die Uhr und im obersten Stockwerk
etwas größere, durch Säulchen unterteilte Schallöffnungen.

Der dreigeschossige Konventquerriegel liegt ebenso wie der darin integrier-
te Turm auf einer Flucht mit der unmittelbar anschließenden Westfassade
der Kirche. Trotz der einheitlichen Fluchtlinie der Konventbauten mit der
'Straßenfassade' der Kirche durchbricht diese durch ihr konvexes Ausschwingen die einheitliche Linie. Im Süden, im Anschluß an die Kirchenfassade, springt das ehemalige zweigeschossige Brauhaus in einem Winkel
von 85 Grad nochmals circa drei Meter aus der Fluchtlinie heraus, wodurch
die Fassadenansicht von Süden her beeinträchtigt wird. Die Fassade ist
durch ihre unmittelbare Verquickung mit den übrigen Bauten in ihrer Eigen-
wirkung stark eingeschränkt.

Eine zweite Schwierigkeit bei der Fassadenkonzeption liegt darin, daß die
Kirche auf einem Südhang steht und daß sich deshalb auch die Kirchenfassade dem von Nord nach Süd abfallenden Gelände anpassen muß. Der
Baumeister hat sich dabei der Sockelzone als nivellierenden Elementes bedient, indem er die Sockelhöhe dem absinkenden Gelände anpaßte. Durch
diesen kleinen Kunstgriff ist der übrige Fassadenaufbau ohne weitere
Asymmetrien und Disharmonien möglich.

Die Fassade ist eingeschossig und dreiachsig mit betonter Mitteltravée, wobei die Vertikalgliederung der kolossalen Kompositpilaster neben der Hori-
zontalgliederung von Sockel und Gebälk steht. Das mächtige Fassadengeschoß bekommt seinen Halt durch den in Material und Farbe abgesetzten,
grauen Sandsteinsockel, auf dem es ruht. Nach oben hin wird es von einem ebenfalls durchlaufenden, mehrfach getreppten Gebälk abgeschlossen.
Dieses Gebälk setzt sich von unten nach oben zusammen aus drei immer

etwas höher werdenden Faszien, einem kymaähnlichen, konvex gerundeten
Profil, einer schmucklosen Frieszone und einem abschließenden Kranzgesims
mit Hohlkehle, das als einziges Element um den gesamten Baukörper gelegt
ist. Sockel- und Gebälkzone rahmen das hohe Fassadengeschoß, wobei der
Sockel als Auflager dient, während das Gebälk den Höhenzug entschieden
auffängt.
Die betontere Vertikalgliederung der Fassade wird durch Kompositpilaster
mit Sandsteinkapitellen geprägt. Zunächst sehen wir vier der konvex ausschwingenden Fassadenwand vorgelegte, in sich jedoch ganz leicht konkav
geschwungene Pilaster, die die drei Fassadentravéen ausbilden. Schon im
Sockel sind diese Pilaster durch leichte Verkröpfungen vorbereitet, setzen
sich jedoch von dem Sandsteinsockel durch die ebenfalls aus Sandstein bestehenden Piedestale ab. Sie enden in einem aus Sandstein gemeißelten
Kompositkapitell und laufen in zarten Verkröpfungen im Gebälk weiter.
Während die beiden Eckpilaster in je einer auf dem Dach stehenden Ampho-
re enden, bereiten die Gebälkverkröpfungen der beiden Mittelpilaster den
kleinen, die Mitteltravée betonenden Giebelaufsatz vor.
Betrachtet man die beiden seitlichen Pilaster genauer, fällt auf, daß sie
durch Flankenpilaster zu Pilasterpfeilern erweitert werden, die die Mauer-
stärke der Fassade anzeigen. Im Norden ist nur andeutungsweise ein weiterer Pilaster zu erkennen, im Süden aber wird ein zweiter, rechtwinklig
zum äußersten Fassadenpilaster stehender, vollständiger Pilaster sichtbar.
Diese zusätzliche Betonung der Ecken mittels einer Art von Eckpilaster-
pfeilern stellt ein weiteres Rahmenmotiv dar.
Das Fassadengeschoß ist demnach von einem festgefügten Rahmen umgeben,
bestehend aus umlaufendem Sockel und Gebälk sowie aus den Eckpilaster-
pfeilern. Die seitlichen, etwas schmaleren und unbetonten Wandtravéen
sind fensterlos und ungegliedert bis auf jeweils ein rotes Marmorepitaph[137],
das auf einer Muschelkonsole aufliegt und von einem einfachen Dreiecksgiebel bekrönt wird.
Die Mitteltravée dagegen ist dreifach akzentuiert, zum einen durch den
zentrierten, in einem Rundbogen abschließenden, geschweiften Giebelaufsatz
mit einer eigenartigen schlüssellochförmigen Fensteröffnung; zum zweiten
wird die konvex ausschwingende Mitteltravéemauer durch eine konkav in
die Wand einschneidende Nische mit Rundbogenabschluß ausgezeichnet.
Die Nische setzt unmittelbar über dem Portal an und setzt sich durch eine
profilierte Rahmung von der Fassadenmauer ab; sie greift dabei mit ihrem
Segmentabschluß kaum merklich in den Faszienbereich des Gebälks ein.

Der obere Rundbogenabschluß der Nische ist in der Höhe des Kapitellansatzes der Pilaster kalottenartig abgesetzt. In die Nischenkalotte schneidet ein dem Giebelfenster ähnliches Fenster ein.

Der dritte und prächtigste Akzent der Fassade ist ein reich gegliedertes Stufenportal aus Sandstein. Die Stufen überwinden die Sockelzone der Fassade. Das Portal hat einen eigenen Sockel, auf dem sich von außen nach innen je ein Kompositpilaster und eine Kompositsäule als kleine Ordnung erheben. Darüber liegt ein geschweifter Sprenggiebel, wobei die beiden aufgesprengten Giebelschenkel jeweils auf einem der Pilaster-Säulenpaare aufliegen. Die Pilaster werden von Amphoren überhöht, während den Säulen Putti zugeordnet sind, welche die zentrale, das Patrozinium versinnbildlichende Marienfigur rahmen, die über dem geschwungenen Giebelsegment des Portals steht. Das schlichte Holzportal wird von einer korbbogenförmigen Sandsteinlaibung eingefaßt, worüber sich eine von einem Volutenpaar gefaßte Wappenkartusche befindet.

Insgesamt wirkt die Fassade im Unterschied zu vergleichbaren Barockfassaden wie zum Beispiel Diessen, Zwiefalten, St. Anna im Lehel[138] und Weltenburg[139] schlicht, zum Teil sogar unausgewogen.

Eigenartig mutet das hohe, nur in der Mitteltravée akzentuierte Fassadengeschoß an, das mit seinen schmucklosen Seitentravéen den Eindruck karger Schlichtheit vermittelt, andererseits durch seine Höhe und Masse zusammen mit der festen Rahmung in einem seltsamen Mißverhältnis zu der weichen, schwach und unbestimmt erscheinenden Silhouette des reduzierten Giebelaufsatzes steht. Dieser geradezu teigig geformte Giebelaufsatz scheint nachträglich repariert worden zu sein, da er sich vom Unterbau der Fassade sowohl in seiner handwerklichen, als auch künstlerisch schwächeren Qualität absetzt. Statt des reduzierten, unbeholfenen, nur die Mitteltravée übergreifenden Aufsatzes hätte man eher einen festen, die ganze Fassadenbreite übergreifenden, dem Verhältnis des Fassadengeschosses entsprechenden Vollgiebel erwartet, wie z.B. in Weltenburg.

Offensichtlich fällt die Architektur der Fassade gegenüber der äußerst qualitätvollen Architektur des Innenraumes ab, so, als seien zwei Meister am Werk gewesen. Der Fassade fehlt die Ausgewogenheit in der Proportion: Man achte nur auf die völlig überlängten und dadurch für die Fassadenhöhe viel zu dünn gewordenen Pilaster, den dürftigen Giebelaufsatz und das für eine derart simple Gesamtfassade zu üppige Sandsteinportal. Kein Teil ist auf die Relation des Ganzen abgestimmt, vielmehr handelt es sich hier um ein willkürliches Zusammensetzen verschiedener Einzelmotive.

c) Bauarchäologische Untersuchung

Die traditionelle Asam-Zuschreibung aufgrund der schriftlichen Quellen

Der Ausgangspunkt für die folgende Untersuchung ist die traditionelle Zuschreibung der Planung für die Klosterkirche an einen der Gebrüder
Asam.[140] Nur zwei Autoren[141] neigen dazu, wenn auch rein hypothetisch,
die Urheberschaft eines Asam für Frauenzell zu bezweifeln und schlagen
andere Baumeister vor. Die herkömmliche Meinung, den ausgeführten Bau
in Frauenzell auf einen der Gebrüder Asam zurückzuführen, ist in der
Interpretation zweier Quellen begründet.[142]
Der Autor der älteren, 1737 verfaßten Chronik, Pater Korbinian Kugler,
ein Konventuale in Frauenzell, war Zeitgenosse von Abt Benedikt I. Eberschwang (1721-1737) und direkter Augenzeuge von dessen Handlungen.
Beide, Abt[143] und Chronist[144], starben im Jahre 1737. Mit dem Tod
Kuglers (er wurde am 19. Juli 1737 beigesetzt) endeten auch die Aufzeich-
nungen der Chronik. In der Übersetzung der Chronik aus dem Jahr 1740
wird (von anderer Hand) auf die Folgezeit des Klosters in einem "Zupaß"[145]
eingegangen. Die Kugler-Chronik kann uns also nur bis zum Jahre
1737 dienen. Kugler schreibt auf folio 58 seiner Chronik[146], daß Benedikt I. Eberschwang "auch berühmtiste, vortrefflichste künstler H. von
Asam[147] und andere verständigste baumayster" konsultiert habe zum
Zwecke einer Neuplanung der Kirche. Und eben dieser Abt hat noch im
Frühjahr 1737, um Platz für den Neubau zu gewinnen, den südlich der
alten Kirche, die unter Abt Petrus Widmann (1609-1626) renoviert worden
war, gelegenen Friedhof verlegen lassen. Den neuen Friedhof ließ er an
die Dreifaltigkeitskirche anschließen und mit einer Mauer umgeben.
Danach hat Benedikt I. Eberschwang "in den alten frythof mit aigner hand
den grund zur neuen klosterkirch ausgesteckt, und yber 21 werckschuch
von schweristen rauchen stein-stucken die Grundstain von der letzten Zellen der Infirmaria bis an das erste fenster des brau-und unter gasthaus
zu mauern befördert; unter vorhand so fil vorhabens hat es gehaissen:
homo proponit, deus disponit." Denn noch im gleichen Jahre am 11. Juni
1737 verstarb der ehrwürdige Abt Benedikt I. Eberschwang. Mit dessen
Tod wurde der Neubau für 10 Jahre, also von 1737 - 1747, eingestellt[148],
zunächst wegen der neuen Abtwahl, dann jedoch wegen des österreichischen
Erbfolgekrieges.

Erst im Jahre 1747, während der Amtszeit von Abt Benedikt II. Cammermayr, 1745-1750, wurden die Bauarbeiten an der Kirche, die 1737 unter
Benedikt I. schon teilweise fundamentiert worden war, wiederaufgenommen.

Im folgenden soll bewiesen werden, daß im Jahre 1747 eine zweite, völlig
neue Planungs- und Bauphase in Frauenzell einsetzte. Dabei gilt es noch
eine für die Beweisführung außerordentlich wichtige Tatsache zu berück-
sichtigen: die alte mittelalterliche Kirche wurde erst nach dem 5. März
1747 abgerissen.[149] An diesem Tag waren alle Gerätschaften, Altäre etc.
aus der alten baufälligen Klosterkirche in die im Jahre 1747 wiederherge-
stellten Dreifaltigkeitskirche in einer Prozession überführt worden. Während
der Bauzeit des neuen Gotteshauses diente die Dreifaltigkeitskirche dem
Konvent zur Abhaltung seiner Gottesdienste.

Da die Bauzeit von 1747 in der Kugler-Chronik nicht mehr behandelt ist
und im Zupaß (mit Ausnahme von Anm. [149]) auf keinerlei Bautätigkeit
verwiesen wird, muß man im weiteren die Sächerl-Chronik von 1853 zu Rate
ziehen.

Dort heißt es:[150] "...Nach diesem (gemeint ist der Abbruch der alten Kirche) ward der Bau der neuen Kirche nach dem Plane des berühmten Baumeisters Asam in Angriff genommen, und in diesem und den folgenden Jahren eifrig und nach Möglichkeit fortgesetzt...". Diese Stelle der Sächerl-
Chronik ist die Ursache für die Auffassung, der ausgeführten Kirche von
Frauenzell läge ein Plan der Asam zugrunde.

Offensichtlich hat der Chronist Sächerl 1853 unbesehen die Quelle von 1737
übernommen und für seine folgenden Ausführungen - die zweite Bauphase
ab 1747 - in Anspruch genommen.

Dies hat die Forschung dazu veranlaßt, die Grundplanung der ausgeführten
Klosterkirche den Asam zuzuschreiben. Dabei wird allgemein angenommen,
daß die Ausführungsarbeiten einheimischen Handwerkern überlassen wurden[151], was, wie noch ausführlich zu erörtern[152] sein wird, mit Sicherheit zutrifft.

Gegenthesen zur Asamzuschreibung

So setzte sich die Quellenrezeption des Chronisten Sächerl auch in der Fach-
literatur durch, was zu der Auffassung führte, die Klosterkirche sei "er-
wiesenermaßen" ein Asamwerk.

Dieser herkömmlichen Auffassung widersprechen drei wichtige Argumente:
I) Frauenzell hat stilistisch nichts mit Kirchen der Asam zu tun.

II) Die zeitgenössischen Bildquellen widersprechen recht deutlich der
Asamthese, ebenso wie auch

III) die bauarchäologischen Befunde.

Die Bildquellen[153] sind weitgehend unbeachtet geblieben, obwohl sie eini-
gen Aufschluß über die Baugeschichte ermöglichen. Wichtig sind in diesem
Zusammenhang der Wenig-Stich und ein Gemälde, die beide das Kloster
mit der Kirche abbilden.

Abb. 5, 9

Die Asamthese unter Berücksichtigung der alten Abbildungen

Noch heute hängt im derzeitigen Pfarrhof, ehemals Teil der Klosteranlage,
ein Ölgemälde[154], das die gesamte Klosteranlage zeigt, mit Konventbauten, Kirche, unterem Brau- und Gasthaus, Dreifaltigkeitskirche, Friedhof
und den Gartenanlagen.

Zudem ist das Gemälde datiert und betitelt als: "Vera Delinèatio oder Abriß dess Dermahlig erbaut und mit hilf Gottes, auch seiner Jungfraeuli-
chen Mutter Unser Frauen an noch zuerbauenden Benedictiner Closters
Unser Lieben Frauenzell im Wald bey Prennberg, Anno 1743."

Vergleichen wir nun das Klosterareal mit seinen Gebäuden auf dem Gemälde
aus dem Jahre 1743 mit den noch heute größtenteils vorhandenen Bauten
der Klosteranlage, fällt sofort die Übereinstimmung des Gemäldes mit dem
heutigen Baubestand auf. Erhalten ist der ganze, heute nur einen großen
Innenhof umschließende Konventtrakt. Der auf dem Gemälde abgebildete
Querriegel wurde 1803 bei der Säkularisierung abgerissen.[155]
Weiterhin erhalten sind der Turm, die Kirche, das daran anschließende,
zweigeschossige untere Brau- und Gasthaus, der Friedhof und die das ganze Areal im Norden, Osten und Süden begrenzende Gartenmauer. Darüber
hinaus steht noch der vierachsige Teil des aus der Flucht des nördlichen
Konventgebäudes hervortretenden Hauses links neben dem Torturm, während
dessen dreiachsiger Teil nur noch in seinen noch vorhandenen Grundmauern
nachzuweisen ist. Es fehlen also heute von der ursprünglichen Klosteranlage lediglich der Torturm und die sich im Westen anschließenden und
sich nach Süden erstreckenden Wirtschaftsgebäude mit dem im Süden quer-
gelagerten, den Wirtschaftshof abschließenden Lagerraum, die in der folgenden Zeit abbrannten bzw. abgerissen worden sind.

Im Detail sind weitere Übereinstimmungen zwischen Gemälde und heutigem
Bestand festzustellen, nämlich durchwegs die Geschoßhöhen, das zweigeschossige Brauhaus, die dreigeschossigen Konventtrakte, ja sogar der vier-
geschossige, exponierte Saalbau mit den Oculi-Fenstern. Die Anzahl der
Fensterachsen bei den Konventgebäuden ist exakt.[156] Sogar Feinheiten
sind auf dem Gemälde verzeichnet, wie die oben nasenförmig erweiterten
Rahmungen der Rechteckfenster.

Die Unstimmigkeiten an dem Brau- und unteren Gasthaus, wie das Fehlen
des Giebels, des Dachreiters oder die Achsenverschiebungen und der Durch-
gang zwischen Kirche und Brauhaus sind auf einen Brand während der Amtszeit des Abtes Wolfgang Krieger, 1786-1788, zurückzuführen.[157] Vergleicht
man den abgebildeten Turm mit dem bestehenden, so ist der Turm peinlich
genau bis ins Detail wiedergegeben.

Doch welche Kirche ist hier abgebildet? Mit Sicherheit nicht der ausgeführte Bau[158], denn das Gemälde zeigt eine Kirche, die sich im Außenbau,
sowohl in der Fassade als auch von der Nordansicht, wesentlich vom rea-
lisierten Projekt unterscheidet. Man sieht einen geraden, ungegliederten
Barockbau mit einfachem Satteldach und planer Giebelfassade. Die Fenster
sind birnenförmig geschweift, wie man es von Asam-Werken her kennt, zum
Beispiel vom Dom in Freising[159], der Straubinger Ursulinenkirche[160] oder
von St. Emmeram in Regensburg.[161]

Die Fassade mit ihrem Giebel und den drei Travéen, wobei die Mitteltravée
bogenförmig in den Giebel eingreift, wie auch die sich verkröpfenden Gie-
belschrägen erinnern stark an die Weltenburger Fassade.[162]

Auch die Weltenburger Fassade ist durch eine Pilasterordnung in drei
Travéen unterteilt, wobei die Betonung auf der Mittelachse liegt, die in
den Giebelbereich eingreift. Auch hier übergreift der Giebel das gesamte
Fassadengeschoß, wie auch die seitlichen Verkröpfungen der Giebelschenkel
eine evidente Parallelität aufweisen.

Nur die horizontale Gliederung zwischen Giebel- und Fassadengeschoß ist
in Weltenburg durch die eingeschobene attikaartige Zone akzentuierter vollzogen.

Somit kann man am Außenbau unverkennbar Asamsches Formengut feststellen. Für den Innenraum fehlen jedoch Hinweise, die eindeutig wären.

Man könnte aber angesichts einer Gesamtbreite von circa 22 - 23 Meter
an einen der üblichen Wandpfeilerbauten denken, wie beispielsweise in
Aldersbach.[163] Hingegen ist vom heutigen Baubestand mit der dreiteiligen
Dachlandschaft, den Kurvierungen, der konvex ausschwingenden Fassade
und dem geschwungenen Giebelaufsatz nichts zu erkennen.

Welche Kirche ist auf dem Gemälde dargestellt, wenn, wie dargelegt, die Kirche von 1743 nicht mit dem ausgeführten Bau übereinstimmt und zugleich eine ungenaue, freie Rezeption des Malers ausgeschlossen ist?

Wenn der Maler den Realzustand von 1743 wiedergegeben hätte, müßte auf dem Gemälde die mittelalterliche Kirche erscheinen, da ihr Abriß erst für das Jahr 1747 belegt ist. Dagegen sprechen jedoch die Fassade, die Langhausfenster und außerdem der Stich von Michael Wening, der den Kirchenbau wiedergibt, wie er vor den Neuplanungen bestand.

Offenkundig haben wir in dem Ölgemälde von 1743 den Planentwurf der Asam aus dem Jahre 1737 vor uns. In diesem Jahr hat Abt Benedikt I. Eberschwang, der Kugler-Chronik entsprechend, "H. von Asam" und andere wichtige Baumeister zwecks Errichtung einer neuen Klosterkirche konsultiert.

Der Maler des Bildes, das während der zehnjährigen Bauunterbrechung entstand, hat darin den Entwurf der bis dahin lediglich geplanten und nur im Süden von Abt Benedikt I. fundamentierten Kirche integriert. Das geht auch aus der Beischrift auf dem Gemälde selbst hervor: Mit "Dess dermahlig erbaut..." ist der bereits fertiggestellte Konventstock gemeint, während mit "an noch zu erbauenden..." die bis 1743 lediglich auf einem Plan existierende, jedoch unausgeführt gebliebene Kirche der Asam gemeint ist.

Das Gemälde zeigt ja auch eine von Asamschem Formengut geprägte Kirche. Dies würde den Quellenangaben durchaus entsprechen, zumal der aus zeitlichen und regionalen Gründen infrage kommende Baumeister Egid Quirin Asam 1736 im nahegelegenen Straubing an der Ursulinenkirche tätig war[164], wo ihn Abt Benedikt I. Eberschwang von Frauenzell aus aufgesucht haben könnte.

Wenn also die mittelalterliche Kirche erst 1747 abgerissen, der Grund für die neue Kirche jedoch schon 1737 "ausgesteckt und über 21 werckschuch... von der letzten Zelle der Infirmaria bis an das Fenster des Unteren Brau- und Gasthauses herauszumauern" begonnen worden ist, dann folgt daraus zwingend, daß das neue Fundament nur von außen um den alten Bau gelegt worden sein kann. Dabei kommt nur die Südseite in Frage, und zwar auf dem Gelände des ehemaligen Friedhofs, da sich auf der Nordseite die weiter in Benutzung befindlichen Klausurgebäude anschlossen und im Osten der Chor an das Krankenhaus, die Infirmaria, stieß.

Das zweistöckige Untere Brau- und Gasthaus liegt in der Tat "unten", weil das Gelände abfällt. Außerdem befindet sich dieser Trakt, gemäß seiner Funktion, außerhalb der Klausur. Somit ist es sicher, daß

Benedikt I. das neue, circa sechs Meter hohe Fundament bzw. die Mauer
nur auf der Südseite um die alte Kirche herumlegen konnte. Nun stellen
sich für die Rekonstruktion des Planes von 1737 folgende Fragen:

1) Kann der Plan von 1737 schon die Diagonalkonchen und den kreisrunden
   Chor des ausgeführten Baus von 1747 vorgesehen haben?
2) Wie hat die mittelalterliche Kirche, die im Jahre 1747 ja noch stand,
   ausgesehen?
3) Wo lagen die Fluchten der mittelalterlichen Kirche?
4) Hatte man neben dieser Kirche überhaupt genügend Platz, um die Fundamente für die letztlich ausgeführte Kirche zu legen, mit ihren Seitenkonchen und dem kreisförmigen Chor?

Fig. IX

Darüber gibt der Wening-Stich von Kloster Frauenzell aus dem Jahre 1726
Aufschluß.[165] Er ist gestochen noch vor jeglichen Neuplanungen für die
Klosterkirche und scheint recht genau und zuverlässig zu sein, wie der
Vergleich mit den noch stehenden Bauteilen des Klosters ergibt.

Abgebildet ist das Klosterareal von Süden her. Der Friedhof ist schon neben die Dreifaltigkeitskirche verlegt, obwohl die Verlegung tatsächlich erst
1737 durchgeführt wurde. Vielleicht hat Abt Benedikt I. sich schon länge-
re Zeit mit dem Gedanken eines Kirchenneubaus getragen, und dann wäre
es nicht weiter verwunderlich, wenn die geplante Verlegung des Gottes-
ackers in dem Stich bereits berücksichtigt worden ist.
Die Kirche bei Wening ist ein schlichter, vierachsiger Bau mit eingezogenem,
polygonal geschlossenem, vermutlich gotischem Chor. Dabei erscheint der
Bau im frühen 17. Jahrhundert barockisiert worden zu sein, worauf die
Rundbogenfenster, die ionische Pilastergliederung und der westliche Volu-
tengiebel hinweisen.[166]

Fig. IX, II'

Auf dem Stich schließen die Kirchenfassade und die Nordwand des Langhauses mit der südlichen Turmwand ab. Der Turm bietet also den Fixpunkt für
die Breite des Langhauses. Er stand direkt neben dem Langhaus und tangierte dessen nördliche Außenwand mit seiner südlichen; eine durchaus
nicht ungewöhnliche Lösung. Nimmt man nun die Mittelachse der heutigen
Kirche und setzt voraus, daß diese identisch ist mit der Mittelachse des
mittelalterlichen Baus, kann man anhand des Turms, dem Fixpunkt im Norden, eine Langhausbreite von circa 18 - 19 Meter für den mittelalterlichen

Fig. IX   Frauenzell, Gesamtansicht des Klosterareals von Süden,
Stich von Michael Wening, 1726

Bau ermitteln. Daneben ließe sich nun unschwer das neue Fundament von 1737 legen.

Die neue, circa sechs Meter hohe Mauer dürfte demnach eine Stärke von ungefähr zwei Meter gehabt haben.

Dies bestätigt sich aufs Wort durch den Mauerbefund in der Unterkirche. Hier liegen an der südlichen Längsmauer im Bereich des gerade verlaufenden Mauerstücks zwei verschiedene, unmittelbar nebeneinandergelegte Fundamente, deren äußeres, das circa zwei Meter breit ist, die heutige südliche Außenwand trägt. Das innere aber bricht in einer Höhe von circa einem Meter oberhalb des Fußbodens ab; dieses ist nicht ganz so dick. Das innere Fundament, das heute sinnlos ist, kann nach all dem nur zum Vorgängerbau gehören.

Tragen wir sowohl die Mauer der mittelalterlichen Kirche wie auch die ihr im Süden vorgelegte, ungefähr zwei Meter dicke neue Mauer von 1737 in den Grundriß der heutigen, ausgeführten Kirche ein, so läßt sich erweisen, daß 1737 von dem 1747 ausgeführten Innenbau mit seinen sechs Konchen und dem runden Chor noch nichts fundamentiert gewesen sein kann. Die kritischen Stellen sind dabei die äußeren Ausrundungen der Südmauer, die in der Mitte gerade verläuft, zum Chor und Brauhaus hingegen kurvig einschwingt.

Weil 1737 die mittelalterliche Kirche noch vollständig an ihrem Platz stand und weil zudem das neue Fundament vom Krankenhaus bis zum ersten Fenster des Brauhauses, welches auf dem 'Abriß' von 1743 deutlich sichtbar ist, gelegt wurde, können die Ausrundungen damals, 1737, noch gar nicht geplant gewesen sein, da sie in den Bereich der Mittelalterlichen Kirche eingegriffen hätten. Denn deren Mauer tangierte direkt die neue Mauer vor 1737. [167)]

Fig. II, II'

Für die Rekonstruktion des Planes von 1737 bedeutet diese Tatsache folgendes: Da die Ausrundungen der südlichen Längsmauer der ausgeführten Kirche mit den Diagonalkonchen des Innenraums aufs engste zusammenhängen, können die Diagonalkonchen nicht zum Bauprogramm des Jahrs 1737 gehören. Das gilt auch für die leicht gestreckte Rundform des Chorinnern, da im Jahre 1737 der alte polygonale Chor noch stand.

Diese Fakten haben Konsequenzen für den Innenraum. Der in das Langhaus ausschwingende Chorbogen, der durch die Chorrotunde motiviert ist, kann ebenfalls 1737 noch nicht geplant gewesen sein und dementsprechend auch nicht der gegenüber im Westen über der Orgelempore befindliche Gewölbebogen, der die spiegelbildliche Entsprechung zum Chorbogen ist.

Die zwei Plan- bzw. Bauphasen von Frauenzell.

Abb. 9, Fig. II'

Somit können für die Kirche von Frauenzell zwei verschiedene, voneinander unabhängige Plan- bzw. Bauphasen konstatiert werden. Die erste Bauphase fällt in das Jahr 1737. In diesem Jahr hat Benedikt I. Eberschwang "H. von Asam" konsultiert und von ihm einen Entwurf für seine Kirche erhalten.

Aus den quellenkundlichen, stilistischen und zeitlichen Gründen resultiert, daß das Ölgemälde von 1743 das 1737 begonnene Asam-Projekt zeigt, von dem nur die Südmauer in die Höhe von sechs Meter ausgeführt worden ist. Letzte Sicherheit über dieses Projekt kann jedoch nur eine Grabung erbringen, die den genauen Verlauf des 1737 gelegten Fundaments vom Kranken-haus bis zum unteren Brauhaus aufdecken würde.

Fig. II, II'

Im Jahre 1747 begann Abt Benedikt II. Cammermayr die zweite Plan- bzw. Bauphase.

Dieser Abt gab eine völlig neue Planung in Auftrag, wobei der ausführende Baumeister die 1737 fundamentierte, circa sechs Meter hoch aufgeführte Mauer so weit wie möglich in seine Neuplanung mit einbezog.

Es handelt sich dabei um den etwa zwölf Meter langen gerade verlaufenden Mauerteil der südlichen Außenwand der ausgeführten Kirche.

Der Architekt von 1747 behielt die alten Fundamente dort bei, wo sie die neue Innenraumschöpfung nicht störten. Das Raumkonzept mit dem kreisrunden Chor und den Diagonalkonchen wurde jedoch erst nach dem Abbruch der mittelalterlichen Kirche im Jahre 1747 realisierbar.

Folglich scheidet bei der Neuplanung von 1747 der 1739 gestorbene Cosmas Damian Asam, der aus stilistischen Gründen infrage gekommen wäre (vgl. Weltenburg), als Urheber der heutigen Kirche von vornherein aus.

Aber auch Egid Quirin Asam[168] kommt nicht mehr in Betracht, da dieser in der fraglichen Zeit in Mannheim tätig war.

d) Die Baumeisterfrage

Wenn auch die Brüder Asam als Inventoren der heutigen Kirche auszu-schließen sind, bleibt dennoch die Frage nach dem tatsächlichen Architekten

wie auch nach dem ausführenden Baumeister, Maurer oder Palier ungeklärt.

Abb. 5, 6, 10

Erschwert wird das Problem dadurch, daß die Quellenlage für die zweite
Bauphase von 1747 - 1752, im Gegensatz zu der gut belegten Planungsphase von 1737, unzureichend ist. Es gibt keinerlei schriftliche Hinweise, die zu einer Klärung der zweiten Planungsphase und deren Baumeister
führen könnten. Zur Klärung kann man nur auf die genetische Untersuchung von Teil I zurückgreifen.

Wie schon angedeutet[169], spricht sich ein Teil der Literatur[170] dafür
aus, daß der ausführende Meister ein einheimischer Handwerker gewesen
sei. In diesem Zusammenhang wurden der in Metten tätige Maurermeister
Benedikt Schöttl und dessen Sohn Albert genannt.

Benedikt Schöttl, geboren 1688 in Egern am Tegernsee, war ein einfacher
Maurermeister, wurde jedoch später zum Stadt- und Landbaumeister in
Deggendorf ernannt.[171] Sein Name erscheint im Zusammenhang mit ver-
schiedenen Umbauten.[172] Als Architekt eines Neubaus wird Benedikt Schöttl
nur ein einziges Mal erwähnt, nämlich bei dem Festsaalbau des Klosters
Metten, den er von 1736 bis zu seinem Tode 1742 plante und betreute.
Nach dem Tod des Vaters übernahm der Sohn Albert Schöttl[173], inzwischen
als Laienbruder in das Kloster Metten eingetreten, die Fortführung des
Festsaalbaus bis zu dessen Fertigstellung im Jahre 1759.[174]

Betrachtet man den Festsaal von Metten, der den nördlichen Hof des Klosters durch seine Fassade prägt, so ist man sofort an die Fassade von
Frauenzell erinnert; sowohl im Aufbau als auch in der Gesamtproportion.
Die Fassade des Festsaals und die von Frauenzell wirken wie zwei Varianten einer Idee; von der Grundkonzeption her sind sie identisch, die Ausformung ihrer Einzelelemente jedoch ist unterschiedlich. In beiden Fällen
steht man vor einer einstöckigen, leicht konvex vorschwingenden Fassade
zu drei Travéen mit einem giebelartigen Aufsatz. Wenn man in Frauenzell[175] die überlängten Pilaster bemängelt, so ist es in Metten die gedrungene Stämmigkeit der Ordnung, die durch die sehr hohe Sockelzone
entsteht.

In Metten treten die Seitentravéen in einer hauchdünnen Schicht vor die
Mitteltravée. Diese Schichtung wird in dem giebelartigen Aufsatz von zwei
dreieckigen Abschlüssen über den seitlichen Travéen fortgeführt. Die leicht
zurückgestufte Mitteltravée wird einerseits dadurch ausgezeichnet, daß das

ansonsten gerade geführte Gebälk die Haupttravée segmentbogenartig überhöht, andererseits dadurch, daß der geschweifte Giebelaufsatz nur über
dieser Travée sitzt. Die vielen Fenster in Metten entsprechen der Funktion
des Baues als Festsaal. Die Proportion, der Aufbau, die seichte Ausbau-
chung sowie der Giebel, kurz: die prägende Idee ist in beiden Fassaden
die gleiche.

Wirft man einen Blick in das Innere des Saals, so ergeben sich ebenfalls
Parallelen zu Frauenzell, wenn auch nur in der Formensprache, nicht hingegen in der Struktur. Der Saal wird instrumentiert durch eine Pilasterordnung, die von Bilder- bzw. Fensternischen unterbrochen wird. Auffällig ist die Dünnheit der Pilaster wie auch der Profile, was schon von
Frauenzell her bekannt ist. Auch die Schwellung des Frieses im Gebälk
kommt in Frauenzell vor, nur daß in Metten zusätzlich noch der Sockel
balusterartig anschwillt. Wie in Frauenzell läuft das Gesims um den gesamten Innenraum herum; beiden Bauten fehlt zwischen Unterbau und Gewölbe eine Attika, die für die Proportionen eines Baus nicht unwichtig ist.
Die Gestaltung der kahlen, gerundeten Konchen in Frauenzell ist wiederum
vergleichbar mit den kahlen Bildernischen des Festsaals.

Es besteht allem Anschein nach ein Zusammenhang zwischen den beiden
Bauten. Die Formensprache des Benedikt Schöttl[176], respektive die seines
Sohnes Albert, in Metten beweist evidenterweise die Ausführungsarbeit des
Meisters in Frauenzell. Somit würden sich auch die auffälligen Einzelformen im Inneren der Kirche erklären, die in einem seltsamen Widerspruch
zu der äußerst qualitätvollen Invention des Grundrisses stehen, der sich
durch die gelungene Proportion und durch die Harmonie, in der die einzelnen Teilräume und Raumteile zum Gesamtraum komponiert und struktu-
riert sind, auszeichnet. Ebenso ließe sich der Bruch zwischen dem Innenraum von Frauenzell und der im Verhältnis dazu sehr dürftigen Architektur der Fassade erklären. Es läßt sich vorstellen, daß der Grundriß von
Frauenzell auf die Invention eines weitaus geschulteren Mannes zurückgeht und daß, wie schon in der Literatur vermutet, die endgültige Ausführung einem einheimischen Baumeister überlassen wurde, der den Grundriß des Architekten zwar übernahm, jedoch seinen eigenen Formenkanon
auf den Kirchenraum übertrug.
Für die Fassade hingegen verfügte man über keinen außerordentlichen Plan,
vielleicht wäre er für das arme Waldkloster zu kostspielig geworden. Die
Fassadengestaltung blieb daher dem ausführenden Baumeister Albert Schöttl
überlassen.

Ist somit das Problem der Ausführungsarbeiten gelöst, bleibt immer noch die Frage, wer der eigentliche Inventor gewesen sein könnte. Immer wieder wurde auch Johann Michael Fischer als Urheber in Betracht gezogen[177], wobei auf die Übereinstimmung mit St. Anna im Lehel hingewiesen wurde, doch kann dem nach der genetischen Untersuchung nur ganz allgemein im Hinblick auf den Typus zugestimmt werden.

Abb. 7, 8

Andererseits dürfen einige Details nicht unerwähnt bleiben, die Parallelen im Fischer-Oeuvre aufweisen.

Eigenartig und auffallend sind die Fensterwände der Konchen, die kahl und ungegliedert bleiben. Solche, bis auf das Fenster ausgesprochen kahle Wände finden sich im Werk Fischers häufiger, zum Beispiel in Diessen[178] (Chornische), in Aufhausen[179] (Abschlußwände auf der Querachse), ebenso in Rinchnach[180] und in der Sakristei von Niederalteich.[181] Von den Fensterwänden heben sich andererseits die Flankenwände der Konchen mit einer eigenen Schicht und mit eigenem Gebälk, ja selbst mit einer eigenen Grundrißkurve ab. Demgegenüber haben die Pilaster wieder eine andere, eigengesetzliche Kurvung. Hier war ein Architekt am Werk, dem es auf geschmeidige Modellierung ankam, wie sie auch die Oratorienjoche und das über den Unterbau gestülpte Gewölbe aufweisen. Gerade das modellierende Element zeichnet das Werk Fischers immer wieder aus. Eine typisch Fischersche Eigenart ist es, den Unterbau völlig konsequent zu instrumentieren und zu schichten. Demgegenüber stülpt er dem Unterbau ein modelliertes, sich den Vorgaben anpassendes Gewölbe über.[182] Nicht zuletzt sei auf den Typus des Acht-Arkaden-Raumes hingewiesen, der zum Leitmotiv Fischerscher Zentralbauten wurde.[183]

Abb. 5, 6

Diejenigen Details, die für Fischers eigene Hand zu dürftig erscheinen, könnte man damit erklären, daß Fischer nur einen Riß geliefert und Schöttl diesen ausgeführt hat und dabei seine eigene Formensprache auf den Bau übertrug. Wo findet man in Fischers Werk derartige überlängte, im Verhältnis zu schmale Pilaster und so ausgedünnte Gebälkprofile? Ein Blick zum Beispiel in die Innenräume von Ottobeuren, Diessen[184] etc. genügt, um zu erkennen, daß dort die Pilaster im Verhältnis zum übrigen Bau besser proportioniert sind und daß die Gebälke den Unterbau scharf vom Gewölbe trennen. Auffallend ist die balusterartig vorschwellende Frieszone im Gebälk, die so im Fischer-Oeuvre nie zu finden ist.[185] Außerdem fehlt in Frauenzell die Attika, die bei Fischer immer auf das Gebälk folgt. Im Gegensatz zum Gebälkfries läßt Fischer die Attika bisweilen vorschwellen, wie unter anderem in Diessen.[186]

Das Fehlen der Attikazone bewirkt in Frauenzell den durch das Gewölbe vermittelten ausgesprochen gedrungenen, gestauchten Eindruck. Dadurch entsteht ein Gegensatz zwischen der Steilheit des Unterbaus und der Gedrungenheit der Wölbzone.

Eindeutig gegen Fischer spricht die unscheinbare, etwas mißglückte Fassade. Zwar enthält auch sie Fischersche Elemente, wie zum Beispiel die betonte Mitteltravée[187], die Flachnische[188], die leicht in den Faszienbereich eingreift, ein Leitmotiv bei Fischer. Aber allein der 'teigige' Giebel mit seinem weich verlaufenden Umriß kann niemals dem Meister der Fassaden von Diessen oder Zwiefalten zugeschrieben werden, auch unter Berücksichtigung des geringeren Anspruchs, den man dem Waldkloster Frauenzell beizumessen hat.

Neben diesen Argumenten und Verweisen, die an Fischer denken lassen, gibt es noch das biographische Argument, daß Fischer in nächster Nachbarschaft von Frauenzell mehrfach tätig gewesen war: In Niederaltaich (Sakristei 1724-1726, Türme 1730-1739), Deggendorf (1722-1728), in Osterhofen (1726-1728) und 1736-1739 in Aufhausen, um nur die gesicherten Werke zu nennen.[189]

Doch genau dieser Punkt läßt aufhorchen. Warum hätte Fischer, der oft in der Gegend beschäftigt war, dem Palier oder ausführenden Baumeister Schöttl derartig freie Hand lassen sollen? Wenn man schon den Riß von einem für seine Zeit berühmten Architekten hatte anfertigen lassen, der zudem nur eine Tagesreise entfernt tätig war, so wäre es doch nur naheliegend gewesen, daß dieser den Bau zumindest überwacht hätte, sei es durch Visiten oder, falls dies dem Kloster zu kostspielig gewesen wäre, mittels schriftlicher Korrespondenz. Außerdem, warum wird Fischer nicht in den Chroniken erwähnt? Schließlich war er einer der berühmtesten und angesehensten der zeitgenössischen Architekten in Bayern.

Abb. 7, 8

Gegen die Autorschaft Fischers bei dem Plan für Frauenzell sprechen zugleich die böhmischen Aspekte, die, wie die Genese bewiesen hat, gegenüber den bayerischen Aspekten durchaus überwiegen.

Zwar war auch Fischer in seiner Lehrzeit 1710/15 in Böhmen gewesen, doch hat Fischer selbst bei seinen 'böhmischsten' Bauten wie Osterhofen oder

Ingolstadt nicht einfach böhmisches Formenrepertoire zitiert und kopiert, sondern immer in seine eigene bayerische Architekturauffassung übertragen, das heißt neu verarbeitet.

In Frauenzell dagegen wird böhmisches Formenrepertoire zitiert: Man bedenke die Raumstruktur des einschwingenden Bogenachtecks mit einschwingenden Bogenarkaden, ein urböhmisches Motiv, das hier in Frauenzell, mit den in sich abgeschlossenen Konchen, Wahlstatt in seiner einmaligen Struktur zum Vorbild hat, wenngleich durch eine Konche links und rechts erweitert.

Hinzu kommen noch die ausgerundeten Pilasterpfeilerköpfe, die es so nur in Böhmen gibt, der bayerischen Architektur hingegen ganz und gar fremd sind.

Abb. 18, 19, 20

Selbst ein derartig mit der böhmischen Architektur verhafteter Architekt wie Fischer hat sich dieses Element nicht zu eigen gemacht, obwohl er es mit Sicherheit während seiner böhmischen Wanderjahre an den Bauten des Christoph Dientzenhofer, St. Niklas auf der Kleinseite 1711 und Břevnov 1715, hatte studieren können.

Kann man dem Architekten von Ottobeuren, Rott am Inn oder Ingolstadt einen Bau wie Frauenzell tatsächlich zuschreiben?

Selbst wenn man von allen Mängeln, das heißt der unausgereiften Formensprache, absieht und dies dem ausführenden Baumeister anlastet, ist es doch höchst unwahrscheinlich, daß Fischer hier und nur hier böhmische Zitate in dieser lockeren Weise aneinandergereiht hat.

Wäre es nicht viel eher denkbar, daß es sich in Frauenzell um ein versprengtes böhmisches Planwerk handelt, entweder von Kilian Ignaz Dientzenhofer selbst entworfen oder aus seiner Nachfolge; daß weiter ein zweitrangiger, einheimischer Baumeister den Plan in seine bzw. in die bayerische Formensprache übertragen hat? Das würde die außerordentliche Qualität des Baues einerseits, aber auch die dazu im Widerspruch stehenden Mängel andererseits erklären. Könnte nicht ein reger Austausch von Plänen in dieser Region geherrscht haben, da Böhmen in nächster Nachbarschaft zu Frauenzell liegt und die Klöster sicherlich untereinander in Kontakt standen? Andererseits war dem Baumeister die Länge des Baus vorgegeben, das heißt er mußte den böhmischen Riß erweitern; und was liegt da näher, als sich an einem großen heimischen Architekten, nämlich Johann Michael Fischer, zu orientieren, zumal die Lösung mit den Oratorienjochen direkt vor der Haustüre, in Osterhofen, bereits ausgeführt war?

Am plausibelsten könnte man den Sachverhalt in Frauenzell folgendermaßen erklären: Das Grundvisier des Baus ist ein versprengtes böhmisches Planwerk[190], das infolge der örtlichen Gegebenheiten von dem ausführenden Baumeister Schöttl durch Oratorientravéen erweitert werden mußte.

Die Oratorienjoche leiten sich jedoch von einem bayerischen Vorbild ab: von Fischers Osterhofen. Die Bauzeichnungen, die als Ausführungspläne für die Baustelle dienten, fertigte Schöttl an, woraus sich die Formensprache erklären ließe.

Wenn all dies zutrifft, was natürlich Hypothese bleiben muß, so bestände die Leistung Schöttls darin, den böhmischen Plan so mit den bayerischen Oratorientravéen erweitert zu haben, daß er den örtlichen Gegebenheiten in Frauenzell entgegenkam; allein diese Idee muß dann als eine Invention des Meisters honoriert werden, wobei die Struktur des qualitätvollen, böhmischen Grundrisses durch die Ergänzung mit den gleichwertigen, bayerischen Überleitungstravéen keinerlei Einbuße erlitten hat. Die Formensprache im Inneren der Kirche und die Fassade hingegen können diesem Anspruch nicht standhalten.

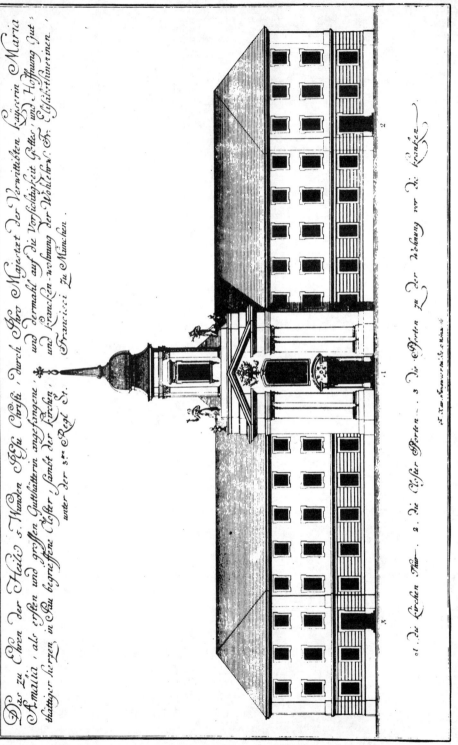

Das zu Ehren der Heil: s. Wittwen St: Elisabeth durch Jhro Majestät der Verwittibten Kayßerin Maria
Amalia, als ersten und größten Guthätterin angefangene, und dermahl auf die Vorsichtigkeit Gottes, und Hoffnung Gut=
thättiger Herzen, in Bau begriffene Closter, sambt der Kirchen, und Kranckhen-wohnung der Wohltern: Fr: Elisabethinerinnen,
unter der 3.ten Regl St: Francisci zu München.

1. Die Kirchen Thur. — 2. Die Closter Porten. — 3 Die Porten zu der Wohnung vor die Krancken.

J. Xav. Jungwierth sc München

Fig. X   München, St. Elisabeth und Kloster, Stich von
Franz Xaver Jungwierth von 1770

3. Die Plangruppe 911, a, b und St. Elisabeth in München

a) Die Zuschreibungsfrage der Plangruppe 911, a, b

Abb. 11, 12, 13, Fig. X

Die Plangruppe 911, a, b der Sammlung Zettler im Münchener Stadtmuseum unterscheidet sich schon darin von den beiden zuvor behandelten Projekten, daß sie nie realisiert worden ist. Während sich Berbling und Frauenzell als ausgeführte Bauten präsentieren mit einer Entwicklungs- und Bauge- schichte, so ist bei den Plänen nicht einmal gesichert, für welchen Bau sie ursprünglich angefertigt worden sind. Auch die Frage nach der Herkunft der Pläne, dem entwerfenden Architekten, ihrem Auftraggeber und dem Zeitpunkt der Planerstellung sind weitgehend ungeklärt.

1941 hat Norbert Lieb[191] als erster versucht, den Plänen eine Stellung in der kunstgeschichtlichen Forschung zuzuweisen, und hat ihnen damit ihre Neutralität genommen.
Lieb hat die Pläne in Zusammenhang gebracht mit der 1758-60 ausgeführten St. Elisabeth-Kirche vor dem Sendlingertor, an der Mathildenstr. 10 in München. Die Zuordnung der Plangruppe für die Elisabethkirche in München erfolgte aufgrund eines Stiches von Franz Xaver Jungwierth[192], der unge- fähr 1770 entstanden ist. Die auf dem Stich wiedergegebene Fassade und deren Ähnlichkeit zu 911 b haben Lieb offensichtlich dazu veranlaßt, die Plangruppe als eine Planvariante für St. Elisabeth zu identifizieren, wie die Schrift auf dem Stich besagt: "Das zu Ehren der Heil.5.Wunde Jesu Christi, durch Ihro Majestaet der Verwittibten Kayserin Maria Amalia, als ersten und grössen Gutthäterin angefangene, und dermal auf die Vorsichtig- keit Gottes, und Hoffnung guthättiger herzen in Pau begrieffene Closter, sambt der kirchen, und krancken-wohnung der Wohlehrw.Fr.Elisabethinerinnen, unter der 3.ten Regl St. Francisci zu München."

Seit 1941 sind die Pläne als Pläne für St. Elisabeth in die kunstgeschicht- liche Literatur eingegangen.[193]
Die gesamte Literatur zu St. Elisabeth vor dem zweiten Weltkrieg[194] hatte sich ausschließlich auf den ausgeführten Bau in der Mathildenstr. 10 in München bezogen, die Pläne jedoch nicht berücksichtigt.

Abb. 13, Fig. X

Vergleicht man die Fassade des Jungwierth-Stichs mit dem Fassadenaufriß
911 b genauer, lassen sich erhebliche Abweichungen feststellen: Als erstes
fällt auf, daß auf dem Stich die Fassade von 911 b vollständig in die
Fläche gepreßt ist. Aus einer plastischen, voluminösen Fassade, die gekurvt
ein- und ausschwingt, ist eine flache, glatte kubische Fassade geworden,
die mehr klassizistische Strenge denn hochbarocke Bewegtheit wie auf 911 b
ausstrahlt.

Ein zweiter wesentlicher Unterschied liegt darin, daß auf dem Stich die
Wechselzone von 911 b zwischen Fassade und Turm fehlt, die Zone also, die
Turm und Fassade zu einer untrennbaren harmonischen Einheit zusammen-
schließt.

Die Jungwierth-Fassade dagegen zeigt eine massive Abschlußattika, die die
blockhafte Gestalt der Fassade noch unterstützt; der Turm wirkt, als sei
er lediglich auf den Fassadenblock gestellt. Die äußere Erscheinung des
Turmes hat mit dem Turm auf 911 b nichts gemein. Weiterhin fehlen der
Fassade auf dem Stich die schräggestellten seitlichen Anlauftravéen von
911 b wie auch die verbindende konvexe Rundung zur Mittelaedikula. Über-
dies weichen die Proportionen voneinander ab: Man vergleiche nur die überlängte und ausgedünnte ionische Ordnung auf ganz niedrigem Sockel gegenüber der vergleichsweise kräftigen dorischen Säulenordnung von höchster
Plastizität auf monumentalem Sockel. Aber auch die massive Attika auf dem
Stich, die die Fassade mächtig abschließt und dadurch keinerlei Höhenzug
aufkommen läßt, gibt dieser Fassade anschaulich eine blockhafte, schwere
Gestalt, der Turm dagegen wirkt klein und schmächtig, ganz im Gegenteil
zu der hochaufgerichteten, schlanken Einturmfassade auf 911 b. Nichts ist
übriggeblieben von dem organischen und nicht minder eleganten Heraus-
wachsen des hohen Turmes aus dem ihn vorbereitenden Unterbau.

Alles in allem wird man zugeben müssen, daß die Fassaden von Stich und
Aufriß zweierlei Geist atmen. Während die Fassade von 911 b das phantasie-
volle, hochbarocke Bauwollen verkörpert und widerspiegelt, spricht aus der
Fassade des Jungwierth-Stiches klassizistische Strenge und Herbheit.

Abb. 12, 13

Ein weiteres Argument Liebs für die Zugehörigkeit der Plangruppe zu St.
Elisabeth in München sind die Wappen bzw. Initialen von Maria Amalie in
den Wappenkartuschen auf 911 a und 911 b. Doch ist dies kein zwingender

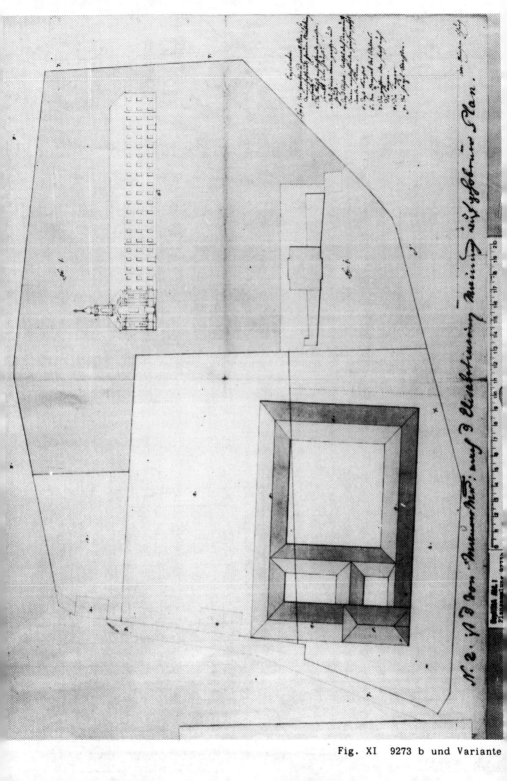

Fig. XI   9273 b und Variante

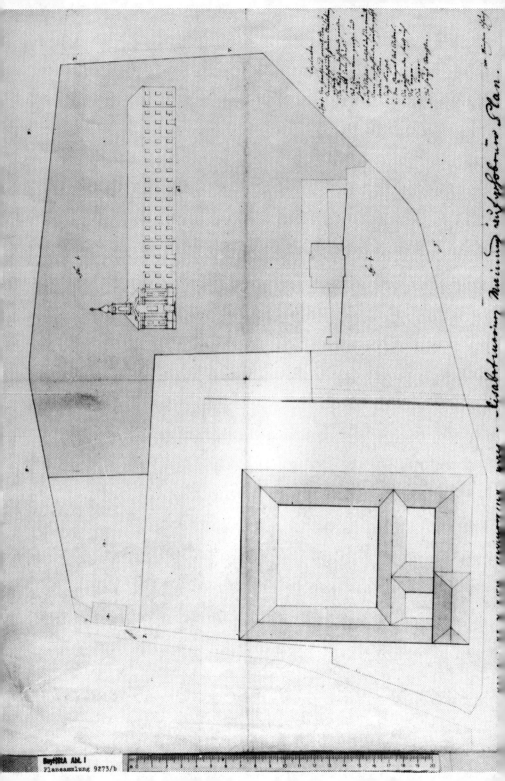

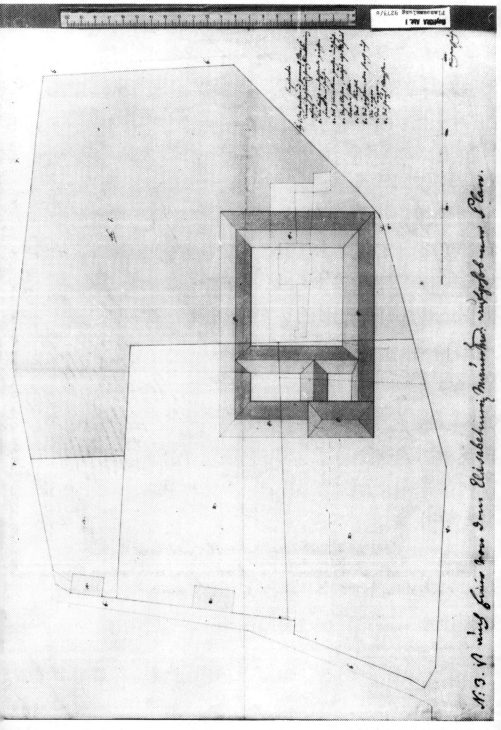

Fig. XII 9273 c

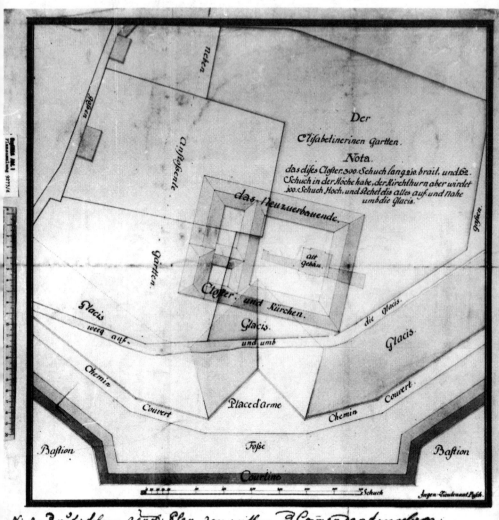

Der

Elisabetinerinen Gartten.

Nota.

das diſes Cloſter 300 Schuch lang 210 brait, und 62.
Schuch in der Höche habe, der Kirchthurn aber wirdet
300 Schuch Hoch, und ſtehet dis alles auf und nahe
umb die Glacis.

das Neuzuerbauende

an
gebäu

Cloſter und Kürchen.

Glacis.

und umb

weeg auf.

Glacis
die Glacis.

Glacis

Chemin

Couvert

Place d'arme

Chemin

Couvert

Baſtion

Foſſe

Baſtion

Courtine

3 Schuch

neta

Anſtoſſende

gartten.

geſſen

Ingen. Lieutenant Pföb.

N: 4. Deutſchloben geno: Plan von puſten D Comendanten auffsetz

Fig. XIII   9273 d

Beweis, da die Eintragungen in den Kartuschen durchaus auch nachträglich angebracht worden sein können.

Fig. XI, XII

Wesentlich überzeugender für eine Beweisführung, daß die Pläne zu St. Elisabeth gehören, ist hingegen die bisher unveröffentlichte Plangruppe des Bayerischen Hauptstaatsarchivs[195], gefertigt von Ingenieur Liutenant Franz Xaver Pusch[196] anno 1756.
Zwar hat Lieb 1941[197] auf die Mitarbeit Franz Xaver Puschs bei der Festlegung des Bauplatzes 1756 hingewiesen, doch waren ihm die Pläne unbekannt.
Es handelt sich dabei um vier Lagepläne, die veranschaulichen, wie das neue Kloster und die Kirche der Elisabethinerinnen auf den Bastionen außerhalb der Stadtmauern zu liegen kommen.

Abb. 13, Fig. X, XI

Besonders aufschlußreich ist der Plan 9273 b und dessen Variante, da neben dem Lageplan des Klosters auch der Aufriß von dem Klostertrakt und der Kirchenfassade gezeigt ist. Diese Kirchenfassade entspricht weit mehr 911 b als der Jungwierth-Stich. Der Pusch-Plan zeigt eine Mittelaedikula, die von zwei seitlichen Halbtravéen eingefaßt wird, wobei allerdings auch hier die vermittelnde konvexe Rundung fehlt. Erhalten aber ist die Wechselzone zwischen Fassade und Turm, wenn auch geringfügig niedriger als bei 911 b. Der Turm entwächst demnach ebenfalls organisch dem Fassadenunterbau, wie auch das Turmgeschoß und die Haube bis auf wenige kleine Details übereinstimmen. Die gesamten Proportionen der beiden Fassaden bezüglich Ordnung zu Sockel, Fassadenunterbau und Turm sind eng miteinander verwandt. Ob Säulen oder Pilaster als Ordnung verwendet wurden, ist nicht zu erkennen.

Da auch die Pusch-Pläne ausdrücklich auf die Elisabethinerinnen verweisen, kann die Zugehörigkeit der Plangruppe zur St. Elisabeth-Kirche in München nicht mehr angezweifelt werden. Augenscheinlich hat die Pusch-Planung die Kirchenfassade als linken Abschluß des Klostertraktes vorgesehen. Nur war man sich noch nicht ganz einig, wohin die Kirchenfassade ausgerichtet sein sollte, ob auf die Mathildenstraße oder auf die Findlingstraße im Süden, wie es die Variante 9273 b vorschlägt. Klar war jedoch, daß die Fassade den dreistöckigen Klostertrakt, dessen lange Flucht von zwei Risaliten aufgelockert wird, abschließen sollte.

Die Planungsphase auf dem Jungwierth-Stich hingegen sieht eine symmetrische Anlage vor, deren Zentrum die Kirchenfassade ist. Offenbar entspricht die Jungwierth-Planungsphase am nächsten der Ausführung, denn es gibt ein Ölgemälde des Franz P. Mayer von 1838[198]; es ist relativ genau und entspricht dem Jungwierth-Stich, allerdings reduziert um den rechten Klostertrakt, und das heißt, daß die symmetrische Anlage nur bis einschließlich Kirchenfassade realisiert worden ist, aller Wahrscheinlichkeit nach wegen der prekären Finanzlage der Ordensfrauen.[199] Die Fassade selbst erscheint auf dem Ölgemälde nochmals vereinfacht, da der Turm nun vollständig fehlt.

Die Pläne des Ingenieur-Liutenant Franz Xaver Pusch waren deshalb nötig gewesen, da der kurfürstliche Hofrat die Elisabethinerinnen mehrmals ausdrücklich aufgefordert hatte, endlich Pläne mit Maßangaben einzureichen, um das Bauvorhaben beurteilen und gegebenenfalls genehmigen zu können. [200]

Fig. XIII

Der Plan 9273 d enthält die geforderten Maßangaben. Denen zufolge sollte das Kloster 300 Schuh lang, 210 breit und 62 Schuh hoch werden; der Kirchturm sollte sogar eine Höhe von 100 Schuh erreichen. Da die Pläne erst im Jahre 1756 gefertigt worden sind und diese erst die Grundlage für die Baugenehmigung waren, ist bewiesen, daß der Baubeginn des Klosters und der Kirche frühestens Ende des Jahres 1756 erfolgen konnte. Diese Tatsache bringt Klarheit in die bisher in der Literatur umstrittene Frage der Grundsteinlegung des Klosters. Die Grundsteinlegung der Kirche hingegen ist eindeutig für das Jahr 1758 festgelegt.

Einige Autoren setzen für die Grundsteinlegung des Klosters das Jahr 1755 an[201], andere einigten sich auf 1757.[202] Mit den Pusch-Plänen allerdings kann der spätere Zeitpunkt, also das Jahr 1757, als gesichert gelten.

Noch einmal kurz zusammengefaßt: Erst die Pläne des Franz Xaver Pusch aus dem Jahr 1756 gewährleisten eine sichere Zuordnung zumindest des Planes 911 b und damit auch von 911 für St. Elisabeth in München; die Sonderstellung von 911 a wurde schon in der Analyse der Plangruppe[203] erörtert. Zudem sichern die Pusch-Pläne das Datum der Grundsteinlegung für das Kloster.

Fig. X

Der Jungwierth-Stich hingegen muß mit dem ausgeführten Bau von St. Elisabeth[198] in Zusammenhang gebracht werden und weniger mit der Plangruppe, was bereits der Vergleich mit der Ansicht auf dem Gemälde von 1838 deutlich gemacht hat. Der ausgeführte Bau von St. Elisabeth entspricht, was die Fassade betrifft, exakt dem Jungwierth-Projekt von 1770, lediglich der Turm und die schmückenden Elemente wie Wappenkartuschen, Fenster- und Portalrahmen oder auch der figürliche Schmuck auf der Attika wurden aufgegeben.

Heute steht man vor der 1963-65 wiederaufgebauten Kirche, die 1944 dem Krieg zum Opfer gefallen ist. Einem zeitgenössischen Bericht[204] zufolge wurde der Innenraum so gut wie ganz zerstört. Lediglich die Fassade ist relativ unversehrt geblieben und steht demnach noch original vor uns.

Die Kirche war in den Jahren 1758-60 erbaut worden, die Konsekrierung erfolgte erst 1777.[205] Betreffs der Erbauungszeit der Fassade gehen die Meinungen auseinander[206], jedenfalls scheint sie später als der Kirchenbau ausgeführt worden zu sein. Wahrscheinlich ist sie um 1790 errichtet worden von dem Fischer-Schüler und -Nachfolger Franz Anton Kirchgrabner.[207] Der Innenraum des Baus hat mit der Plangruppe ebenso wenig gemein. Ein kleinerer Chor und ein Vorraum schließen sich symmetrisch an einen größeren Zentralraum an. Der Mittelraum ist sofort überschaubar; auf den vier Hauptachsen stehen vier Arkaden, die von einer orthogonalen Pilasterordnung ausgehen. Während die Arkaden auf der Längsachse verdoppelt sind und zu Chor bzw. Vorraum überleiten, werden die seitlichen Arkaden mit einer geraden Wand geschlossen. Auf dem Vier-Arkaden-Gerüst sitzt eine Flachkuppel. Die vier Hauptarkaden werden mittels konkav geschwungener Diagonalwände verbunden, in die rechteckige Kastennischen eingelassen sind, deren oberer Abschluß das Gebälk ist. Der Chorraum hat einen querrechteckigen Grundriß und weist vier orthogonalstehende Arkaden auf, die sich in den Ecken tangieren; sie tragen die Flachkuppel. Der Vorraum ist analog zum Chor. Der Hauptraum der St. Elisabeth-Kirche erinnert an Kirchen des Johann Michael Fischer, wie zum Beispiel an Bichl, 1750, oder fast zitathaft an die 1754 begonnene Kirche in Sigmertshausen bei Dachau. Die ausgeführte Kirche ist weder kompliziert im Aufbau noch kurviert und kann gerade deswegen unmöglich mit dem Raumkonzept auf dem Längsschnitt 911 verglichen werden.

Abb. 13, Fig. X

Der Innenraum wie auch die Fassade des ausgeführten Baus gehen auf
eine zweite Hand zurück; der Bau kann jedenfalls nicht als das Ergebnis
eines Vereinfachungsprozesses angesehen werden, der in der Plangruppe
seinen Ursprung nehmen würde. Vielmehr muß man bei St. Elisabeth unterscheiden zwischen zwei eigenständigen Planungsphasen: a) einer sehr aufwendigen, für die Elisabethinerinnen wohl kaum finanzierbaren ersten Planungsphase, die die Plangruppe 911 a, b und die Pusch-Pläne repräsentie-
ren; und b) einer zweiten, vereinfachten, dennoch aber selbständigen Plan-
stufe, wie sie der Jungwierth-Stich und der ausgeführte Bau verkörpern,
der wohl auf Johann Michael Fischer zurückgeht.[208]

b) Die Geschichte des Elisabethinerordens in München

Da die Frage der Bestimmung der Plangruppe 911, a, b nun geklärt ist,
bietet es sich an, einen Blick auf die Geschichte des Elisabethinerordens
in München zu werfen.
Über die Anfänge und die Geschichte gibt es reichlich Quellen[209] und ausführliche Sekundärliteratur.[210]

Die Elisabethinerinnen[211], die dem Dritten Orden des Heiligen Franziskus
angehören, kamen von dem 1719 in Prag gegründeten Elisabethinerinnenkloster nach Bayern. Während des österreichisch-spanischen Erbfolgekrieges,
in dem für kurze Zeit die böhmische Krone an den deutschen Kaiser Karl
Albrecht, Kurfürst von Bayern, ging, waren nach der Einnahme von Prag
1741 viele Adelige und Geistliche von Prag nach München umgesiedelt.
Darunter waren auch einige Gönner der Elisabethinerinnen, wie zum Beispiel
der frühere Probst und Administrator auf dem Laurentiberg in Prag, Norbert
Sazer, der nun in München die Stelle des kurfürstlich-kaiserlichen Hof-
kaplans inne hatte.
Sazer war es, der die verwitwete Kaiserin Maria Amalie, Kurfürstin von
Bayern, auf die Elisabethinerinnen aufmerksam machte. Maria Amalie fragte
daraufhin im Prager Kloster nach zwei Schwestern an, die in München
einen neuen Zweig des Ordens gründen sollten.[212] Trotz aller Protektion
jedoch bekamen die Prager Schwestern äußerste Schwierigkeiten bei ihrer
Niederlassung in München. 1747 scheiterte ein erster Versuch, 1748 folgte
ein zweiter, der jedoch ebenfalls abgelehnt wurde, denn weder in München

noch in Landshut hatten die Schwestern eine Bewilligung der Stadtverwaltung erwirken können.

Erst im Jahre 1749, nach weiteren Hindernissen, gelang es den Prager Elisabethinerinnen, in Bayern Fuß zu fassen; sie gründeten das Kloster Azlburg bei Straubing. Von dort aus betrieben die Schwestern ihre Bemühungen weiter, auch in München ansässig werden zu dürfen.

Aber erst am 27. Mai 1754 erfolgte eine Resolution des kurfürstlichen Geistlichen Rats, wonach die Elisabethinerinnen in München unter der Bedingung Aufnahme fänden, daß sie alle Paulanerinnen des aufgelösten Klosters in der Au aufzunehmen hätten. Zunächst sollten sich die Schwestern in der Au niederlassen, wo sie jedoch keinen geeigneten Grund fanden.

Am 30. August desselben Jahres erlaubte ihnen Kurfürst Max III. in einem Dekret, die Beschränkung der Anzahl von nur zwölf Ordensschwestern auf eine beliebige Anzahl zu erweitern. Vorübergehend wohnten die Schwestern im Haus des Herrn von La Rosée in der Dienerstraße; ein anderes Mal nahmen sie provisorisches Quartier in dem alten Haus des Grafen La Perusa bei den Salzstädeln am Promenadeplatz, bis sie die nötigen Grundstücke für den Bau eines Spitals und Klosters vor dem Sendlinger Tor erworben hatten.

Im Frühjahr 1755 konnten die Nonnen das Häuschen im Garten des erkauften Graf-Spreti-Anwesens vor dem Sendlinger Tor beziehen. Als erste Oberin in München wurde 1756 die bisherige Vicarin von Azlburg, Johanna Nepomucena, eine der beiden aus Prag eingewanderten Schwestern[213], eingesetzt.

Bis dato war die hervorragendste Gönnerin Maria Amalie gewesen, die dem neuen Konvent 40.000 fl spendete.[214] Als sie am 11. Dezember 1756 starb, übernahm deren Sohn Kurfürst Max III. Joseph die Protektion über die neugegründete Niederlassung[215]; er war auch bei der Grundsteinlegung zum Kloster- und Spitalbau zugegen.[216] Der Grundstein für den Kirchenbau wurde erst am 9. November 1758 gelegt.

Die finanzielle Lage der Elisabethinerinnen allerdings war allzeit schlimm, trotz aller Zuwendungen, die sie vom kurfürstlichen Haus genossen. Die Elisabethinerinnen selbst beschreiben die Situation in ihrer Chronik wie folgt: daß "der pau pur auf göttliche Vorsichtigkeit vertrauend ohne menschliche Hülff mit lauter Schulden angefangen und fortgesetzt worden." Trotzdem konnte am 9. November 1760 die Einweihung von Kloster, Kirche und Spital stattfinden. Die Konsekrierung der Klosterkirche allerdings wurde erst am 27. August 1777 durch den Freisinger Fürstbischof Joseph Ludwig vollzogen. Die Fassade der Kirche soll erst um 1790 fertiggestellt worden sein.[217]

Zwischenzeitlich im Jahr 1782 drohte das Elisabethinerinnenkloster wegen
ungeheurer Schulden sogar ganz unterzugehen, was der damalige Kurfürst
Karl Theodor gerade noch einmal abwandte. Karl Theodor war der letzte
Gönner des Ordens. Zwar hatte nach dessen Tod 1799 auch sein Nachfolger
Kurfürst Max IV. Joseph zunächst alle Vergünstigungen den Schwestern
weitergewährt, im Jahre 1804/05 jedoch gänzlich gestrichen, obwohl das
Kloster gerade zu diesem Zeitpunkt einen finanziellen Aufschwung erwirt-
schaftet hatte und 1802 sogar das Spital hatte erweitern können.[218]
Das klösterliche Leben der Schwestern wurde indes immer mehr von säku-
larisierenden Maßnahmen eingeschränkt, bis es am 16. März 1809 schließlich zur Aufhebung des Klosters und Spitals der Münchener Elisabethinerinnen kam. Die Gebäude und die Kirche standen bis zum 1. Oktober 1823
leer; damals übersiedelte das Heilig-Geist-Spital in die Gebäude des ehemaligen Klosters. 1832 übernahmen die Barmherzigen Schwestern vom Heiligen Vinzenz von Paul das Heilig-Geist-Spital; sie erweiterten die Gebäude
in den Jahren 1844-48. Einen Eindruck von dem nochmals erweiterten Spital
bietet uns ein Gemälde von 1900.[219]
1907 wird das Spital in die neuen Gebäude am Dom-Pedro-Platz verlegt,
während das ehemalige alte Kloster der Elisabethinerinnen bis auf die
Kirche abgerissen wurde[220], weil es dem Neubau für die Poliklinik weichen mußte.
Der Orden der Elisabethinerinnen hatte sich in München nur etwa ein hal-
bes Jahrhundert halten können. Infolge der allzeit schlechten wirtschaftlichen und finanziellen Lage des Ordens ist es nur allzu erklärlich, daß
die Schwestern ein Projekt, wie es die Plangruppe 911, a, b, vorsieht,
niemals hätte realisieren bzw. finanzieren können; nun wird auch ver-
ständlich, warum eine zweite, vereinfachte Planung hat folgen müssen.

Aber noch ein Sachverhalt kann nun erklärt werden, und zwar woher die
Plangruppe stammt. Bedenkt man die finanzielle Misere des Münchener
Ordens, so dürfte es höchst unwahrscheinlich sein, daß die Schwestern
eine derartig aufwendige Planung erst hier in München in Auftrag gegeben
haben, wo ihnen klar sein mußte, daß solch ein Projekt alle ihre Mittel
übersteigen würde. Es scheint doch viel schlüssiger, daß ihnen die Plangruppe bereits zur Verfügung stand, die Schwestern sie demnach schon
aus ihrer Heimat Prag mitgebracht hatten. In Azlburg hatten sie ein An-
wesen mit Schlößchen gekauft, das ihren Bedürfnissen vorerst vollauf ge-
nügte und daher ein Neubau erst im Jahre 1798 nötig wurde.[221] Offensichtlich hatte Schwester Nepomucena die Pläne mit nach München genommen,

doch leider fanden sie auch hier wegen der besagten wirtschaftlichen Bedrängnis des Ordens keine Verwendung.

Schon die genetische Untersuchung der Pläne[222] hat gezeigt, daß die Plangruppe eher von böhmischem Formgut geprägt ist denn von bayerischem. Dies unterstreicht nur noch die These, daß die Pläne in Prag bzw. in Böhmen entstanden und von den beiden nach Deutschland ausgewanderten Schwestern mitgebracht worden sind.

Und endlich könnte man in Erwägung ziehen, daß die Pläne ursprünglich für die Prager St. Elisabeth Kirche am Slup konzipiert worden waren, aber auch dort, als zu anspruchsvoll und zu teuer befunden, aufgegeben wurden zugunsten des ausgeführten, sehr bescheidenen Kirchenbaus von Kilian Ignaz Dientzenhofer 1724-25.[223]

Die Zeichnungsweise der Pläne spricht jedoch gegen eine derartig frühe Entstehungszeit der Plangruppe in den Zwanziger Jahren des 18. Jahrhunderts, wovon noch eigens die Rede sein wird.[224]

c) Forschungsstand

Abb. 11, 12, 13

Die These, die Pläne seien böhmischer Herkunft, widerspricht allerdings der sich weitgehend in der Literatur eingebürgerten Meinung, daß sie von Johann Michael Fischer stammen. Darum sei der Forschungsstand zu der Plangruppe bzw. zu der gesamten St. Elisabeth-Problematik kurz referiert und diskutiert.

Norbert Lieb ist nicht nur der erste, der die Plangruppe 1941 mit der Elisabethkirche in München in Zusammenhang bringt, sondern er schreibt die Plangruppe in demselben Atemzug Johann Michael Fischer zu. In der Folgezeit hat sich Liebs Auffassung in der Literatur durchgesetzt.[225]

In der 1982 erschienenen Fischer-Monographie von Lieb bestätigt er die Zuschreibung abermals und versucht sie diesmal auch zu begründen.

Schon in der Literatur vor dem zweiten Weltkrieg hat es bezüglich St. Elisabeth die Fischer-These[226] gegeben, allerdings bezog sie sich lediglich auf den ausgeführten Kirchenbau an der Mathildenstraße.

Gleichzeitig wurde der ausgeführte Bau auch dem Fischer-Schüler L.M. Gießl (1705-1785) zugeschrieben[227], wogegen aber das übrige Oeuvre Gießls[228] spricht.

Lieb hat sich der Fischer-These für den St. Elisabeth-Ausführungsbau angeschlossen und hat die Zuschreibung der Pläne an Fischer 1982 wie folgt
begründet:[229] Die Entwurfszeichnungen "...stammen dem Stil zufolge zweifellos von Fischer. Angefertigt sind sie wohl von einem spezialisierten
Architekturzeichner, als Reinzeichnung (mit grauer Schattenlavierung, im
Längsschnitt Mauerwerk und Dachstuhl farbig aquarelliert). Die Blätter
sind Vorentwürfe, mit deren gepflegter Ausführung wahrscheinlich die Auf-
merksamkeit und Geneigtheit des Rates der Stadt München gewonnen werden
sollte. Da die Zeichnungen geradezu bildmäßig-selbständige Graphiken sind
(worauf die Rahmungen deuten), könnten sie, ähnlich der Fassaden-Zeich-
nung für St. Anna im Lehel, vielleicht auch als Vorlagen zu Kupferstich-
produktionen gedacht gewesen sein."[230]
Aus der Bezeichnung 'Stil' geht auch im nachfolgenden Zusammenhang nicht
hervor, welcher Stil gemeint ist, der zeichnerische oder der architektonisch-
baukünstlerische Stil.
Daß die Zeichnungen von außerordentlicher Qualität sind, ist unbestritten,
nur daß die Rahmung aussagekräftig ist, muß angezweifelt werden, da
Rahmungen dieser Art zum Repertoire eines jeden Architekten in dieser Zeit
gehörten.[231]

Zu 911 im einzelnen schreibt Lieb: "In der Längsschnitt-Darstellung entwickeln sich die vier Diagonalseiten zu hohen Kapellenausbuchtungen –
denkbar als Rückbeziehung auf St. Anna am Lechl."[232]
Von Kapellenausbuchtungen auf den Diagonalen in 911 kann jedoch keine
Rede sein, da es sich um vier völlig eigenständige, in sich abgeschlossene
Kapellen in Form von Ovalrotunden handelt, die sich mit den Diagonalkonchen von St. Anna nicht vergleichen lassen.
Weiter heißt es: "Im Entwurf leiten acht Bogen nach oben zum Gewölbe über:
vier breitere und höhere in den Hauptkreuzachsen, vier schmälere und niedrigere in den Schrägseiten. Die auf dem Hauptachsenkreuz liegenden Gurtbogen sind im Entwurf nach oben raumeinwärts gekurvt, um sich der halb-
kugelförmigen mittleren Gewölbeschale zu nähern."[233]
Aber auch die Öffnungen der Diagonalkapellen schwingen in den Hauptraum
ein.
Lieb: "In der Längsschnittzeichnung machen die kurvierten Gurtbogen und
die Art der Gewölbe deutlich, daß Fischer sich hier in weitem Rückblick
an Kilian Ignaz Dientzenhofer, besonders an dessen Entwurf zu St. Johann
Nepomuk am Felsen in Prag (um 1730), orientiert. Verwandt ist auch im
ersten Ottobeurer Längsschnitt die Kurvierung der Gurtbogen um die große

Kuppel. Diese Beziehungen erklären sich vielleicht daraus, daß Fischer bei
der Bauaufgabe der Stadt München sich zu gesteigerter Kunst-Leistung verpflichtet gefühlt hat. (In der Längsschnittzeichnung ist auch die Lavierung
der Gewölbe dem ersten Ottobeurer Längsschnitt ähnlich. Daß das Dachstuhl-
werk mit eingetragen ist, hat eine Parallele im Längsschnitt-Entwurf zur
Abteikirche Wiblingen)."[234]

Die eingeschwungenen Gurte von dem Ottobeurer Plan haben allerdings mit
den Gurten von St. Elisabeth 911 wenig gemein, außer daß beide Gurtarten
einschwingen. Während Fischer in Ottobeuren in seiner modellierenden Art
versucht, mittels der einschwingenden Gurte zu dem Fuß des eingezogenen
Kuppelkreises zu vermitteln, sind die Gurtbögen von 911 aus der Kuppel
herausgeschnitten, und Gurte wie Kuppel gehen von ein- und derselben
Kämpferhöhe aus; ein typisches Merkmal der kurvierten böhmischen Architektur.

Die Lavierung des Ottobeurer Plans mit 911 zu vergleichen, ist selbst im
Detail unmöglich, da die Qualität der Schattierungen völlig divergiert.
Während die Lavierungen auf 911 ganz unregelmäßig sind und fließende
Übergänge von hell zu dunkel aufweisen, ist das Ottobeurer Original ausschließlich gestreift laviert, das heißt, die Grauschattierungen sind Pinselstrich für Pinselstrich ablesbar und gestuft. Mit anderen Worten: Welten
trennt die Zeichnungsweise der Ottobeurer Pläne von der Zeichnungsweise
des Plans 911.

Von der Eintragung des Dachstuhls[235] auf dieselbe Hand wie bei den
Plänen für Wiblingen zu schließen, ist unzulässig, wie die vielen Vergleichsbeispiele von anderer Hand verdeutlichen.

Zu den Fassadenaufrissen 911 a und 911 b bezieht Lieb folgendermaßen
Stellung:[236] "Wie sehr die Bauträgerschaft der Landeshauptstadt und auch
die Mitwirkung der Kurfürstin den Anspruch der Architektur gesteigert hat,
demonstrieren besonders die zwei Frontalansichten der geplanten Fassade.
Möglicherweise sind sie vornehmlich der Habsburgerin Maria Amalia zuge-
dacht gewesen, da deren Wappen in beide Darstellungen einbezogen ist.
Die zwei Projektvarianten zeigen den bei Fischer vergleichsweise seltenen
Typus der Ein-Turm-Fassade (Schäftlarn, Sigmertshausen, Romenthal).
In der Stilistik zeigen sich auch hier besondere Beziehungen zu Österreich.
Die Architektur des Mittelteils greift in beiden Varianten auch System und
Motive der Fischerschen Fassaden von Fürstenzell und Ottobeuren auf. Von
Schäftlarn und Rott am Inn unterscheiden sich die Entwürfe durch ihre
Plastizität. Die erste Darstellung zeigt einen Breitbau, der als Stirnseite

eines Achtecks besonders in der Dachbildung ausgeprägt ist. Vor die zwei Flankenschrägen tritt der Mittelteil, um dann aber in sich eine konkave Muldung aufzunehmen. Das sollte auf dem ursprünglich frei liegenden Standort der Kirche die Einleitung in den Innenraum vermitteln, mit Stolz und Verbindlichkeit. Der Vergleich mit dem Kupferstich-Projekt von Berg am Laim 1735 erweist, wie sehr Fischer inzwischen sich entwickelt hatte. Die zweite Fassadenzeichnung kommt der tatsächlichen Ausführung ein Stück näher: Die Fassade ist schmaler, mit knapp gehaltenen Flanken, in der Durchbildung des Turms aber wird elegante Schlankheit gewonnen."

Sollte man die Wappenkartuschen auf den Fassadenaufrissen mit den Wappen Maria Amalias nicht besser als einen Akt der Anerkennung und Wertschätzung durch die Kurfürstin interpretieren, die sich zeitlebens für den Elisabethinerinnenorden in München eingesetzt und engagiert hat, sowohl finanziell als auch fürbittend?

Umso verwunderlicher erscheint es, daß das kurfürstliche Wappen auf der ausgeführten Fassade weggelassen wurde.

Die Wappen geben keinerlei Auskunft über die Herkunft der Pläne, wie schon mehrmals erörtert, da sie ebenso erst in München eingefügt worden sein können. Zur gesamten Fassadenproblematik wurde in der genetischen Untersuchung schon Stellung genommen.[237]

Das Ergebnis hat gezeigt, daß die Fassadenaufrisse 911 a und 911 b in ihrer Plastizität einmalig sind, jedoch in der Ausformung der Fassadenaedikula eher auf böhmische Vergleichsbeispiele zurückgehen denn auf die von Lieb zitierten Vergleichsfassaden des Johann Michael Fischer oder auf die österreichische Architektur.

Einige Aspekte schränken Liebs Aussage selber ein: einmal die Diskrepanz, die zwischen dem Kupferstich-Projekt von Berg am Laim von 1735 (stammt das überhaupt von Fischer?) und den Fassadenentwürfen 911 a und b entsteht, zum zweiten, daß Ein-Turm-Fassaden im Fischer-Oeuvre selten sind, und zuletzt die Anlehnung Fischers an den Entwurf zu St. Johann am Felsen in Prag.

Gewisse Übereinstimmungen zwischen 911 a, b zu St. Johann am Felsen oder überhaupt zu böhmischer Barockarchitektur hat auch ein anderer Zweig der Forschung festgestellt, der in der Minderheit blieb.

Schon 1955 zweifelt H.G. Franz[238], wenn auch nur vage, die Zuschreibung der Plangruppe an Fischer an. Franz hält 911 für die Kopie der Innenanlage von St. Johann am Felsen, was freilich auch nicht zutrifft; man vergleiche vor allem die orthogonale Pilasterstellung und die ovalen

- 115 -

Diagonalkapellen auf 911. Erst 1983 bezeichnete B. Schütz[239] die Plangruppe als 'böhmische Architektur auf bayerischem Boden', indem er sie
zusammen mit den Kirchenbauten von Berbling und Frauenzell in eine
eigene Gruppe innerhalb der bayerischen Barockarchitektur einreihte.

d) Neueinordnung der Plangruppe

Es gilt nun, die bisher gemachten, nebeneinandergestellten Beobachtungen
und Ergebnisse in einen Gesamtzusammenhang zu bringen, um eine Neueinordnung der Plangruppe zu ermöglichen.
Doch zunächst müssen noch die Ergebnisse einiger Untersuchungen am Rande
erwähnt werden, die zur Abrundung der Ermittlungen beitragen können.
Vielfach war schon von der Zeichnungsweise der Plangruppe die Rede gewesen, die in der Tat durch ihre Qualität besticht und hervorgehoben werden
muß. Lieb versucht, die Pläne mit Originalzeichnungen Johann Michael
Fischers zu vergleichen, und behauptet dabei, daß die Pläne durchaus mit
dem Ottobeurer Längsschnitt wie auch mit dem Fassadenaufriß von St. Anna
im Lehel vergleichbar wären. Dem muß aufs entschiedenste widersprochen
werden.
Zunächst zu den Ottobeurer Plänen:[240] Die Lavierung des Ottobeurer Längsschnitts läßt sich mit 911 nicht auf eine Stufe stellen; die gesamte Zeichnungsweise ist anders und bedient sich anderer Mittel. Hier werden Lavierungen entweder ausschließlich durch Schraffuren erreicht, entweder kariert,
rautenartig und beides übereinander, oder aber es wird unter die Schraffur
zusätzlich eine Lavierung in Streifen aufgelegt. Das heißt in verschiedenen
Grautönungen wird ein Grund aufgetragen, der die nun folgenden Schraffuren zusätzlich unterstützt. Insgesamt kann diese Technik niemals die Per-
fektion von 911 erreichen, was sich bei der Betrachtung der Originale er-
härtet. Aus der Entfernung betrachtet oder auf Reproduktionen wirken auch
die Ottobeurer Pläne relativ plastisch, so daß man beim Betrachten der
Originale regelrecht enttäuscht wird. Die Einheitlichkeit und Plastizität
aber, die aus der übergangslosen Laviertechnik von 911, a, b resultiert,
ist nicht entfernt erreicht. Die Ottobeuerer Pläne sind eben keine 'bild-
mäßig selbständigen Graphiken'.
Betrachtet man die Außenansicht des Ottobeurer Längsschnitts, fällt auf den
ersten Blick die Fleckigkeit der Dachlavierung auf, die sich auf den Fassadenaufrissen wiederholt. Zwar sind die eben genannten Fassadenrisse

am sorgfältigsten ausgearbeitet; dennoch erreichen auch sie nie die Quali-
tätsstufe der St. Elisabeth-Pläne, vielmehr könnte man die Ottobeurer Pläne
mit dem Original- und Aufrißplan von Johann Dientzenhofer für Banz, wie
auch mit dem Grund- und Aufrißplan des Ignaz Anton Gunetsrhainer für
Reisach vergleichen[241], bei denen ebenfalls die Lavierung wie in Bahnen
flüchtig aufgetragen ist und an Sorgfalt zu wünschen übrig läßt. Diese
beiden Architekten arbeiten aber ohne zusätzliche Schraffuren.
Die einzig annähernd vergleichbare Zeichnung Johann Michael Fischers ist
der Fassadenaufriß von St. Anna im Lehel[242], der als Vorlage zu einem
Kupferstich gefertigt wurde und mit Sicherheit die höchste zeichnerische
Qualität Fischers wiedergibt. Doch auch bei dieser vorzüglichen Zeichnung
können Unterschiede zu den Plänen 911, a, b festgestellt werden. Zum einen
ist die Gesamtlavur nicht so ebenmäßig, sondern schwankt leicht, was
fleckig wirkt.
Andererseits sind die Öffnungen wie Fenster, Portal, Tür etc. gleichmäßig
dunkle Höhlen, ganz im Gegensatz zu 911, a, b, wo die grauen Öffnungen
auf der Schattenseite schwarz abgesetzt werden, so daß Tiefe erzielt und
dem Betrachter ein Hineinblicken suggeriert wird, was sich zudem auf die
Gesamt-Plastizität auswirkt. Wie primitiv ist im Vergleich die Rundbogennische der Madonna im Giebel von St. Anna angegeben, betrachtet man die
sanfte, dennoch höchst plastisch wirkende Kehlung des Dachwalms oder des
ganz kleinen Dachs über dem Portal auf 911 a, das die Initialen überfängt.
Da selbst die Reinzeichnung der St. Anna-Fassade einem Vergleich mit der
Plangruppe für St. Elisabeth nicht standhalten kann, muß man auch aus
diesem Grund Johann Michael Fischer als Zeichner der Plangruppe 911, a, b
ausschließen. Wenn er hierfür eigens einen Schönzeichner beschäftigt hat,
wie Lieb vermutet, so wäre dies, nach dem erhaltenen Material zu schließen,
das einzige Mal gewesen. Dieser Schönzeichner müßte zudem woanders aus-
gebildet worden sein, denn kein einziger der bayerischen Architekten erreichte jemals die hier vorliegende zeichnerische Meisterschaft, die allenfalls mit Neumann-Zeichnungen[243] zu vergleichen ist und zu den Spitzenleistungen der barocken Architekturzeichnungen gerechnet werden muß.
Sicherlich deutet diese außergewöhnlich ausgereifte Zeichnungsweise darauf
hin, daß die Pläne relativ spät datiert werden müssen, also in die Zeit
kurz vor 1750, als die Elisabethinerinnen nach Deutschland ausgewandert
sind.
Damit ist jedoch die Möglichkeit, daß die Pläne eventuell schon für die
Prager St. Elisabeth-Kirche am Slup bestimmt gewesen sind, ausgeschlossen.

In Böhmen, besser gesagt im Prager Stadtarchiv, liegt das sogenannte Jäger-Kopiar. Es ist das Skizzenbuch Joseph Jägers 1731-1793, der sich hauptsächlich mit dem Oeuvre Kilian Ignaz Dientzenhofers auseinandergesetzt hat. Dieses Kopiar enthält einige sehr plastische Fassadenaufrisse, wie den von St. Johann am Hradschin in Prag, Wahlstatt, St. Niklas Altstadt und St. Johann am Felsen, beide ebenfalls in Prag.[244] Diese Kopien zeichnen sich allesamt durch eine erstaunliche Plastizität aus, soweit dies von den Reproduktionen überhaupt ablesbar und beurteilbar ist. Aber auch Originalpläne Kilian Ignaz Dientzenhofers scheinen die Wiedergabe von Bauten recht plastisch zu erfassen.[245] Vielleicht wurde in Böhmen überhaupt schon früher als in Bayern auf eine äußerst plastische Architekturzeichnung Wert gelegt.[246] Doch können solche Betrachtungen ohne die Sichtung der Originalzeichnungen nur reine Hypothesen bleiben.

Eine Untersuchung der Wasserzeichen der Plangruppe 911, a, b zeigt, daß alle drei Blatt aus ein und derselben Papiermühle stammen.[247] Die Blätter der Pläne des Ingenieur Liutenant Franz Xaver Pusch hingegen sind aus verschiedenen Mühlen: Während 9273 b, c, d aus einer Papiermühle mit Namen CVSSON stammen, deren Zeichen ein bekrönter Doppeladler in einem Kreis ist, stammt das Papier von 9273 a ebenfalls aus der Papiermühle C & I HONIC[248] wie das der Plangruppe 911, a, b. Aus genau derselben Mühle scheint auch Balthasar Neumann Papier bezogen zu haben, da dessen Pläne zu Banz dasselbe lilienbekrönte Wappen zeigen.[249]

Das Dientzenhofer Skizzenbuch[250] weist verschiedenste Papiere aus circa 20 verschiedenen Papiermühlen auf, unter anderen auch den bekrönten Doppeladler im Kreis; das Skizzenbuch ist aus verschiedensten Studienblättern zusammengesetzt worden. Leider erlauben die Wasserzeichen keinen Schluß auf die Abstammung der Pläne 911, a, b, denn offensichtlich scheint es sich hier um ein weitverbreitetes Papier aus einer relativ großen Mühle zu handeln. Wahrscheinlich kam das Papier aus einer niederländischen Mühle, die nach ganz Europa exportierte, denn im späten 17. und 18. Jahrhundert gibt es in den Niederlanden die bedeutendsten und führenden Papiermühlen.[251]

Etwas aufschlußreicher als die Untersuchung der Wasserzeichen ist die Bestimmung der Maße des auf den Plänen 911 und 911 b wiedergegebenen Baus. Auf den Einrahmungen sind Maßstäbe eingetragen, jedoch ohne die Maßangabe. Die Maßstäbe von 911 und 911 b stimmen überein; 911 a aber liegt ein kleinerer Maßstab zugrunde. Durch die Maßangaben und Maßbezeichnungen auf den Ingenieur-Pusch-Plänen, die alle auf der Maßskala des Münchner Schuhs basieren, ist zumindest für diese Pläne errechenbar, welche Ausmaße das geplante Kloster haben sollte.[252] Da ein Münchner Schuh circa 28,25 Zentimeter lang ist und das Kloster 300 Schuh lang, 210 breit, 62 Schuh hoch, der Kirchturm sogar eine Höhe von 100 Schuh erreichte, ergeben sich die folgenden ungefähren Maße: die Länge des Klosters hätte ungefähr 85 Meter betragen, die Breite 59,40 Meter und die Höhe 18,50 Meter, die Kirchturmhöhe hätte 28,30 Meter erreicht. Für die Kirche allein ergibt sich eine Fassadenbreite von circa 14,60 Meter und eine Baulänge von 24,30 Meter.

Abb. 11, 13

Da der Pusch-Plan 9273 b ungefähr die neunfache Verkleinerung der Originalpläne 911 und 911 b ist, das heißt die drei Pläne in dem ungefähren maßstäblichen Verhältnis eins zu neun stehen, können die Maße auch auf die Originalpläne transferiert werden.
Natürlich sind dies keine absoluten Maße; sie sollen wenigstens annähernd die zu erwartende Größe der geplanten Kirche angeben. Glaubt man dem Maßstab bei Biller und Rasp[253] für die ausgeführte Elisabeth-Kirche von Fischer, so haben sich die Maße bei der Ausführung nur geringfügig verändert.

Faßt man nochmals alle Argumente des Für und Widers zusammen, so steht fest, daß die Plangruppe sicherlich zu dem Kirchenprojekt von St. Elisabeth in München gehört, was erst durch die Franz Xaver Pusch-Pläne eindeutig bewiesen werden konnte.
Aufgrund der genetischen Untersuchung wie auch der Zeichnungsweise ist die Urheberschaft Johann Michael Fischers auszuschließen.
Gesichert ist, daß die Elisabethinerinnen aus Prag nach München gekommen waren, wo sie infolge der Kriegswirren etliche Fürsprecher von Rang und Namen hatten.
Interessanterweise war die Prager Elisabethkirche am Slup in den Jahren 1724-25 von Kilian Ignaz Dientzenhofer geplant und erbaut worden.
Die außerordentlich schlechte Finanzlage der Münchner Neugründung schließt den Auftrag einer Neuplanung, wie sie die Pläne vorsehen, für die Münchner Zeit aus. Die Schwestern hatten schon über die fertige Plangruppe verfügt, vielleicht hatten sie die Pläne von dem Prager Mutterkloster, sozusagen als Startkapital, mitbekommen.

Wegen der zu aufwendigen und zu teuren Projektierung der Kirche mußte
die Realisierung der Plangruppe zugunsten der wesentlich bescheideneren
Neuplanung der ausgeführten St. Elisabeth-Kirche, die Johann Michael
Fischer zugeschrieben werden muß, aufgegeben werden. Für die Herkunft
der Pläne aus Böhmen sprechen außerdem so auffällige, um nicht zu sagen
eindeutige Merkmale, wie sie der Längsschnitt 911 vorsieht:
a) Der zentrale Hauptraum bildet einen großen Baldachin aus, dessen Stützen in einer ganz konsequenten Schicht vom Boden ab nach oben führen und
das Gewölbe vorbereiten. Dafür gibt es nur ein einziges Vergleichsbeispiel,
und zwar in Böhmen, in St. Johann am Felsen in Prag, wo ebenfalls im
zentralen Hauptraum die Stützen plus Gewölbe eine eigene hauchdünne
Schicht beanspruchen und einen eingestellten Baldachin ausbilden.

Abb. 22

b) Wo taucht ein zweites Mal die Chorlösung von 911 mit den orthogonalstehenden Säulenpaaren auf? Beinahe wörtlich in der Chorlösung auf dem
Plan für die Wiener Piaristenkirche von Kilian Ignaz Dientzenhofer sowie
das Säulenpaar, als Motiv verselbständigt, am Eingang zur Grabkapelle
der Clam-Gallas in Hejnice (Haindorf) von Thomas Haffenecker.
c) Die einfach nur ausgerundeten Ecken in Chor und Vorraum auf 911 gibt
es nur in der kleinen Friedhofskapelle in Košiře bei Prag und, übertragen
auf einen großen Kirchenbau, wiederum in Haffeneckers Hejnice.
d) Endlich kann auch das Fassadenthema auf 911 a und 911 b, die Fassadenaedikula, besser mit böhmischen Beispielen in Bezug gesetzt werden als
mit bayerischen.
Hinzuzufügen ist noch die außerordentliche Zeichnungsqualität, die in
Bayern nirgendwo erreicht worden ist, aber in Böhmen praktiziert wurde,
ausgehend von Kilian Ignaz Dientzenhofer. Zur vollendeten Blüte reifte sie
aber erst bei seinen Nachfolgern, wobei vor allem Joseph Jäger Beachtung
finden muß, ein exzellenter Schönzeichner.

Kilian Ignaz Dientzenhofer selbst als entwerfenden Architekten für die Plangruppe zu verantworten, was wegen seiner Tätigkeit bei den Prager Elisabethinerinnen näherläge, ist aus genetischen Gründen nicht möglich. Denn
nicht ein einziges Mal verwendet er bei seinen kurvierten Acht-Arkaden-
Räumen eine orthogonalstehende Ordnung, vielmehr entwickeln sich seine
Kirchenräume aus den Rotunden der beiden Anräume Chor und Vorraum, die
erst die Kurvierung des Acht-Arkaden-Raums motivieren. Und exakt dieses
Prinzip der Positiv-Negativ-Wirkung scheint bei 911 unverstanden; lediglich

die ein- und ausschwingenden Gurte im Chor, Hauptraum und Vorraum sind ein Relikt dieser Idee Dientzenhofers. Ebenso untypisch für diesen Architekten sind die Ovalkapellen auf den Diagonalen.

Man muß also eher unter den Adepten von Kilian Ignaz nach dem Urheber der Plangruppe suchen; entweder ist es ein Zeitgenosse, der von Kilian Ignaz Dientzenhofer stark beeinflußt war, oder es ist ein Mann aus der Kilian Ignaz Dientzenhofer Nachfolge.

In Betracht zu ziehen wäre hier zunächst Thomas Haffenecker, der offensichtlich, wie man an Hejnice sieht, alle möglichen Motive Kilian Ignaz Dientzenhofers übernommen hat. Mit Haffeneckers Architekturauffassung stimmen die Pläne noch am ehesten überein.

Außerdem wäre noch an Joseph Jäger zu denken, von dem aber außer dem Jäger-Kopiar so gut wie nichts überliefert ist.

Natürlich können diese Vorschläge nur als Denkanstöße verstanden werden, die aber in den Prager- bzw. böhmischen Archiven durchaus Realität gewinnen könnten.

TEIL III: ANHANG

1. Anmerkungen

1) Die Kunstdenkmale des Königreiches Bayern, 1902, S. 1582.

2) Eine genauere Beschreibung des Innenraums von Frauenzell gibt es nicht. Am ausführlichsten ist die älteste Beschreibung, die von

Wolf, 1844, fol. 50 ff.:
"Der Bau der gegenwartig als dritte Kirche, nicht antiken oder gothischen sondern modernen Styles, einer Sage zufolge nach dem Modell der Jesuiten Kirche in Rom? began circa 1747 u. zerfällt in 3 Theile, nämlich in den hohen Chor, oder Presbyterium, in das große Mittelschiff/: ein säulenloses Ovale mit 6 je 3 auf einer Seite niedrigen Seitennischen, u. in das Orgelchor; dehnt sich gegen 165 fuß in der Länge; u. 72 in der größten Breite aus."

Sächerl, 1853, S. 384-388,
übernimmt fast wörtlich Wolfs Beschreibung.

Scheglmann, 1906, S. 410-411:
"Die Kirche ist ein ganz eigenthümlicher Zentralbau im Rococostyle...".

Die Kunstdenkmale des Königreiches Bayern, 1910, S. 58: "Die Klosterkirche ist eine einschiffige Anlage mit ovalem Hauptraum, der sich östlich mittels eines tiefen Chorbogens gegen den schmäleren Chor, westlich gegen eine kleine Vorhalle mit Empore darüber öffnet...".

Schinhammer, 1931, S. 161-167,
beschreibt den Innenraum als Längsoval mit kreisrundem Chor und mit jeweils flachrunden Seitenkapellen links und rechts. Der Hauptraum sei mit einer Flachkuppel überwölbt, und im Westen sei eine ovale vorgelagert.

Vgl. auch Siller, 1952, S. 7-8, und

Reclam, 1974, S. 309-310.

3) Diese Mauerkeile sind allenfalls im bautechnisch-materiellen Sinne als Wandpfeiler zu bezeichnen. Baukünstlerisch jedoch sind sie es nicht, denn ein Wandpfeiler steht grundsätzlich in einem 90 Grad-Winkel zur Außenwand und bildet ein orthogonales Mauergefüge.

4) Vergleichbar etwa mit den Planzeichnungen aus dem Büro des Balthasar Neumann oder mit den Zeichnungen des Kopiars von Jäger in Prag. Alle anderen vorangehenden Planzeichnungen der bayerischen Architektur erreichen nicht entfernt die wie gedruckt wirkende Brillanz der drei Pläne im Stadtmuseum; in Bayern zeichnete man weniger sorgfältig und lavierte meist streifig und fleckiger.

5) Die Maße geben die Originalgröße der Blätter an und nicht die Maße der Passepartouts, wie z.B. bei Lieb 1941, Anm. 1908, 1909, 1910.

6) Eigentlich dürften die Rundbogenfenster und die Oculi in den Diagonalräumen bei einer konsequenten Orthogonalprojektion nicht in dieser Weise in Erscheinung treten; sie müßten weiter außen sitzen. Da die Pläne aber eine Art 'gezeichneten Modells' sind, wird man davon ausgehen dürfen, daß der Zeichner die Fenster deswegen eingetragen hat, weil

- 122 -

er dem Bauherrn die Belichtung besser klar machen wollte. Ein solches Verfahren war durchaus nicht unüblich, wie z.B. ein Vergleich mit dem Plan Johann Dientzenhofers für Banz lehrt (München, Plansammlung der Technischen Universität). Hier hat Dientzenhofer zur Veranschaulichung die Laibungen der Fenster eingetragen, was ebenfalls den Gesetzen der Orthogonalprojektion widerspricht, denen das Blatt sonst gehorcht.

7) Siehe dazu Teil II dieser Arbeit. Dort werden alle drei Bauten nochmals monographisch behandelt mitsamt der zugehörigen Quellen, Akten, Schriften und Fakten.

8) Insbesondere die Architektur des Francesco Borromini (1599-1667), die Borromini selber in einem Stichwerk ediert hat.

9) Guarinis Architektur ist am besten zu erfassen in der von ihm selbst geschriebenen, jedoch erst 1737 erschienenen 'Architettura civile'. Einzelblätter daraus müssen jedoch schon vor der Edition kursiert haben.

10) Deutsch Gabel, St. Laurentius, beg. 1699.

11) Die sog. 'Holzkirchen'-Pläne des Johann Dientzenhofer waren nicht für die Propsteikirche in Holzkirchen bestimmt, sondern mit Sicherheit für ein städtisches Grundstück, vielleicht für den Stadion'schen Hof in Bamberg, wie Bärbel Manitz versucht hat nachzuweisen. Bärbel Manitz, Ein 'Baukoncept' Johann Dientzenhofers für Bamberg. Anmerkungen zu baukünstlerischen Leitthemen bei Johann Dientzenhofer und Balthasar Neumann, in: 117. Bericht des Historischen Vereins Bamberg, 1981.

12) Kotrba, 1973.

13) Die tschechische Literatur nennt den böhmischen Barock gerne den 'radikalen Barock', wodurch die anschauliche Erscheinung dieser Bauten auf einen kurzen, einprägsamen Begriff gebracht ist. Vgl. z.B. Vilímková, Milada, Marginalia k architektonické tvorbé 1. Poloviny 18. století, in: Uměni, Bd. 26, 1978, S. 414-436.

14) Die Plangruppe aus dem Stadtmuseum München SZ 911, a, b, wurde von Lieb, 1941, als Projekt für St. Elisabeth in München (Mathildenstraße) identifiziert und ging seither mit dieser Bezeichnung in die Literatur ein. Lieb, 1982, schrieb die Pläne dem Johann Michael Fischer zu. Auf diese Plangruppe und die damit zusammenhängende Problematik geht der zweite Teil dieser Arbeit ausführlich ein.

15) Die Baumeisterfrage von Smiřice ist wegen der unzulänglichen Quellenlage nicht eindeutig geklärt. Zwar ist ein gewisser Santini im Zusammenhang mit Smiřice genannt, doch kommt für die Bauidee und den gesamten Unterbau wohl nur Christoph Dientzenhofer in Frage, während Santini allenfalls das Sterngewölbe zugeschrieben werden kann. Vgl. hierzu Franz, 1962, S. 69-71.

16) Einige Fakten zu Počaply sind in dem in norwegischer Sprache erschienenen Aufsatz von Votóček Otakar, 1965, enthalten. Hier der Wortlaut in freier Übersetzung:
"St. Adalbert ist die Kirche eines kleinen Dorfes am Westufer der Elbe östlich von Leitmeritz. Seit dem Jahre 993 war das Dorf im Besitz des Benediktinerordens von Břevnov bei Prag, der dieses Eigentum von

seinem nahe gelegenen Besitz in Hrdly verwaltete. ... Die Kirche
St. Adalbert ist höchstwahrscheinlich schon sehr früh gegründet worden,
wie Dokumente aus dem Jahre 1384 vermuten lassen, wo sie erwähnt ist.
Das alte Gebäude war aus Haustein erbaut und besaß einen Turm, aber
zu Beginn des 17. Jahrhunderts war es sehr baufällig und außerdem
zu klein. Die Benediktiner beschlossen daher den Neubau der Kirche
und gaben den Auftrag dem Prager Architekten Kilian Ignaz Dientzenhofer, der schon öfters dem Orden gedient hatte.
Gleich im Oktober 1724 legte er die Fundamente und zog die Mauern
rund um die alte Kirche herum hoch, so daß auch während des Neubaus noch Gottesdienst gehalten werden konnte. 1725 im Spätsommer
wurde die alte Kirche dann abgerissen, und am 24. August 1726 wurde
die neue Kirche konsekriert. Gemäß den Kirchenakten kostete der Neubau 8.379 Gulden, und als ausführender Maurermeister wird Martin
Rechenauer genannt."

Zu ergänzen bleibt, daß Abt Ottmar Zinke von Břevnov Kilian Ignaz
Dientzenhofer mehrfach engagiert hat, so z.B. bei dem großen Kirchenbau von Wahlstatt in Schlesien, einem Auftrag, den der Abt vermittelte.

17) Die Kirche ist schon seit vielen Jahren wegen Restaurierungsarbeiten
unzugänglich, auch für die Prager Bevölkerung und selbst für die
Nachbarn, weshalb die Anfertigung brauchbarer Detailaufnahmen des
Inneren unmöglich war. Zu benutzen sind weiterhin die Gesamtraumauf-
nahmen bei Franz, 1962, und Norberg-Schulz, 1968.

18) Bei Johann Michael Fischer in: Sigmartshausen, St. Elisabeth in München (ausgeführter Bau).

Bei Ignaz Anton Gunetsrhainer in: Neubeuern, Reisach, Sandizell.

Das Motiv kommt aber auch in Bettbrunn und Schwindkirchen vor;
vgl. die Abbildungen bei Lieb, 1941, S. 54, 55.

19) Z.B. Rott am Inn.

19a) Neueste Forschungen wollen eine Beziehung zwischen Frauenzell und
Weltenburg sehen, vgl. Sauermost 1986.
Der Autor geht so weit, in Weltenburg das Vorbild für Frauenzell
sehen zu wollen; dem muß mit aller Entschiedenheit widersprochen werden, da die Bauten von diametral entgegengesetzter Raumstruktur sind.
Der Konchenraum mit acht Arkaden in Frauenzell ist ausführlich ana-
lysiert worden (vgl. S. 48-52.)
Dieser Raum ist nicht im mindesten in Zusammenhang zu bringen mit
der längsgestreckten Ovalrotunde in Weltenburg.
Der Akzent liegt hier auf der Längsachse, wo Chor- und Eingangsarkade sich öffnen und die Bögen in die Kämpferzone des Gewölbes eingreifen. Dies wiederholt sich zwar bei den Arkaden auf der Querachse,
nur daß sich dort die Arkaden lediglich im Bogenbereich öffnen, ansonsten jedoch geschlossen sind, wodurch der geschlossene Rotundenzylinder zusätzlich verfestigt und manifestiert wird.
Die kleinen rundbogigen Altarnischen auf den Diagonalen, die die geöffneten Arkaden auf der Längsachse flankieren, sind lediglich unter-
geordnete Nischen, die niemals mit den primären Hauptarkaden auf
den Achsen gleichgesetzt werden können. Man vergleiche allein die verschiedenen Kämpferhöhen.

Wo in Frauenzell manifestiert sich im Hauptraum eine Ovalrotunde, sei
sie auch noch so fragmentiert? Wo erhebt sich in Frauenzell über einem

ovalen Zylinder des Unterbaus eine zu dieser Rotunde gehörende Kuppel? Es handelt sich doch vielmehr in Frauenzell um einen 8-Arkadenraum, dessen acht Arkaden alle von ein und derselben Kämpferzone ausgehen und dessen eigenständige Konchen raumhaltig das Acht-Arkaden-Gerüst umfangen!

20) Vgl. Teil II, Frauenzell.

21) Abb. bei Franz, 1962.

22) Die Augustiner-Eremitenkirche in Ingolstadt wurde 1945 schwer beschädigt und 1950 abgerissen, obwohl das Mauerwerk zum Großteil noch stand (vgl. die Fotos bei Foto Marburg) - einer der größten Verluste der süddeutschen Barockarchitektur!

23) Vgl. z.B. St. Niklas Kleinseite in Prag oder Haindorf (Heinice) in Nordböhmen.

24) Wie bei fast allen Bauten des Johann Michael Fischer, z.B. Berg am Laim, Rott am Inn.

25) Die Oculi sind aber auch nicht ursprünglich böhmisch, sondern österreichisch; sie sind eines der Leitmotive des Wiener Barock, bei Fischer von Erlach ebenso wie bei Hildebrandt. Vgl. z.B. die Peterskirche und die Piaristenkirche in Wien oder später noch die Stiftskirche in Altenburg. Kilian Ignaz Dientzenhofer hat das Motiv der Oculi offensichtlich von der Wiener Architektur übernommen.

26) Abgebildet bei Grimschitz, 1959, Abb. 30. Der Originalplan ist heute verschollen.

27) Zwiefalten und Berg am Laim haben Doppelsäulen, Ottobeuren hat einfache Säulen.

28) Bei St. Karl Borromäus in Prag, in Wahlstatt, in St. Johann am Felsen in Prag, beim ersten Entwurf für die Ursulinerinnenkirche in Kuttenberg und beim ersten Entwurf für St. Magdalena in Karlsbad. Allerdings verwendet Kilian Ignaz Dientzenhofer überall nur einfache Säulen.

29) Vgl. Ingolstadt, Zwiefalten, Rott am Inn, St. Anna am Lehel in München, Diessen, Altomünster, Ottobeuren.

30) Vgl. die ehemalige Ursulinenkirche in Prag, Karlsbad, St. Elisabeth am Slup in Prag, Haindorf (Heinice), Dobrá Voda (Gutwasser) und St. Karl Borromäus in Prag.

31) Vgl. Smiřice, Břevnov, St. Klara in Eger.

32) Vgl. Počaply, St. Johann am Felsen, Dobrá Voda, St. Karl Borromäus in Prag, Karlsbad.

33) Vgl. Fürstenzell, St. Elisabeth am Slup in Prag.

34) Vgl. Altomünster, Počaply.

35) Vgl. St. Niklas Kleinseite (Säulen), Haindorf (konkave Pilaster), Berg am Laim (gerade Pilaster).

36) Vgl. Karlsbad, St. Johann am Felsen.

37) Vgl. Karlsbad, St. Johann am Felsen.

38) Vgl. Wahlstatt, Karlsbad.

39) Zu F. Kermer vgl. Ivo Kořán, 1971, dazu Abb. 5.

40) Zwar ist die Fassade erst 1770 ausgeführt worden, doch könnte Kermer die Pläne, sofern sie aus Böhmen stammen, gesehen haben, da die Elisabethinerinnen erst in den Jahren 1747/48 nach Bayern gekommen sind. Ausführlicher hierüber im Teil II, die Plangruppe SZ 911, a, b, und ihr Verhältnis zu St. Elisabeth in München.

41) Archiv des Domkapitels München: Akt des erzbischöflichen Ordinariats München-Freising, Pfarrbeschreibung Berbling von Pfarrer Johann Reischl, datiert den 20. Januar 1758:
"Die Pfarrkürchen in Perbling ware sehr herrlich magnific ganz neu erbauet worden Christo agonizanti cruci affixo, noch nit eingeweihet...".
Im folgenden zitiert als Reischl, 1758.

Grassinger Josef, Chronik der Pfarrei Berbling, in: Oberbayerisches Archiv, Bd. 18, 1839 ff., S. 299-330. Das Original der 1846 verfaßten Chronik liegt im Archiv des Domkapitels München, Sign. PB 135 a 1811; es umfaßt fol. 1-49.
Im folgenden zitiert als Grassinger 1846.
S. 317: "...die gegenwärtig bestehende Kirche, eine der schönsten der ganzen Gegend...".

Pückler-Limburg, 1929, S. 14, 15.

Dehio, 1964, S. 254, 255.

Reclam, 1974, S. 168.

42) Lieb, 1941, S. 73.

Voelcker, 1923, S. 105-107.

Franz, 1955, S. 232, Anm. 31.

Norberg-Schulz, 1968, S. 202, 203.

43) v. Bomhard, 1955, S. 168-175.
Ein maschinenschriftlicher Aufsatz "Hier schuf ein Meister ein Tedeum aus Stein", Verfasser und Jahr unbekannt, liegt im Pfarrhaus von Berbling.
Im folgenden zitiert als Tedeum.

44) Wahrscheinlich sind alle Dokumente, Briefe bzw. Akten und Pläne bei dem Brand, der 1851 das gesamte Pfarrhaus samt Stadel vernichtet hat, verbrannt.
Vgl. hierzu Grassinger, 1846, S. 330.

45) Archiv des Domkapitels München, Sign. 135 200 101:
Streitigkeiten des Pfarrers Franz Xaver Isinger, 1774-1789.
Siehe dazu auch im Anhang die Abschrift des Briefes von Isinger an den Bischof von Freising, datiert den 13. Juni 1787.
Im folgenden zitiert als Isinger, 1787.

46) Grassinger, 1846, S. 299-330.

47) Grassinger, 1846, S. 299-330.

48) Vgl. auch Isinger, 1787; Mon. Boic. X, 468, 469, 473.

49) Reischl, 1758 (wie Anm. 41).
Die Pfarrbeschreibung wird ergänzt durch eine 1763 verfaßte Pfarrbe-schreibung für die Jahre 1758, 1759 und 1760.
Im selben Akt findet sich eine Aufstellung der Ausgaben, den Bau betreffend, zwischen 1748 und 1757, geschrieben von Reischl im Jahre 1759.

50) Das Gemälde zeigt die Pfarrkirche in ihrer Umgebung, den feierlichen Umzug zur Konsekrierung, den Grundriß, die Jahreszahl 1755 auf dem Turm sowie folgende Inschrift:
"Was man nicht hat verhofft - Nach mehr dann dreißig Jahren, - ist nün dem Gotteshaus - zu Berbling wiederfahren.
Von Sr. Excellenz Johann Nep. von Wolf Bischof zü doryla, Weihbischof zü Freysing, am Rosenk: Sontage den 4. Weinmonat 1789."

Die Inschrift nimmt Bezug auf die langen Streitereien um die Weihe der Kirche.

Der recht unbeholfene Maler des Bildes gibt die Kirche und vor allem den Grundriß auffallend genau wieder, was recht deutlich darauf hin-weist, daß ihm noch die Originalpläne vorgelegen haben, denn sonst wäre ihm der Grundriß nur schwerlich so exakt gelungen.

51) Grassinger, 1846, S. 310.

52) Grassinger, 1846, S. 313.

53) Den Pfarrern von Berbling kam immer noch der Rang eines Vikars zu, obwohl sie praktisch schon alle Rechte eines Pfarrers innehatten.

54) Über Abt Placidus Forster vgl. Bay.HStA,KL Scheyern, 210, 211.

55) Isinger, 1787, betreffs der mittelalterlichen Kirche:
"Warum hat man die alt, fest, und gut gebaute Kirche abgetragen, und niedergerissen...".
"...so wär auch die alte Kirch mit einer artig, anständig, und nicht gar kostbaren Verbesserung gut genug, und schön gestanden."
Grassinger, 1846, S. 317, hingegen betont die Baufälligkeit der uralten Kirche.

56) Grassinger, 1846, S. 317, gibt die Jahre 1751 bis 1756 als Bauzeit an.
Auf dem Gemälde steht die Jahreszahl 1755 an der Turmhaube.

57) Grassinger, 1846, S. 318.
Isinger, 1787.

58) Vgl. Isinger, 1787, auf den sich auch Grassinger, 1846, S. 322, bezieht.
Isinger beschuldigt Abt Placidus der Verschwendung, da dieser die außer-ordentlich hohen Baukosten immer wieder gegenüber den Pfarrkindern gerechtfertigt habe mit dem Hinweis, daß genügend Gelder vorhanden seien.

59) Isinger, 1787, nennt das Haus völlig unnötig und stellt außerdem die Frage, für wen es überhaupt gebaut worden sei.

Grassinger, 1846, S. 317, nennt Abt Placidus Forster als Erbauer des Hauses; dieser habe sich darin zur Ruhe setzen wollen.

60) Isinger, 1787.

61) Grassinger, 1846, S. 317. Er bezieht sich dabei auf:
Dachauer, Sebastian, Beschreibung von Gundelsberg, in:
Oberbayerisches Archiv, Bd. 5, 1844, S. 381, Anm. 9.

Bei Isinger, 1787, wird kein Architekt oder Baumeister genannt.

62) Hausstatt liegt in der Mitte zwischen Bad Feilnbach und Litzldorf; daher die unterschiedliche Lokalisierung von Hausstatt: einmal bei Litzldorf, dann wieder bei Feilnbach.

63) Zur Baumeisterfolge in Hausstatt vgl. Pückler-Limburg, 1929, S. 11-15 und 17-20; vor allem Kotrba, 1973, S. 161-189.

64) Zu den Werkstattverhältnissen vgl. Kotrba, 1973, S. 161-189.

Die Johann Mayr d.Ä. zugeschriebenen Bauten sind:
nach Pückler-Limburg, 1929: Turm von Fischbachau 1698-1701
Vielleicht Litzldorf 1708
Birkenstein 1710
nach v. Bomhard, 1955:
Einer Quelle zufolge hat er "bei zwanzig Kirchen von Grund auf neu erbaut", z.B. Willing bei Bad Aibling;

nach Kotrba, 1973:
Jakobsberg, im Besitz des Stifts Beyharting, 1678
Dettendorf, 1684
Irschenberg, 1692-1696
Litzldorf, 1708
Birkenstein, 1710
vielleicht auch Elbach und Niklasreuth.

65) Vgl. das Werkverzeichnis in Teil III, Anhang 2. Dort ist die Zuschreibung der Bauten an die einzelnen Baumeister bzw. Werkstattleiter, wie sie in der Literatur vorgenommen worden ist, aufgelistet, nämlich an Abraham Millauer, Philipp Millauer und Hans Thaller.
Die Literatur wurde danach ausgewählt, daß sie möglichst alle Bauten, die Dachauer, 1844, der Werkstatt von Hausstatt zugeschrieben hat, behandelt und nicht nur einzeln herausgegriffene Bauten.

66) Leonhard Millauer scheint zwar auch im Baugewerbe tätig gewesen zu sein, doch wird er urkundlich nur ein einziges Mal erwähnt.
Vgl. Mayer, 1961, S. 93-146, Anm. 63.

67) Eine Händescheidung innerhalb der Hausstätter Schule ist recht problematisch, vor allem bei Abraham Millauer und seinem Sohn Philipp. Abraham überlebte den Sohn um fünf Jahre; d.h. zwischen ca. 1730 und 1753 arbeiteten beide parallel. Die Behauptung von Pückler-Limburg, 1929, daß Abraham sich 1740 aus dem Geschäft zurückgezogen und Philipp es allein weitergeführt hätte, ist anzuzweifeln, da Abraham noch 1755/56 beim Kirchenbau in Bad Aibling nachweisbar ist (vgl. Lieb, 1982).

Im österreichischen Ebbs war Abraham zwischen 1748 und 1756 tätig. Außerdem wurde er 78jährig noch nach Hopfgarten wegen eines Gut-

achtens gerufen, was beweist, daß er bis an sein Lebensende aktiv
war.
In Hopfgarten wurde er wie folgt vorgestellt:
"Abraham Müllauer, Maurermeister zu Haustath in Bayern als ein un-
partheiischer, welcher vor etlichen Jahren die Gottesheiser zu
St. Johann, Kössen, Reith und erst neulich zu Ebs und Reizerach ...
erpaut habe, berueffen worden."

Abraham Millauer sagte von sich selbst: "Dises alles wisse Er aus
eigner Erfahrenheit, weillen Er herinnen in Tyroll zu St. Johannes,
in Reith, zu Kössen und erst vor 6 Jahren zu Epps, an allen aber
in Tyroll und Bayern 15 neue Kürchen erpaut hab. ... Er seye
bestendig mit und darbey gwest."
(Zitiert nach Mayer, 1940, S. 134 ff.).

Der Anteil Thallers in der Werkstatt ist ebenfalls nicht eindeutig.
Vgl. das Werkverzeichnis in Teil III, Anhang 2.

68) Mit den Brüdern Gunetsrhainer hatten die Millauer verwandtschaftliche
Beziehungen, ebenso - etwas entfernter - mit Johann Michael Fischer,
der die Tochter Johann Mayrs d.J., Maria Regina, heiratete.

Freundschaftliche Beziehungen unterhielten die Hausstätter Meister auch
zur Familie Dientzenhofer, die aus dem benachbarten Gundelsberg
stammte. 1669, bei der in Au erfolgten Trauung des Meisters Johann
Mayr d.Ä., war ein Wolfgang Dünzenhofer aus Gundelsberg Trauzeuge.
Es handelt sich dabei um den 1648 geborenen zweiten der fünf Baumeisterbrüder, den späteren 'Amberger' Dientzenhofer.

69) Vgl. v. Bomhard, 1955; Kunstdenkmale Bayerns, 1902; Dehio, 1964;
Mayer, 1961.
Dieser Wolfgang Dientzenhofer, 1678-1747, entstammte dem Aiblinger
Zweig der Familie Dientzenhofer; er darf nicht verwechselt werden mit
dem nach Böhmen ausgewanderten Wolfgang Dientzenhofer, 1648-1706,
dem 'Amberger'.

70) Wandpfeilerbauten sind Litzldorf, Schleching, Reith bei Kitzbühl.

71) Saalbauten mit Pilasterwand sind Wiechs, Taxakapelle in Au, St. Johann
in Tirol.

72) Vgl. Reisach (S. 75-77).

73) Kunstdenkmale Bayerns, 1902: Schwarzlack.
Voelcker, 1923: Berbling.

74) Dachauer, 1844; Grassinger, 1846; Kunstdenkmale Bayerns, 1902;
Thieme-Becker, 1930; v. Bomhard, 1955; Dehio, 1964, Reclam, 1974.

75) Tedeum (wie Anm. 43).

76) Siehe Frauenzell, S. 48-52, und Teil II, Frauenzell.

77) Voelcker, 1923; Pückler-Limburg, 1929; Schnell, 1939 und 1978.

78) Siehe Berbling, S. 45-48.

79) Franz, 1962; Norberg-Schulz, 1968; Schütz, 1983.

80) Zu den Dientzenhofern vgl. Kotrba, 1973.

81) Kletzl, 1939.

82) Kotrba, 1973, S. 184. Christoph Dientzenhofer vermachte in seinem
Nachlaß der Tochter und der Witwe seines Bruders Wolfgang eine Summe
von 110 fl.

83) Dokumentiert bei Mayer, 1961.

84) Franz, 1962, S. 85 ff., Abb. 145.

85) Auf die Beziehungen von Ebbs zur böhmischen Architektur hat an ver-
steckter Stelle schon Frodl-Kraft, 1950, S. 160, hingewiesen.

86) Franz, 1962, S. 86-89, Abb. 146.

86a) Franz, 1985, 98-101.

87) Zu Reisach vgl. unten S. 75-77.

88) Vgl. die Fassaden von Karlsbad, Wahlstatt und St. Johann am Felsen
in Prag.

89) Typische Kilian-Ignaz-Dientzenhofer-Fenster z.B. in St. Johann am
Felsen und in St. Elisabeth am Slup in Prag, ferner Počaply und
Odolená Voda (Wodolka).

90) Vgl. S. 77-78.

91) Inwieweit mit einer Mitarbeit Abraham Millauers, gestorben 1758, gerechnet werden kann, ist nicht klar. Ganz ausschließen läßt sich dies
nicht, da Abraham Millauer die Bauzeit von Berbling, 1751-1756, um
zwei Jahre überlebt hat, während Philipp Millauer schon 1753 gestorben
ist.

92) Voelcker, 1923, S. 106.

93) Lieb, 1982, S. 12-13.

94) Voelcker, 1923, S. 106, Anm. 187 (Stadtarchiv, Maurerakten);
Lieb, 1941.

95) Lieb, 1982, S. 14-15.

96) Abbildungen des Originalplanes und des Innenraumes in:
Studi sul Borromini, hrsg. von der Accademia Nazionale di San Luca,
Vol. I, Rom 1967 (Artikel von Ricardo Pacini: Alterazioni dei monumenti
borrominiani e prospettive di restauro, disegni 4-8).

97) Zu Murnau vgl. Schütz, 1983; Egon Albert Bauer, St. Nikolaus, Gedanken zur Entstehung und Bedeutung, Murnau 1984.

98) Meindl, 1980.

99) Von der Bauzeit in Bayrischzell ist nichts Genaues überliefert, außer,
daß Kloster Scheyern sich im Jahre 1733 zu einem Neubau entschlossen
hat. Die Bauausführung kann sich jedoch, wie so oft, um einige Jahre
verzögert haben.
In Reisach z.B. wurde der Grundstein für Kloster und Kirche bereits

im Jahre 1732 gelegt, die Kirche jedoch erst 1737 bis 1746 ausgeführt.
Die Planungen für Kloster und Kirche dürften schon bei der Grundsteinlegung 1732 vorgelegen haben.
Abraham Millauer hätte demnach bis zum Baubeginn in Reisach 1737
für die Ausführung von Bayrischzell Zeit gehabt.

100) Dachauer, 1844, Bd. V, S. 402.

101) Votoček, 1965.

102) Mayer, 1961, S. 112.

103) Die Summe von 32.000 fl. nennt Pfarrer Ferdinand Sigellis in einem
Brief an das Konsistorium im Jahre 1760; vgl. Mayer, 1961, S. 112 ff.

104) Abt Stephan Rieger, Chronica des Klosters von 1312-1670.
Ab 1644 handelt es sich um Nachträge von anderer Hand.
Abt Stephan Rieger amtierte von 1626-1655.
Im weiteren zitiert als Rieger.

105) Joseph Sächerl, Chronik des Benediktiner Klosters Frauenzell, 1853.
Sächerl war zwar die Existenz der Rieger-Chronik bekannt, aber seiner
eigenen Aussage zufolge konnte er sie nicht finden (Sächerl, S. 325-326).
Im weiteren zitiert als Sächerl.

106) Von der Corbinian-Kugler-Chronik gibt es zwei Fassungen:
a) eine lateinische aus dem Jahre 1737:
'Compendium annalium Cellae Marianae'

b) eine wörtliche Übersetzung der lateinischen Urfassung ins Deutsche
aus dem Jahre 1740, die durch Nachträge in Form eines Zupasses
bis ins Jahr 1747 erweitert ist.

Im weiteren zitiert als Kugler bzw. als Kugler-Zupaß.

107) KIL.F. 94, 1. Thail, Kap. 3, fol. 7, 8.

Gsellhofer, 1844, S. 41.

Sächerl, 1853, S. 264.

Inschrift auf einem Gemälde von 1621 aus dem Refektorium des Klosters:
"Gottfried Puecher von Straubing und Albert Tuntzlinger von Thumbstauf,
beide Bürgersöhn, haben sich vmb daß Jahr 1312 aus Eingebung des
Heiligen Geist in den wildten rauchen Tonaustauffer waldt Schopfloch
bey Prennberg ain ainsidtlich Leben zu führen vmb Gott zu dienen
begeben, alda in Wildtnuß ain zeith Gottselig gelebt und gendhett."

108) Rieger, fol. 53, 12, 28 ff., 65, 73.

109) Rieger, fol. 53.

110) KIL.F. 94. Hier werden die Ordensregeln in zehn Punkten niedergelegt.
Punkt zwei betrifft die Bauregel:
Fol. 6: "Solle die claußen bai stain 12 fuß lang und brait, auch mit
3 fensterl erbauet sein."

Sächerl, S. 262.

Rieger, fol. 53.

Gsellhofer, 1844, S. 42.

111) Rieger, fol. 53.

112) Unter 'Zelle' wird in diesem Zusammenhang eine Kombination von
Wohn- und Betraum verstanden.
KIL.F. 94, fol. 12.

113) Sächerl, S. 65.

114) Rieger, fol. 57 ff., 60.

Sächerl, S. 268, 269.

Gsellhofer, 1844, S. 42.

Die Jahresangaben für die Prioren schwanken bei den verschiedenen
Autoren:

Sächerl, S. 270-275: Konrad 1351-1369; Johannes 1369-1392;
Erhard 1392-1405; Leonhard 1404-1424.

Hemmerle, 1970, S. 103, gibt insgesamt sogar fünf Prioren an, da er
den Einsiedler Gottfried Puecher dazuzählt, was jedoch falsch ist,
da Frauenzell erst 1351 zum Priorat erhoben worden ist.

Gottfried 1346; Konrad 1351-1369; Johannes 1389-1396;
Erhard 1400-1407; Leonhard 1407-1424.

115) Rieger, fol. 73:
"Nun folgt die Kirch stüfftung des Closters unser lieben Frauen Zell
wie nemblich dasselb aus einem priorat in eine Abbtey gemacht.
Herrn Conrad auß dem Closter Reichenbach zu dem ersten Prälaten
oder Abbt nominiert, Eligiert confirmiert und Benediciert worden
Accenditur velut ignis Zelus
psal. 78"
Gsellhofer, 1844, S. 43.

116) Rieger, fol. 65:
"Vmb das Jahr Christi. 1357. schreibt Abbt Petrus in seiner Closter
Histori voll aller Vermuttung noch ob oftgemalter Herr Fridrich Auer
der Erst dis Namens zu Prennberg den Kürchenthurm zu gedachtem
Frauenzell von quatterstucken pauen et alibi auch die groß Glocken
darin machen haben lassen. Hirvon hab ich aber bis dato daß
geringste in wissenschaft bringen konten, Muetmasse aber daß hirzue
den Pau-Costen als. 160. fl. Regensburger Pfennig Herr Hainrich von
den Chorherrn zu alten Capelln habe hergeben."

Während also Abt Petrus (es kann nur Petrus Widmann, 1609-1626 in
Frauenzell tätig, gemeint sein) in seiner Klosterhistorie vermutet,
daß schon Friedrich Auer (gestorben 1356) den Turm hat errichten
lassen, spricht sich Abt Rieger dafür aus, daß Herr Heinrich von Au
mit seinen 160 Gulden den Bau finanziert habe.

Sächerl, S. 266-277,
ist ebenfalls der Meinung, daß der Turm erst 1357 entstanden ist und
daß der Bau erst durch die Spende des Heinrich von Au ermöglicht
wurde.

117) Sächerl, S. 280-281, 290-304.
Die Angaben der Autoren sind unterschiedlich:

Sächerl, S. 281-293:

> Caspar Wildbrand 1452-1482; Thomas Uhrmacher 1482-1498;
> Jakob Prem 1498-1505; Cyriacus Pruckner vor 1505-1517;
> Vitus Nöl 1517-1522.

Hemmerle, 1970, S. 104:

> Caspar Wildpart 1452-1482; Thomas Uhrmacher 1442-1497;
> Jakob Premb 1499-1505; Cyriacus Prucker 1505-1527;
> Vitus Beck (Pistor) 1518-1522.

Vgl. auch Gsellhofer, 1844, S. 44-45:

118) Sächerl, S. 275-279,

bezieht sich bei seinen Angaben auf eine Abschrift eines Religiosen
um 1600, die heute nicht mehr erhalten ist.

119) Rieger gibt für mehrere Jahrzehnte ein Baujournal:
fol. 210/211, Punkte 1-13.

> "Ao .. 1609. Vom 29. apprilis bis zu End dis Jahrs
> ...2. Der Kürchenthurm ist diß Jahr von wein und Kalch durch aus
> verworf=fen worden, ..
> ...4. Den Ziegeloffen sambt der Hütten so ganz nidergangen,
> rest riert.
> ..10. Den Saal, Abbtey, flöz sambt dem Capitl Neu gepflastert."

fol. 211/212, Punkte 1-14:

> "Ao .. 1610.
> ...3. Das Inngepey, oder die gewölber, so mitten in der Kürchen
> gestandten und vill licht aufgehalten, hinweckh brechen
> lassen, wie auch die Gäng auf den Seithen.
> 4. Beede gewölber, darauf die Conventualen ihren Chor und
> Sacras Canonicas verrichten.
> 5. Den Einsidl Prun auf dem freyt=hoff gewolbt.
> 6. Zu der andern Abbtey Camer ein Stiegen geführt. Dadurch
> man ge=legentlich in das Speißgewölb, Gart=ten, Keller,
> Kuchel, und Creuzgang khomen mag.
> 7. Daß Tach auf dem obern Thor lassen bereithen.
> 8. Den Vischbehalter für das Closter und den Hofwürth von
> Neuem gezimert. Das Capitl, so damals ein holzschpfen
> gewesen, wieder zu einem Capitl gericht, und ist Conventus
> oder Capitl am heyli Weihnacht abend das erstmal Morgens
> frue ... wider darein gegangen, zuvor muesste man das
> pretiosa nur in dem Chor verrichten und das Capitl in
> der Stuben.
> ..11. Die Abtey lassen Ausschreinwerchen und aus Täfflen...
> Ao .. 1611.
> 1. Die Canzl in der Kürchen sambt darzu gehörigen stiegen.
> 2. Daß Praeuhauß, Roßstallung und getraidt cassten, Schlaff-
> haus mit schindlen Neu deckhen lassen ...
> ...5. Den würzgartten in dem Convent ... de novo für die fratres
> conventuales lassen hinordtnen."

fol. 215:

> "Ao .. 1613.
> Das Neue Schlaffhaus zupauen angefangen, solches continuiert.
> 1616. und .1617. mit allen innegepeu und zugehörigen Gott gedanckt
> glicklichen ghendet."

fol. 218:
"Ao .. 1616.
1. Ist die Closterkhürchen alhir ausgemahlet worden...".

fol. 220:
"Ao .. 1617.
1. Daß Colloquium, am iezt Bibliotheca auf dem Schlaffhaus, sambt dem alten Schlaffhaus von Kalchschneider Arbeit gemacht worden.
5. Den obern und undern Creuzgang welche beede offen im Wätter gestanden verglasen, und mit neuen Fensterstöckhen versehen lassen."

fol. 221:
"Ao .. 1618.
1. Das Jahr ist die abbtey, sambt seiner Camer, Abbtey, flez, Stainflex, Saal=refectorium mit Kalchschneiderey ver=stärttigt worden.
2. In der Abbtey einen Neuen fursgaden."

120) Rieger

fol. 221:
"Ao .. 1620.
Den 29. August haben die wellischen Maurer an der Capellen in gedachtem Convent gartten, angefangen zu arbeithen und bey nache diß volgente Zeit, bis Simonis und Juda die Haubtmaur auf halb aufgefiehrt, Gott half sie vollenden."

fol. 225:
"Ao .. 1621.
...4. Die Capelln ad SS. Trinitatem und SS. Benedictum vom grundt Neu erpaut."

fol. 226:
"Ao .. 1622.
Die Capellen S:Trinitatis lassen schreinwerckhen."

fol. 234:
"Ao .. 1623.
Die Capellen, oder Neue Kürchen ad SS. Trinitatem q.D. Benedictum durch H. Suffraganen Ottonem Henricum Pachmayr ipso Festo SS. Trinitatis weihen lassen deßgleichen seindt die Glöcklein so in dem Capelln Thürl hangen und von Neuem gegossen, geweihet worden."

121) Sächerl, S. 313, 318, 325.

Rieger

fol. 309:
"Ao .. 1630.
..24. Ein domunculam, oder Capellele für die brennente Lampen in der kirch hinder dem hochaltar ad venerabili Sacramentu, auf daß die kirch von dem Rauch nicht zu schwarz und in der Kirchen ein yblen geschmacken abgebe, einbrechen und machen lassen."

fol. 321:
"Ao .. 1631.
..43. Der Gang auf der Seitten gegen den freythof weiln er vill licht aufgehalten und die kirch verfinstert ist abgetragen worden dahero inn die Kirch vill grösser scheint."

fol. 273:
"Ao .. 1633. und .1635.
Benannter S. Anna und bruaderschafft altar ist Anno 1633 von den
Schwedischen oder feindt Volcks prophaniert, dann hinnach im
Jahr 1635 abgebrochen, und auf die ander Seit bei der Thür auf
dem freythof von Neuem gesezt...".
fol. 343:
"Ao .. 1635."
(Der St. Anna-Altar) "zu der Thür an dem freythof transferiert, und
das Gewölbl eingerissen, und der Kirchen ein proportion gemacht
Altare Apostuloru in den HochAltar transferiert worden."

Zu den Äbten der Folgezeit vgl. Sächerl, S. 326-344, und
Hemmerle, 1970, S. 104, deren Angaben übereinstimmen:
Placidus Hörtinger 1653-1658; Maurus von Trauner 1658-1670;
Gregor Molitor 1670-1694; Placidus Steinbacher 1694-1720.

122) BAY. Akten, Nr. 141, fol. 254-257 b.
Kugler, fol. 52.

123) Zur Konventerstellung:

Kugler, XX. Capitul, fol. 54-55.

Sächerl, S. 347-349. Sächerl übernimmt exakt die Angaben von Kugler.

124) Kugler, fol. 58:
(Benedikt I. Eberschwang ging daran,) "... berümtiste vortrefflichste
künstler H. von Asam und andere verständigste baumayster zue
consuliren wie er kunte mit der Zeit, und göttl. bystand unserer
gesegneten Schuz=mutter, und wunderthätigen Hausfrau der allerheilig-
sten Jungfraul. Göttl. Gebährerin Maria ein herrl. schön kirchel
erbauen?"

125) Kugler, fol. 58:
"zu dem Grund gleich im frühejahr ein neu frythof in pedentis
Trinitatis mit einer maur liess anfügen, in den alten frythof mit
aigener hand den grund zur neun klosterkirch ausgesteckt, und yber
21 werckschuch schweristen rauchen stein-stucken die grundstain von
der letzten Zellen der Infirmaria biß an das erste fenster des brau-
und unter gasthauß heraus zu mauern befördert; unter vorhand so fil
vorhabens hat es gehaissen: homo proponit, deus disponit."

126) Sächerl, S. 353-370.

127) Sächerl, S. 370-375.

128) Kugler-Zupaß, fol. 177:
"...sodann das Marianische gnadenbild in die capell SS. Trinitatis
solemniter proceßionaliter transferiert worden.
Hierzu auch Sächerl, S. 372-375.

129) Sächerl, S. 374:
"Jetzt ging es sogleich an den Abbruch der alten Kirche...".
Wie aus dem Kontext hervorgeht, ist unter 'jetzt' ein Datum nach dem
18. März 1747 zu verstehen.

130) Sächerl, S. 375:
"Nach diesem ward der Bau der, neuen Kirche nach dem Plane des berühmten Baumeisters Asam in Angriff genommen, und in diesem und den folgenden Jahren eifrig und nach Möglichkeit fortgesetzt."
Mit den Wörtern 'nach diesem' ist die Zeit nach dem Abbruch der alten Kirche gemeint.

131) Sächerl, S. 375-376.

132) Sächerl, S. 376-377.

133) Sächerl, S. 377-380.

134) Die Kunstdenkmale des Königreiches Bayern, 1910, S. 69.

135) Siehe die Restaurierungsakte von Frauenzell im Bayerischen Landesamt für Denkmalpflege von 1911 bis 1979.

136) Die Literatur zur Kirche von Frauenzell ist außerordentlich spärlich. Lediglich drei kürzere Abhandlungen beschäftigen sich mit dem Bau:

Schinhammer, 1931, S. 161-167.

Siller, 1952 (Schnell-Kunstführer, Nr. 563).

Schindler, 1955, S. 159-169.

Ansonsten wird Frauenzell nur im Rahmen umfassenderer Werke erwähnt, wie z.B.:

Scheglmann, 1906, S. 404-418.

Die Kunstdenkmale des Königreiches Bayern, 1910,S. 53-70.

Lieb, 1941,S. 121, 138, 146, 147,

Hemmerle, 1951, S. 49-50.

Ders., 1970, S. 102-105.

Erst die Magisterarbeit der Autorin 1983 beschäftigt sich ausführlich mit Frauenzell.

137) Nähere Ausführungen zu den Epitaphien:

Gsellhofer, 1844.

Die Kunstdenkmale des Königreiches Bayern, 1910, S. 66-67.

138) Lieb, 1982, Abb. 69, 84, 213 a.

139) Lang, 1928, Abb. 19.

140) Die Kunstdenkmale des Königreiches Bayern, 1910, S. 56 ff., insbesondere S. 58:
"Die Kirche entstand wenn nicht nach einem ausgearbeiteten Plan, so doch wohl nach einer Skizze der Asam."
Diese Zuschreibung beruht auf der Kugler-Chronik (vgl. den Wortlaut in Anm. 124). Für den Weiterbau nach 1747 werden die Angaben bei Sächerl übernommen.

Reclam, 1974, S. 309,
übernimmt die Angaben der Kunstdenkmale.

Schindler, 1955, S. 164-165,
führt drei Argumente an, die die Asam-Zuschreibung zusätzlich
stützen sollen:

a) Die Verbindung von Abt Benedikt Eberschwang zu den Asam, die
   auf seine Freisinger Zeit (vor 1721) zurückgeht, als er noch
   Beichtvater des Fürstbischofs Eckher war. Der Fürstbischof galt
   als Asam-Förderer.

b) Die Beziehungen zu Weltenburg. Der Bauherr der neuen, Asam'schen
   Klosterkirche Weltenburg, Abt Maurus Bächl, war ehemals Kon-
   ventuale in Frauenzell gewesen. Bächl beschäftigte die Brüder
   Asam beim Weltenburger Neubau von 1714 bis 1725/35.

c) Die Nähe von Frauenzell zu Straubing, wo die Brüder Asam beim
   Neubau von St. Ursula, 1736-1741, tätig waren.

Alle diese Argumente sind jedoch nur für die Bauphase von 1737
unter Benedikt Eberschwang und nicht mehr für die von 1747, in
der die heutige Kirche entstand, stichhaltig.

Siller, 1952,
beruft sich abermals auf die Kugler-Chronik.

Scheglmann, 1906, S. 410/411,
folgt der Sächerl-Chronik, S. 375, und übernimmt von Wolf
(wie Anm. 2) den Hinweis, daß für den Kirchenraum von Frauenzell
vielleicht die Jesuitenkirche in Rom als Vorbild gedient habe.

Wiederaufgegriffen wird die These von:
Sauermost, 1986, S. 91-100.

Sauermost geht in seiner Schrift von falschen Voraussetzungen aus:

1) er negiert den Wening-Stich von 1726, akzeptiert diese Bildquelle
   nicht, ebensowenig das Ölgemälde von 1743;

2) er unterschlägt das gefundene Fundament;

3) er sieht in Weltenburg das Vorbild zu Frauenzell (hierzu vgl.
   auch Anm. 19a).

141) Lieb, 1941, S. 121 und 146,
     deutet an, daß die Grundplanung vielleicht auf Ignaz Anton
     Gunetzrhainer (1698-1764) zurückgehe.
     Auch L.M. Gießl (um 1707-1785) könnte beteiligt gewesen sein.

     Die Überlieferung des Namens Asam deutet Lieb mehr als Beleg für
     eine Verbindung von Frauenzell nach München.
     Überdies stellt Lieb eine Ähnlichkeit der Grundrißtypen von St. Anna
     im Lehel in München und Frauenzell fest und verweist auf gewisse
     Beziehungen zu Ländern östlich der Donau, ohne dies aber genauer
     zu belegen.

     Schinhammer, 1931, S. 161-167,
     nimmt intuitiv Johann Michael Fischer als entwerfenden Architekten an,
     weil
     a) eine gewisse Grundrißverwandtschaft zu St. Anna im Lehel bestehe
     und b) Fischer hauptsächlich für den Benediktiner-Orden gearbeitet
     habe.

     Den Asam wird lediglich eine Vermittlerrolle zugebilligt.

142) Kugler, fol. 58.

     Sächerl, S. 375.

143) Kugler, fol. 59.

144) Sächerl, S. 356-357:
Am 19. Juli 1737 wurde Pater Corbinian Kugler auf dem neuen Friedhof, direkt neben dem Kreuz, als erster der Konventualen begraben. Die nächste Bestattung erfolgte 1747.

145) Kugler-Zupaß, fol. 175-178.
Die Einträge des Zupaß umfassen die Jahre von Corbinian Kuglers Tod 1737 bis zum 30. November 1747. Keiner der Einträge gibt jedoch Aufschluß über die Baugeschichte.

146) Kugler, fol. 58 (vgl. Anm. 124 und 125).

147) Ob unter 'H. von Asam' Herr im Singular oder Herren im Plural gemeint ist, muß offen bleiben. Deshalb ist es auch unklar, wer tatsächlich in Frage kommt: Beide? oder nur einer? und wenn ja, welcher?

148) Kugler-Zupaß, fol. 175-178.

     Wolf, 1844, fol. 41-43.

     Sächerl, S. 344-370.

149) Vgl. Anm. 128.

150) Sächerl, S. 375 (vgl. Anm. 130).

151) Siller, 1952; Hemmerle, 1970; Reclam, 1974, führen in diesem Zusammenhang den Mettener Baumeister Benedikt Schöttl und dessen Sohn Albert als ausführende Baumeister an.
Hierfür findet sich jedoch in den vorhandenen Quellen keine Bestätigung.

152) Zur Baumeisterfrage vgl. S. 96-102.

153) a) Ein Ölgemälde von 1743, heute im Pfarrhof von Frauenzell.

     b) Ein Stich der Klosteranlage bei Wening, 1726, S. 42, und Taf. 65.

     c) Ein Stich bei Ertl, 1703, S. 235.
Diese Ansicht ist eher eine Phantasiedarstellung und deswegen unbrauchbar.

154) Abgebildet bei Wolf 1844; Kunstdenkmale des Königreiches Bayern, 1910; Siller, 1952; Schindler, 1955.

155) Vgl. Anm. 134.

156) Heute gibt es die oberste Reihe der Oculus-Fenster am Saalbau nicht mehr. Wahrscheinlich war sie nur aufgemalt.

157) Vgl. Anm. 132. Noch am heutigen Baubestand kann man erkennen, daß die Flammen nur das Dach und das Obergeschoß vernichtet haben, denn im Untergeschoß setzt sich die alte Mauersubstanz von der neuen ab, und außerdem ist noch der Erker an der Südostecke des Brauhauses z.T. erhalten.

158) Aber auch nicht der Bau, den Wolf, 1844, fol. 40 und 64, 65, erwähnt. Er glaubt, daß auf dem Gemälde die '2. Kirche' abgebildet sei, die unter Abt Placidus Steinbacher (1694-1720) erbaut worden wäre. Von Umbauten oder gar einem Neubau unter Steinbacher ist jedoch in den Quellen bei Kugler und Sächerl nichts erwähnt. Merkwürdigerweise geht Wolf mit keinem Wort auf die Asam-Frage ein.

159) Abele, 1919, Abb. 7.

160) Tyroller, 1978, Abb. 5.

161) Rupprecht, 1980, Abb. 163 und 165.

162) Lang, ca. 1928, S. 19.

163) Hauer, 1981, Abb. 12 und 13.

164) Tyroller, 1978.

165) Wening, 1726, S. 65.
Ob Michael Wening den hier abgebildeten Stich selber gestochen hat, muß bezweifelt werden, da Wening schon 1718 gestorben ist. Sicher ist aber, daß die Vorlage zum Stich noch von Wenings eigener Hand stammt. Der Stich ist wahrscheinlich erst nach dessem Tode zwischen 1718 und 1726 von einem Gehilfen ausgeführt worden. Vgl. hierzu den Anhang der Wening-Ausgabe von 1977, bearb. von Georg Spitzlberger.

166) Dies könnte mit den Bautätigkeiten unter Abt Stephan Rieger in Verbindung gebracht werden (vgl. Anm. 120, 121). Der Außenbau der Kirche auf dem Wening-Stich ist mit dem der ebenfalls darauf abgebildeten Dreifaltigkeitskirche, die 1620 bis 1623 unter Abt Stephan Rieger erbaut wurde, auffallend ähnlich. Dies läßt recht deutlich darauf schließen, daß die Klosterkirche von eben solchen welschen Maurern, wie sie an der Dreifaltigkeitskirche tätig waren, modernisiert worden ist, und zwar in den neuen Formen des aufkommenden Barock. Die Frage ist nur, wann dies geschah: vor oder nach dem Neubau der Dreifaltigkeitskirche?

167) Einen letzten Beweis könnte eine Grabung ergeben. Man müßte genau in dem Bereich graben, wo der gerade verlaufende Mittelteil der südlichen Außenmauer konvex zum Eingangsbau und zum Chor umbiegt. An diesen beiden Stellen müßte das Fundament von 1737, das außen um die Kirche herumgelegt wurde, gerade weiterverlaufen. Bedauerlicherweise war eine Grabung nicht möglich, da das Areal im Westen von Bauschutt überlagert ist und da im Osten die Beete des Pfarrhofs hätten zerstört werden müssen.

168) Rupprecht, 1980, S. 20 und 23.
Ab 1745/46 arbeitete Egid Quirin Asam im Auftrage des kurpfälzischen Hofes an der Stuckierung und Ausmalung der Mannheimer Jesuitenkirche. 1750 starb er in Mannheim und wurde auch dort begraben. Die Urkunden und Archivalien geben keinerlei Hinweis auf eine Anwesenheit Egid Quirin Asams in Frauenzell während der hier in Betracht kommenden Zeit.

169) Vgl. S. 90.

170) Vgl. dazu Anm. 151.

171) Fink, 1983, S. 10.

Thieme-Becker, Bd. 30, 1936, S. 239.

172) Thieme-Becker, Bd. 30, 1936, S. 239: 1714 Umbau der Kirche in Loh; 1712 Beginn des Umbaus der Klosterkirche Metten; 1737 Planung für den Umbau der Hl. Grabkirche in Deggendorf (Ausführung erst 1766); 1735 Plan zum Umbau der Kirche in Seebach.

173) Weitere dem Benedikt Schöttl zugeschriebene Bauten: 1728-1731 Pfarrkirche in Michaelsbuch; 1755 Schlößchen auf dem Himmelsberg bei Metten.

174) Fink, 1983, S. 19.

Thieme-Becker, Bd. 30, 1936, S. 239.

175) Vgl. dazu S. 86-88.

176) Benedikt Schöttl starb 1742. Da der Baubeginn in Frauenzell erst auf das Jahr 1747 fällt, muß hier der Sohn Albert ausschlaggebend gewesen sein. Die Forschung hat Benedikt Schöttl mit der Planungs- und Bauphase von 1737 in Verbindung gebracht.

177) Lieb, 1982, S. 40-44 und 213.
Vgl. auch Lieb, 1941, und Schinhammer, 1931 (wie Anm. 141).

178) Lieb, 1982, Abb. 59.

179) Lieb, 1982, Abb. 82.

180) Lieb, 1982, Abb. 46.

181) Lieb, 1982, Abb. 20.

182) Ein Beispiel hierfür ist St. Michael in Berg am Laim. Auf einem systematisch durchkonstruierten Unterbau sitzt im Hauptraum ein eigengesetzliches Gewölbe mit kreisrunden, flachen Plafonds in den Diagonalen und vorschwingenden Diadembögen auf den Achsen, die beide zum Fußkreis der Flachkuppel vermitteln (vgl. Lieb, 1982, Abb. 95, und Grundriß S. 68).

183) Ingolstadt beg. 1736/37; Aufhausen 1736-1739; Rott am Inn 1759-63; Altomünster 1763-1773.

Zu Fischers Zentralbauten:

Hagen-Dempf, 1954.

Neumann, 1951.

Schariot, 1975.

Schütz, 1983.

Lieb, 1982.

184) Lieb, 1982, Abb. 119 und 58.

185) Dagegen häufig verwendet von Dominikus Zimmermann (1685-1766), z.B. in Günzburg oder Steinhausen.

Julius Schöttl, Günzburg Frauenkirche (Schnell Kunstführer Nr. 407), 7. Aufl. München-Zürich 1977, S. 8, 9.

Hugo Schnell, Wallfahrtskirche Steinhausen (Schnell-Kunstführer Nr. 203), 16. Aufl. München-Zürich 1981.

186) Lieb, 1982, Abb. 58.

187) Lieb, 1982: Diessen Abb. 68; Zwiefalten Abb. 84; Ottobeuren, Abb. 118.

188) Lieb, 1982: Rott am Inn Abb. 178; Fürstenzell Abb. 83.

189) Lieb, 1982.

190) Entweder gelangten die Anregungen mittels Musterbüchern nach Frauenzell oder durch wandernde böhmische Baumeister oder durch ein böhmisches Bruderkloster.

191) Lieb, 1941.

192) Der Jungwierth-Stich befindet sich ebenfalls im Münchener Stadtmuseum (Inv.-Nr. 39/526).

193) Hufnagel, 1957.

Backmund, 1974.

Lieb, 1982.

194) Reber, 1876.

Huhn, 1893.

Die Kunstdenkmale des Königreiches Bayern, Bd. I, 1895.

Forster, 1895.

Feulner, 1922.

Hauttmann-Karlinger, 1922.

Feulner, 1924.

Heilbronner, 1933.

Lill, 1946, und Spengler, 1960, beziehen sich ebenfalls nur auf den ausgeführten Bau von St. Elisabeth.

195) Bayerisches HStA, Abt. I, Plansammlung 9273 a-d.

9273 a ist ein Lageplan mit handschriftlicher Aufschrift: "ist der von Ingenieur Alt aufgehobener Plan".

9273 b und Variante ist ein "Garthen- und Generall Plan" mit handschriftlicher Aufschrift: "ist der von Maurer (Meister?): nach der Elisabethinerin Meinung aufgehobener Plan".

9273 c ist ein "Garthen- und Generall Plan" mit handschriftlicher Aufschrift: "ist auch einer von den Elisabethinerin Maurer (Meister?): aufgehobener Plan".

9273 d ist ein Lageplan mit handschriftlicher Aufschrift: "der aufge-
hobene generl: Plan von seithen der Comendantenschafft".

196) Zu Maximilian Franz Xaver Nikolaus (von) Pusch, 1723-1782, vgl.
Kriegsarchiv München: Offiziers-Stammliste des Bayerischen Ingenieur=
Corps 1744-1894, bearb. von J. Klarmann, München 1896, S. 8.

197) Lieb, 1941, S. 269, 270, Anm. 1904.

Lieb, 1982, erwähnt die Mitarbeiter des Franz Xaver Pusch überhaupt
nicht mehr.

198) Abgebildet bei Lieb, 1982, S. 218.
Das Original befindet sich im Münchener Stadtmuseum.
Erst 1802 wurde der Spitalbau noch einmal erweitert, so daß doch
noch eine symmetrische Anlage um die Kirchenfassade entstand.
Vgl. dazu Backmund, 1974, S. 40, und die Abbildung bei Hufnagel,
1957, S. 361, die die inzwischen zum Heiliggeist-Spital umbenannte
Spitalanlage um 1900 wiedergibt.
Abbildung der ausgeführten Fassade bei Lieb, 1982, S. 168.

199) Vgl. die Chronik von 1755, worin die Elisabethinerinnen klagen,
daß der "Pau pur auf göttliche Vorsichtigkeit vertrauend ohne
menschliche Hülff mit lauter Schulden angefangen und fortgesetzt
worden".

200) Bay. HStA KL 420/1.
In einem Briefwechsel aus dem Jahre 1756 werden die Elisabethinerinnen immer wieder aufgefordert, daß sie "einen richtigen Plan von
ihrem Vorhabenen Closter Kürch, und Maur gebäu mit anzaigung der
Höhe übergeben, und wir solchen alsdann mit Unserem weitheren
guttachten gehorsambst einsenden sollen".
Zitat aus dem Brief vom 11. Juli 1756.

201) Destouches, 1869.

Mayer-Westermayer, Bd. II, 1880.

Forster, 1895.

202) Westenrieder, 1782.

Crammer, 1784.

Hübner, 1803.

Huhn, 1893.

Lieb, 1941.

Hufnagel, 1957.

Lieb, 1982, S. 233.
Lieb gibt hier als Datum den 23. April 1757 und als Quelle
Destouches, 1869/70, an. Dort ist als Datum aber der 23. April 1755
vermerkt.

203) Vgl. oben S. 14-25.

204) Lill, 1946.

Hufnagel, 1957.

205) Zu den Daten vgl. Huhn, 1893; Die Kunstdenkmale des Königreiches Bayern,Bd. I, 1895; Hübner, 1803; Destouches, 1869; Forster, 1895 ; Lieb, 1982.

206) Die Datierung der Fassade schwankt: Lill, 1946: um 1790; Hufnagel, 1957: um 1790; Lieb, 1982: nach 1769. In den Quellen selbst gibt es keinerlei Angaben zur Bauzeit der Fassade.

207) Lieb, 1941.

Hufnagel, 1957.

Biller-Rasp, 1977.

Die oberflächliche Ähnlichkeit zur Fassade der Damenstiftskirche St. Anna in München, 1732-1735 erbaut von Johann Baptist Gunetsrhainer, hat Forster dazu veranlaßt, die Fassade von St. Anna mit der von St. Elisabeth zu verwechseln; siehe Forster, 1895, Abb. S. 600.

208) Quellenmäßig ist das auch nicht belegbar, aber ein motivischer und stilistischer Vergleich mit Fischers Dorfkirchen in Bichl und Sigmertshausen läßt kaum einen anderen Schluß zu, als daß die Planung für den ausgeführten Bau von St. Elisabeth tatsächlich auf Johann Michael Fischer zurückgeht.

209) Stadtarchiv München, Nr. 676: Chronik der Elisabethinerinnen "Von anfang und aufnahm dieses Convents 'Año 1755'."

Bay. HStA, KL Fasz. 420/1-4 und Fasz. 421/5-9 und 10-16.

210) Als erster hat Ernst von Destouches, 1869/70, die Chronik sehr sorgfältig ausgewertet. Es folgten weitere ausführliche Arbeiten, die aber weitgehend auf Destouches basieren:

Forster, 1895.

Festschrift Kloster und Krankenhaus der Elisabethinerinnen Azlburg-Straubing 1748/49-1929, Straubing den 3.12.1929.

Hufnagel, 1957.

Backmund, 1974.

Die weniger ausführliche Literatur ist im Literaturverzeichnis vermerkt.

211) Die Elisabethinerinnen heißen seit 1949 nur noch Elisabethinen, auf Veranlassung des Bischofs von Regensburg, Buchberger. (Frdl. Mttl. der Schwester Ökonomin Maria Pulcheria Venus, Kloster Azlburg).

212) Allerdings gibt es schon aus dem Jahre 1718, also bereits einem Jahr vor der Prager Klostergründung, einen Briefwechsel zwischen der Vorsteherin des Wiener Elisabethinerinnen-Konvents, Maria Josepha Rupé, und dem Caelest Plom, einem Kaplan des Reichsstifts St.Emmeram in Regensburg, die beide bei Max Emanuel bzw. bei der Kurfürstin Theresia Kunigunde oder bei der verwitweten Kaiserin Eleonora vorstellig werden wegen einer Niederlassung des Elisabethinerinnen-Ordens in Bayern respektive in Stadtamhof. (Bay. HStA, KL 421/14).

213) Vgl. die Chronik von 1755 (wie Anm. 209):

"Anfängerinnen dieses Closters

- die hochwürdige frau Maria Francisca von der Heimbsuchung Mariae gebohrene Von wettstein, gebohren zu Siezendorf im Ostreich Anno 1691 den 27ten Maÿ. Profeß im Prager Convent, den 4ten Julÿ 1723, alldorten durch 10 Jahr Oberin, alda von dort zu Errichtung des Straubinger Convents, abgereiset den 10ten Julÿ 1747; hernach als Oberin bestellet den 29ten Juni 1749 undt löbl. regieret biß selbe gottselig in Herrn verschieden mit allen Hl.: Sacramenten wohl ·versehen den 27ten Januar 1763 Ihres alters 72 Jahr

Requiescat in pace

Ist 5 mahl mit nacher München gereist, den grundt außsuchen helfen, undt die folgende anfängerin als vicarin abgesendet, zur Profeß nehmung, auch nachgehendts beÿ dem einzug in das neue Closter gegenwärtig geweste anfängerin undt Erste Oberin.

- die hochwürdige in Gott Geistliche frau Maria Johanna Nepomucena Von Nohmen Jesu, gebohrene Treshlin, gebürtig von Prag, 1715 den 14ten Januar, in das Closter eingetreten den 25ten Oktober 1731, den Schlaÿer bekommen den 6ten Januar 1732, in eben dißem Jahr den 29ten July Eingekleydet worden, undt eben in dem Pragerl.: Convent die Hl: Profession abgelegt den 10ten Augusti 1733. Von dort alß mit anfängerinnen abgereiset das erstemahl den 10ten Julÿ 1747, daß 2te mahl den 1ten April 1748 da das werk vor das Straubinger convent gerichtet, nachgehendts 5 mahl mit der ersten anfängerin nacher München wegen des dahigen Convents gereiset, endlich alß vicarin 1755 allhir Profeß genommen, undt 1756, den 16ten Maÿ alß Oberin bestellet worden. Gottselig im Herrn verschieden, mit allen Hl: Hl: Sacramenten wohlversehen den 3ten august año 1768:

Requiescat in pace."

214) Vgl. die Chronik von 1755 (wie Anm. 209):
"Zur Stiftung undt Anfang dieses neüen Closters haben Ihro Majestaet die Kayserin, frey wie oben gemeldet ohne einige auferlegte Bürde, denen anfängerinnen geschenket ... 40.000 fl."

215) Alle bisherigen Angaben stimmen mit der Chronik von 1755 überein.

216) Vgl. zu dem Problem der Datierung S. 106.

217) Vgl. Anm. 204.

218) Backmund, 1974, S. 40.

219) Hufnagel, 1957, Abb. S. 361.

220) Backmund, 1974, S. 40.

221) Festschrift Azlburg, 1929, S. 10.

222) Vgl. S. 52-62.

223) Franz, 1962, S. 135, 147; Abb. 235 und 236; Taf. 123 und 124.

224) Vgl. S. 115-120.

- 144 -

) Hufnagel, 1957, schreibt die Pläne dem Johann Michael Fischer zu;
die Ausführung jedoch gehe auf Franz Anton Kirchgrabner zurück.
Backmund, 1974, hält die Plangruppe ebenfalls für Entwürfe des
Johann Michael Fischer.

226) Hauttmann-Karlinger, 1922, S. 155; ebenso Lill, 1946.

227) Feulner, 1924, S. 243.

228) Auch wenn Gießl, wie Feulner vermerkt, als ein Nachahmer Fischers
gelten kann, erreicht keiner seiner Bauten die Qualität des ausgeführten Baus von St. Elisabeth. Man vergleiche nur seine wohl be-
kannteste Kirche, St. Joseph in Starnberg, begonnen 1764.

229) Weil sich auf Liebs Argumentation die ganze Forschung stützt, wird
im folgenden alles zitiert, was Lieb, 1982, S. 173-175, zur Plangruppe 911, a, b, angeführt hat.

230) Lieb, 1982, S. 173.

231) Vgl. u.a. Johann Dientzenhofers Plan für Banz oder Gießls Plan für
Starnberg. Auch in Neumanns Baubüro wurden die Pläne oftmals um-
rahmt.

232) Lieb, 1982, S. 174.

233) Ebenda.

234) Ebenda.

235) Man vergleiche z.B. den Plan für Reisach von Ignaz Anton Gunetsrhainer oder den Plan für St. Johann am Felsen in Prag von Kilian
Ignaz Dientzenhofer (abgebildet bei Franz, 1947, Fig. 26 und 27)
oder den Plan für Opařany, ebenfalls von Kilian Ignaz Dientzenhofer
(abgebildet bei Stefan, 1926/27, T. CLXXVI).

236) Lieb, 1982, S. 174, 175.

237) Vgl. oben S. 57-62.

238) Franz, 1955, S. 231, Anm. 29.

239) Schütz, 1983, S. 97.

240) Alle fünf Originalpläne liegen im Klosterarchiv von Ottobeuren: zwei
Fassadenaufrisse, ein Längsaufriß des Außenbaus, zwei Längsschnitte
durch das Innere.

241) Der Dientzenhofer-Plan für Banz liegt in der Plansammlung der
Technischen Universität München, Sign.-Nr. 1, 3.
Der Reisach-Plan von Gunetsrhainer ist sehr gut bei Feulner, 1923,
Abb. 28, 29, abgebildet.

242) Der Fassadenplan Johann Michael Fischers für St. Anna im Lehel liegt
im Bay. HStA, Plansammlung 8500.

243) Man vergleiche nur die Risse und Schnitte der Sammlung Eckert in Würzburg, Mainfränkisches Museum.

244) Abb. bei Korecký, 1951/52, S. 56 und 57.

245) Abb. bei Korecký, 1951/52, S. 84 und 85, oder bei Franz, 1947, Fig. 26 und 27, oder bei Kotrba, 1976, S. 183.

246) Stefan, 1926/27,T. CLXXVI. Hier wird der Plan als Projekt für eine unbekannte Kirche bezeichnet; er ist aber als Projekt für Opařany identifizierbar.

247) Alle drei Blätter haben als Wasserzeichen ein Wappen, das mit zwei Diagonallinien, die von links unten nach rechts oben laufen, und von einer Lilie bekrönt wird. Darunter steht der Name der Papiermühle C & I HONIC.

248) Hier steht der Name der Mühle nicht direkt unter dem Wappen mit Lilie, vielmehr sind Name und Zeichen getrennt. Jeder Papierbogen, muß man wissen, hat eine linke und eine rechte Hälfte. In diesem Fall befindet sich das Wappen auf der linken Bogenhälfte und der Name auf der rechten.

249) Die Pläne liegen ebenfalls in der Plansammlung der Technischen Universität München. Es handelt sich um relativ kleine Blätter, so daß vorstellbar ist, daß sie auseinandergeschnittene, halbierte Bögen sind. So würde es sich erklären, warum entweder nur das Zeichen oder nur der Name der Papiermühle auf einem Plan erschien.

250) Das Dientzenhofer-Skizzenbuch liegt im Bayerischen Nationalmuseum München in der Bibliothek.

251) Frdl. Hinweise der Buch- und Handschriftenrestaurierstelle der Bayerischen Staatsbibliothek München.

252) Dieses Maß wurde aufgrund der Angaben des zeitgenössischen Universallexikons von Zedler errechnet. Dort heißt es, daß sich ein Münchener Schuh zu einem Rheinischen Schuh wie 905 : 1000 verhält, wobei ein Rheinischer Schuh 31,38 cm mißt. Ein Münchener Schuh umfaßt demnach etwa 28,25 cm, und 100 Münchener Schuh sind ungefähr 28,50 m lang.

253) Biller-Rasp, 1972, S. 90.

2. a) Werkverzeichnis der Hausstätter Meister

Bauten	Literatur (vergl.Anm.65)	Bauzeit	Ausführender Meister	Planung von and.Meistern oder Architekten	belegt oder unbelegt	Raumtypus
Litzldorf Pfarrkirche St. Michael	- Dachauer, 1844 + Grassinger 1846		Abr.Millauer			Wandpfeilerbau mit Stichkappentonne und eingez. Chor
	- Pückler-Limburg 1928	1708	Hans Mayr			
	- Dehio,1964 4.Aufl.	1708	Abr.Millauer			
	- Mayer, 1964	1708	Abr.Millauer			
Au Pfarrkirche St. Martin	- Dachauer 1844 Grassinger 1846		Phil.Millauer			Wandpfeilerbau, 4-achsig, Stichkappentonne, eingezogenes Chorjoch plus Chor
	- Inventar 1902/ Thieme-Becker 1930	1719	Abr.Millauer	Wolfg.Dientzenhofer	Pfarrarchiv	
	- Pückler-Limburg 1928	1719-23	Abr.Millauer	Maurerm.Pröbstl aus München	weil ein unausge-führter "and.Plan" v.Pröbstl existiert	
	- Dehio, 1964	1719	Abr.Millauer	Wolfg.Dientzenhofer		
	- Mayer, 1961	1719	Abr.Millauer	Wolfg.Dientzenhofer	Urkunde	
Urfahrn Schloß u. Kapelle bei Niederaudorf	- Dachauer 1844 Grassinger 1846		Phil.Millauer			
	- Inventar 1902	Kap.1727 geweiht	Abr.Millauer			
	- Pückler-Limburg 1929	1721-27	Abr.Millauer	Planung aus früherer Zeit		
	- Dehio 1964	1722	Abr.Millauer			
	- Mayer 1961	1722-27	Abr.Millauer	J.Bapt.Gunetsrhainer		
Kleinholzhausen	- Dachauer 1844 Grassinger 1846		Millauer		Dachauer	Saalbau mit Flach-decke und einge-zogenem Rundchor
	- Inventar 1902	1732	Phil.Millauer			
	- Pückler-Limburg 1929		Abr.Millauer			

Bauten	Literatur (vergl.Anm.65)	Bauzeit	Ausführender Meister	Planung von and.Meistern oder Architekten	belegt oder unbelegt	Raumtypus
	- Dehio 1964	1732-40	Abr.Millauer			
	- Mayer 1961	1732-33	Abr.Millauer			
Reisach	- Dachauer 1844 Grassinger 1846		Phil.Millauer			
Karmelitenkloster + Kirche St. Theresia	- Inventar 1902/ + Thieme-Becker 1930	Grundst.Lg 2.9.1732 Baubeginn 1737-46 1758 Turmausb.	Abr.Millauer		Pläne: Grundriß Längsschnitt	
	- Voelcker 1923	1737-46	Abr.Millauer	Ig.A.Gunetsrhainer	dtp.	vgl.Teil II S. 75 - 77
	- Pückler-Limburg 1929	1732-53	Abr.Millauer zs. mit Philipp	Ig.A.Gunetsrhainer	dto.	
	- Dehio 1964	1737-47	Abr.+Phil. Millauer	Ig.A.Gunetsrhainer	dto.	
	- Reclam 1974	1737/38	dto.	Ig.A.Gunetsrhainer	dto.	
	- Mayer 1961	1737-39	dto.	Ig.A.Gunetsrhainer		
Schwarzlack	- Dachauer 1844 Grassinger 1846	1750-55	Phil.Millauer		Dachauer	rechteckiger Hauptraum mit abgeschrägten Ecken, symmetr.querrechteckiger Chor-u. Vorraum. Platzlgewölbe im Chor, Flachkuppel im Hauptraum
	- Inventar 1902/ Thie.-Becker 1930	1750-55	Phil.Millauer zs. m. Hans Thaller	Ig.A.Gunetsrhainer jed.hatte Millauer völlig freie Hand b. Ausführung	stilistisch	
	- Voelcker 1923	1752-57	Phil.Millauer			
	- Pückler-Limburg 1929		Phil.Millauer zs. m.Hans Thaller			
	- Dehio 1964	1750/51 n.Brand 1755	Phil.Millauer v.Joh.Achleitner wiederhergestellt			
	- Mayer 1961	1752-53	Phil.Millauer	J.Bapt.Gunetsrhainer		

Bauten	Literatur (vergl.Anm.65)	Bauzeit	Ausführender Meister	Planung von and.Meistern oder Architekten	belegt oder unbelegt	Raumtypus
	- Reclam 1974	1750/51	Phil.Millauer + Hans Thaller			
Taxakapelle in Au, Maria Heimsuchung	- Inventar 1902	Umbau im 18.Jahrh.	vermutlich Phil.Millauer		evtl.	Saalbau mit Pilasterwand rhythmisiert a b a, Platzlgewölbe
	- Pückler-Limburg 1929	1748	Phil.Millauer			
Neubeuern Schloßkapelle St. Augustinus	- Dachauer 1844 Grassinger 1846		Phil.Millauer	Joh. und Ig.A.Gunetsrhainer		Rechteck. Hauptraum mit abgeschrägten Ecken, Muldengewölbe u. mit eingezogenem, niedrigem Chorraum mit Stichkappentonne
	- Inventar 1902	Umbau	Phil.Millauer	dto.	Dachauer	
	- Voelcker 1923	1751	Millauer	Ig.A.Gunetsrhainer		
	- Pückler-Limburg 1929	1747-51	Phil.Millauer			
	- Dehio 1964	Umb.1751	Phil.Millauer	Ig.A.Gunetsrhainer	evtl.	
	- Reclam 1974	1751		Ig.A.Gunetsrhainer		
Berbling	- Dachauer 1844 Grassinger 1846	1751-56	Millauer		bezieht sich auf Dachauer	8-Arkadenraum mit symmetrisch angeschlossenem querovalem Chor und Vorraum
Heilig Kreuz Pfarrkirche	- Inventar 1902	1751-56	Phil.Millauer Hans Thaller		evtl.	
	- Voelcker 1923	1751-56	Phil.Millauer ab 1753 H.Thaller	Ig.A.Gunetsrhainer	evtl.	
	- Pückler-Limburg 1929	1751	Phil.Millauer u.H.Thaller	Ig.A.Gunetsrhainer		
	- Dehio 1964	1751-56	Phil.Millauer u.H.Thaller			
	- Reclam 1974	1751-56	Phil.Millauer u.H.Thaller			
Ebbs Tirol	- Dachauer 1844 Grassinger 1846		Millauer		"wie einige sagen"	vgl. St. Ursula oder St. Klemens i.Prag
	- Inventar 1902		Phil.Millauer			

Bauten	Literatur (vergl.Anm.65)	Bauzeit	Ausführender Meister	Planung von and.Meistern oder Architekten	belegt oder unbelegt	Raumtypus
	- Pückler-Limburg 1929 - Mayer 1961 - Dehio 1980	1754 beg. 1748-56 1748-56	Hans Thaller Abr.Millauer und Söhne dto.		Urkunde Urkunde	Saalbau mit Pilasterwand 3 Traveen mit Platz!, vor dem Chor Schrägtravée mit Kalottengewölbe, Chor mit eingestelltem Baldachin
Wiechs	- Inventar 1902 - Pückler-Limburg 1929 - Dehio 1964	1754-58 1754-58 1754/58	Joh.Thaller Hans Thaller Hans Thaller	Philipp Millauer	Wochenrechnung stilist.Begr.	
Fisslkling St. Salvator	- Inventar 1902 - Dehio 1964	1750 Anbau d. 12 seit. Hauptraums 1758 Erneuerung 1750	Stilkreis Hans Thaller			8-Nischen-Raum
Kirchbrunn Wallfahrtskirche Maria Schnee	- Inventar 1902 - Dehio 1964	1760-62 1760-62	Stilkreis H. Thaller den Bauten H. Thallers verw.			stereometrisch nicht greifbar
Schleching Pfarrkirche St. Remigius	- Dehio 1964 - Bomhard 1979 - Lieb 1982 - Mayer 1961	1737-39 1735/37 1735/37 1735-37	Abr.Millauer Abr.Millauer Abr.Millauer Abr.Millauer		Quellen Bomhard	Wandpfeilerbau mit Platzlgewölbe, 3-achs. plus 4.Chortravée m. 3-seit. Abschluß
Kössen b. St. Johann Tirol Heiliger Petrus und Paulus	- Mayer 1961 - Dehio 1980	1722-24 1719/22	Abr.Millauer Abr.Millauer	Wolfg.Dientzenhofer Wolfg.Dientzenhofer	Urkunde Urkunde	Wandpfeilerbau, 5-travéen, Stich.Tonne eingez. Chortravée m. Rundapsis

Bauten	Literatur (vergl.Anm.65)	Bauzeit	Ausführender Meister	Planung von and.Meistern oder Architekten	belegt oder unbelegt	Raumtypus
St. Johann in Tirol Pfarrkirche Maria Himmelfahrt	- Mayer 1961 - Dehio 1980	1723-28 1723-28	Abr.Millauer Abr.Millauer		n.eig.Aussage n.eig.Aussage	Saalbau mit Pilaster-wand u. Stichkappentonne 5 Travéen, eingezog. Chorjoch mit Rundapsis
Reith bei Kitzbühl Heiliger Aegidius Pfarrkirche	- Mayer 1961 - Dehio 1980	1729-31 1729-31	Abr.Millauer Abr.Millauer		Urkunde Urkunde	Wandpfeilerbau mit Stichkappentonne, 4-jochig, eingez.Chor-joch mit Rundapsis

2. b) Abschrift des Briefes von F.X. Isinger, den 13. Juni 1787

Euer hochfürstlichen Gnaden!
Hochwürdigster des Heil: Römischen Reichs Fürst, und Bischof,
genädigster Herr Herr!

Auf die von Herrn Prälaten zu scheyern nach meiner an S. Excellenz
hochfürstlichen gnaden unterthänigst gemachten Bitt um die consecrirung
meiner Pfarr Kirch abgegebenen, und mir pro Notitia gnädigst kommuni-
cirte Einberichtung, finde ich mich ex officio /: wie auch die Matricul
saget /: Proventus hujus Ecclesia administrantur a Parocho et Abbate
Schyrensi /: verbunden in Namen der Kirche mit wahrheit meine unterthänigste Vorstellung zu machen, und entgegen gehorsamst einzuberichten
wie daß

Pro 1mo: diße Vorgebung der Vielen gemachten geldern der neuen außer-
bauung dißer Kirche, und deren zurückzahlung noch Viele Jahr
erfordert: also redet, und schreibt Herr Prälat, der selbe aber
wolle sich mit dißer Vorgebung und forderung besser, und
förmlich legitimiren: den es erhebt sich ganz billich die frag
wem, und ob dißes gotts hauß hat schuldig werden köñen? nach
dem man von ihren eigenen gut, und geld dieselbe erbauet hat.
Als welche Pfarr Kirch 1655 unter höchst seel: angedenken
Albert Sigmund Bischofen zu freysing in 4000 fl capitalien gehabt,
so saget auch die Matricul: daß Völlige Vermögen dieses Pfarrgotts-hauß solle dißer zeit gegen 9000 fl ausmachen.

Weiters hat Kloßter Scheyern seit den Jahren, wo selbes unter
Bischofen Conrad den zweyten mit consens des hohen dom-capital
/: laut Matricul et Cronick /: daß Jus Patronatus auf diße
Pfarrey erbettend erhalten nur von zehend geldern 63400 fl ein-
gepacket /: wie anliegende Specification unwiedersprechlich
zeigt /: hier ist ein Kreuzer darbey von der Kirchen ihrer
Unterthanen in der über 500 Jahr eingegangenen grundgilden,
landemieren, intressien geldern Von denen Kirchen güttern aber
spricht daß Tridentiuum Sess. 22 de Refr. c. 4 et Sess. 25 de
Refr. c. g. item Patroni et advocati Ecclesiarum non possunt
Bona Ecclesiastica usurpare, intercipere, in suos usus convertere,
nec - - sub Poena Excomunicationis, et Amissionis Juris Patronatus
ipso facto. also.

Pro 2do: finde ich keine Ursach wem und warum dißes gotts-hauß solte
schuldig werden seyn? /: Es müßte Kloster scheyern selber sagn?
/: oder diße Bona seynd nicht Bona Ecclesia? und wem dan?
oder diselbe seynd iñer zu etwas unsorglich, minder vorsichtig
administriert worden? Wie es auch kunte geschehen seyn, dem
abschriftlich genädigsten Befehl nach, der an den herrn Prälaten
also ergangen ist: oder die gelder seynd überflüssig, gar unnöthig erbauet worden aber wie? Wenn auch der Kirchen-Bau
über 30000 fl verzehret hat; wo seynd die übrigen 30000 fl von
denen 63400 fl zehend-geldern hingekomen, oder wem allein seynd
dieselbe angehörig?Was aber überflüssig, und gänzlich unnöthig
ist erbauet worden, diß wisset augenscheinlich daß nächst der
Kirchen neu erbaute hauß, welches aber gar nicht zum Kirchen-
Bau gehört, N³ und dennoch die Kirche bezahlnen müsste; ja
dises hauß stehet derselben über die 1000 fl zum größten, und

- 152 -

ergroblichen schaden: Ein Bau! Von dem man nich weis für wen,
und warum? /: doch wäre es zu verrathen /: die schuld also,
welche Herr Prälat vorgibet, und etwan forderen gedenket, diße
zallet daß gotts-hauß mit der zurückgebung eben dißes neu erbauten hauß und begehret die Kirche anbey noch aus mehrern
billich, und gerechten Ursachen ihr zu Refundiren. die Kirche
kunte dort nicht, und kan niemals werden, darum müßte es alles
erdulten, und geld war genug da, also hörte man den dortmali-
gen gnädigen Bau herrn / Abbt Placidus / laut ruffen, und
dißen Ruff beweissen annoch jene, die denselben gehört haben.
wunderlich.

<u>Pro 3tio:</u> Wan dan auch keine gelder bey handen solten gewesen seyn?
Warum hat man die alt, fest, und gut gebaute Kirch abgetragen,
und niederrissen, so dan eine neue von grund aus auferbauet?
Die scheyrische güttig - und freygebigkeit hat diß wohl nicht
gethan, daß lasset sich aus ihren bisherigen Betragen, und 32 ig
jährigen Verschub der consecrirung dessen leicht abnemen. So
wär auch die alte Kirch mit einer artig, anständig, und nicht
gar kostbaren Verbesserung gut genug, und schön gestanden.
allein ! ... ohneracht der neuen auferbauung ist dise Pfarr-kirch
dennoch jährlich mit 50 fl : 23 x 2 Decimation belegt worden,
eine churfüstl. und freysingische gnädigst niedergesetzte Decimations comission wird ja nach vorgelegter fassion hirvon eine
billich, und gerechte Einsicht genomen, und Repartition gemacht
haben? oder warum hat Herr Prälat dise kirch bey solch vor-
waltenden Umständen nicht dortmals Decimation frey gemacht,
oder wenigst um Nachlass angehalten? daß wär sehr gut gestanden. jetzt nach dem ich erst zu endlich, und gänzlicher Herstellung dißer kirch 800 fl : gnädigster schenkung erbettend erhalten, ist die selbe auf einmal so arm schuldenvoll worden!
Aber wen auch posito sed non concesso. daß

<u>Pro 4to:</u> diße Pfarr-Kirch annoch Bau-schulden zu bezahlen hätte, so komet
ja Herr Prälat von sich selber um die consercirung derselben an-
und auszuhalten ex triplici Titulo namlich: als Patronus propter
census, als Decimator principalis, propter Decimas, als dominus
Hoffmarchaialis propter Exactiones Subditorum; der noch darzu
Insulatus Abbas Religiosus; den der Eifer für daß hauß gottes
und dessen zierde vezehren soll, und aus allen dißen dreyen
Titeln hat Kloster Scheyern schon über 500 Jahr allen Einkünften
genossen, und genüsset dieselbe noch immerfort als ein Corpus
perpetuum. Nun als ein solches hat Kloster scheyern an Einkünften schon genossen nämlich als Patrons nur an Absent geldern
2195 fl : und dis N³ in Memoriam weil der Patronus einem je-
weilligen Pfarrer die rechtliche congrua nicht gelassen hat, als
Decimator principalis an zehend geldern 63400 fl eingenomen, als
Dominus Hofmarchialis propter Exactiones 27300 fl eingebracht,
wie mit komente Specification, welcher kain kreuzer vernainet
kan werden klar zaiget. yber daß und zu allen yberfluß.

<u>Pro 5to:</u> seynd Ihre Churfürstl. : durchleicht selber der gnädigste gut-
thäter Mitels des gegebenen Decimations Nachlass, jedoch mit
disen ausdrücklichen formalien : daß vorzüglich die altär herge-
stellet, und so auchandere erfordernüssen /: die erste nach gänzlicher Herstellung dißer Pfarr-Kirch wird wohl dessen consecrie-
rung seyn? /: bald möglichst bey geschaffet werden. wie anligend
gnädigste Befehls abschrift weisset. Nun dise höchste gnad für

dis Pfarrgotts-hauß hab ich gar allein auf mein alljährliches
Suppliciren ganzen 16 Jahr lang mit jährlichen 50 fl 23 x 2 Nachlass erhalten, wie ein hochlobl. freysinger und Münchner Decimations comission beweissen würdet: sohin in all disen Jahren
belauffet sich die Churfüstl. schenkung über die 800 fl /: 25
besondres nicht gerechnet /: welch alle wärenden Decimations
frey Jahren in scheyrischen Hofmarks handen zu gekommen, und
darinnen verblieben seynd Diser schenkung komt noch hinzu
die gnädigste Moderation fürs künftige von jährlichen 50 fl
23 x 2 : auf 35 fl 54 x jezt.

Pro 6tio: Wen nun Herr prälat zur gänzlicher Herstellung der altär, wie
dieselbe würklich schon stehen, vor den 800 fl genädigster Schenkung 614 fl 43 x /: welche suma die förmliche conti weissen /:
wird bezahlet haben, so verbleiben davon der Kirche annoch zu
ihrer Consecrirung 185 fl 17 x. Nein! ...
Wie kan, oder mag doch Herr Prälat bey solche wahrer Beschaf-
fenheit der Sache eine gründlich, wahrhaft, beklaubte ursach
vorbringen, die consecrirung dißer Pfarr - Kirch noch längers
zu verhindern? Wo weder die Kirch, weder Herr Prälat die
hierüber gehende Kösten tragen därffe, sondern der churfürstl.
höchster guttäther ist; und neben höchst deroselben auch noch
die guttäther ausser und inner dißer Kirchträcht zu innerlichen
zierte schon über die 1000 fl beygetragen haben: dessentwegen
man diselbe ordentlich wünschen, und so rufen köret, o daß wir
doch auch die consecrirung dißer Pfarr-Kirch erleben möchten,
damit unser freud, und die Ehre dißes haus - Gottes einmal voll-
komen werden möchte. als welches eine Pfarr - Kirch, und die
einzige ist, in welcher Tag, und Nacht daß Venerabile einge-
setzter Rufet; welche auch würklich schon über 32 ig ganzer Jahr,
neu funditus errecta die Bau-Kunst betreffend außerordentlich
schön dastehet und annoch nicht einmal consecrirt ist. Wie auch
der ganze Freyt-hof nicht gänzlich Benedicirt ist, weil deselbe
mit neu hinzu - und von alten hinaus gekomenen grund weiter,
und verändert ist worden, ligen also manche Körper der Verstorbenen in ungeweyhter Erde! Wie die Männer weissen können, so
ist auch eine hirzu gegebene Liecenz da nicht vorfindig. O bedenk-
liches Betragen gegen einen hauß - gottes! Gewiß wird ja doch
seyn, daß diser Pfarr-Kirch, und die Pfarrey nicht zur allain
wegen Kloster scheyern entstanden, errichtet und mit güteren ist
gestüftet worden? Warum solt den diße Braut Christi ohne der
Vor gott und der welt ihr gehörigen haupt-zierte so lang, und
noch imerfort beraubter dastehen? Sie wird aber also ohne Conse-
cirung für allzait verbleiben, weil dess Herrn Prälaten zur
blossen aus-reden / die ein anderer, wie dißer ersinen kan /
statt und Plaz finden sollen: Sie dise Pfarr-Kirch wird auch in
100 Jahren noch kamen gulden reich werden worden seyn, bey
solch, und bisheriger Verfassung der Administration der Kirchen
güter, und deren Einküften, wo man nicht recht weiß was, werm
wie, wann, warum? Sie wird auch bey solcher Sorg bis zu ihren
Niedergang ein armes Waisen verbleiben, wie selbe als ein solches nach ihrem Bau von innen an ihrer nur höchst notwendigen
zierde, an Paramenten, und Priesterliche Klaidung Erbarmnüß
widrig in die viele Jahr ware anzugeben gewesen, dies kan ein
ganze Pfarr-gemeinde bezeugen; so stehe auch ich für meine Wahrhaft in Namen, und für daß hauß-gottes gehorsamst abgegebene
umständliche Einbericht und Vorstellung nach über 18 Jahren ge-
nomener Einsicht, und Erfahrung unterthänigst zu Prob bereit,

ich hoffe auch zugleich mit diser meinem gewissen, und meiner
für meine Kirche aufhabenden Schuldigkeit genug gethan zu haben,
zu noch wunschend! daß auch diss einmal genugsame dem dem
Herrn Prälaten gewissens machende, ja für demselben Befehl ge-
bende Umstände, und Ursachen seyn, und werden möchten.

In diser Sorge dan ruffet eifrigst daß Heil: Kreuz, und Pfarrgotts-hauß Berbling zu ihro hochfürstl: gnaden wie der Eunuchus
zu Philippo dem Apostel Ecce Aqua! quid prohibet me Baptizari?
Ach gar nichts mehr gehet ab als höchst deroselben gnad! welche
auch Eüer hochfürstl. gnaden schon vor einem Jahr auf seiner zu
Mießbach allergnädigst versprochen haben im Beyseyn des Herrn
Prälaten von Weyarn, der auch für meine Pfarr Kirch daß Wort
geführet hat, nach dem ich main unterthänigste Bitt für diselbe
gemacht hab. Um dise höchste gnad der consecrirung bitte ich
unterthänigst, gehorsamst in Namen meiner Pfarr-Kirch, mainer
Pfarr-Kinder, Aiblinger und Rosenhaimer Nachbarschaft, der ich
von dortigen Herrn Rural Decan besonders darum befraget worden,
und ihn zu wissen machen solte, ob an heuer diße consecration
gewiß seinen fortgang nimt? Weil in diße Gegend noch genugsamer
fürmungs mässige Kinder vorhanden seynd in dene man mit denen
selben vor einem Jahr nach weyarn und Miesbach nicht hat komen
können wegen sehr ungestümer Witterung, und grossen auslauf der
wässer.

Gnädigster Herr Herr! der an dem Kreuz hangende göttliche
Heiland, zu dessen Ehre, und Ruhe-Statt dise Pfarr-Kirch erbauet
ist, wird mit sainen göttlichen Seegen für die seinem hauße er-
theilte höchste gnad von seiner: hochfürstl: gnaden, und denen
lieben Unterthanen alles Unheyl, und ybel abwenden dan auch
ein lange, ruhigst und allerglückseeligste Regierung verleihen,
um welches ich mit meinen liebsten Pfarr-Kindern täglich zu gott
bitten werde, als ein allzeit und in allen.

Berbling, den 13. Juny 1787

Ihro
hochfürstl: gnaden
Meines gnädigsten
Herrn Herrn

Unterthänigst, gehorsamster
Franz Xav. Isinger
Pfarrer

3. Quellen- und Literaturverzeichnis

Quellen für Berbling

Arch. d. Domkap. München:	Chronik der Pfarrei Berbling im Dekanate Aibling, verfaßt 1846 durch Josef Grassinger d. Z. cooperator zu Aibling und Mitglied des historischen Vereines für Oberbayern, fol. 1-49. Sign. PB 135 a 1811.
Arch. d. Domkap. München:	Streitigkeiten des Pfarrers Franz Xaver Isinger, 1774-1789. Sign. 135 200 101.
Arch. d. Domkap. München:	- Vernehmungsprotocoll v. 4ten aprill 1793. - Testament Isingers vom 30. März 1793. - Brief von Benno von Hofstetten an den Bischof vom 2. Okto. 1792. Sign. 135 200 204.
Arch. d. Domkap. München:	Akte Pfarrbeschreibung Berbling: - Pfarrbeschreibung für die Jahre 1758, 1759, 1760, verfaßt im jahre 1763. - Beschreibung der Kirche von Pfarrer Reischel vom 20. Jan. 1758. - Ausgaben, den Bau betreffend, zwischen 1748 und 1757, aufgestellt von Pfarrer Reischel im Jahre 1759.
HStA. München:	- Monumenta Boica, Bd. X, München 1763 ff., S. 468-474. - Num. XX Incorporatio Ecclesiae Perblingen 1262.
HStA. München:	- KL Scheyern, Nr. 210, fol. 164. - KL Scheyern, Nr. 211, fol. 22.
Berbling, Pfarrkirche:	Ansicht der Kirche, anonymes Ölgemälde von 1789.

Quellen für Frauenzell

StB. München:	Corbinian Kugler, Compendium annalium Cellae Marianae. Clm. 1886.
StB. München:	Gunther Mayr, Geschichte des Klosters Frauenzell bis unter Abt Gregor Molitor 1670-1694. Cgm. 4874.
PfA. Frauenzell:	Korbinian Kugler, Chronik des Klosters 1740.
PfA. Frauenzell:	A. Wolf, Frauenzell in der oberen Pfalz, 1844.
PfA. Frauenzell:	Chronik des Gotteshauses und Klosters Frauenzell (mit 23 Gemälden) 1317-1715.
HStA. München:	Abt Stephan Rieger, Chronica des Klosters von 1312-1677. KL Frauenzell, Klosterarchiv, V. Kap., Nr. 93.
HStA. München:	Chronik des Klosters von 1312-1670 (91 zum Teil gefaltete Blätter). KL Frauenzell, Klosterarchiv, V. Kap., Nr. 94.
HStA. München:	Bausachen von 1663-1784 (Briefe). KL Frauenzell, fasz. 225/14.
HStA. München:	Bayerische Akten Nr. 141, fol. 1-343. KL Frauenzell.
Ansichten:	Wening, Bd. 4, 1726, Tafel 65.
	Ertel, 1705, S. 235.
	PfA. Frauenzell: Ansicht des Klosters, Ölgemälde von 1743.

Quellen zur Plangruppe SZ 911, a, b, und zu St. Elisabeth in München

Arch. d. Domkap. München:	- Beschreibung der Kirche St. E., den 22. Oct. 1835. - Verschiedene Briefe von 1759 bis 1920.
HStA. München:	- KL München, fasz. 420, Nr. 1-4. - KL München, fasz. 421, Teil I: Nr. 5-9, Teil II: Nr. 10-16.
Kriegsarchiv München:	Ing. Liut. Franz Xaver Pusch. Sign. Personalakte Nr. 81264.
StA. München:	Chronik der Elisabethinerinnen: "Von anfang und aufnahm dieses Convents 'Año 1755'", fol. 1-22. Sign. Nr. 676: Krankenhaus li. d. Isar.
StA. München:	Pau Ausgaaben von 1755-1785. Sign. Nr. 683: Krankenhaus li. d. Isar.
Ansichten und Pläne:	StM. München, Sammlung Zettler, Nr. 911, 911 a, 911 b. StM. München, Kupferstich des Franz Xaver Jungwierth. Inv.-Nr. 39/526. StM. München, Gemälde von Franz P. Mayr, 1838. HStA. München, Plansammlung Nr. 9273 a - d. Hl. Geist-Spital am Dom Pedroplatz, München: Gemälde von 1900.

Abkürzungen zu den Quellen

StB. München:	Staatsbibliothek München
PfA. Frauenzell :	Pfarramt Frauenzell
HStA. München:	Hauptstaatsarchiv München
Clm.:	Codex latinus monacensis
Cgm.:	Codex germanicus monacensis
KL.:	Klosterliteralie
Arch. d. Domkap. München:	Archiv des Domkapitels München
StA. München:	Stadtarchiv München
StM. München:	Stadtmuseum München
Sign.:	Signatur

Literaturverzeichnis

Abele, Eugen, Der Dom zu Freising, München-Freising 1919.

Backmund, Norbert, Die kleineren Orden in Bayern, Kloster Windberg 1974.

Bayerisches Landesamt für Denkmalpflege, Restaurierungsakte Frauenzell von 1911-1979.

Bomhard, Peter von, Kunstdenkmale im Landkreis Aibling, in: Das Bayerland, Jg. 57, 1955, S. 168-175.

Bosch, Ludwig, Eine Sammlung barocker Architekturzeichnungen im Bayerischen Nationalmuseum, in: Münchner Jahrbuch, 3. Folge, Bd. 5, 1954, S. 188-204.

Dachauer, Sebastian, Schwarzlack und Neubeuern, in: Oberbayerisches Archiv, Bd. IV, 1843, S. 92-135 und 219-273.

Dachauer, Sebastian, Lützldorf, Kleinholzhausen, Gundelsberg und Au, in: Oberbayerisches Archiv, Bd. V, 1844, S. 346-407.

Dehio, Georg, Handbuch der deutschen Kunstdenkmäler, Oberbayern, neu bearb. von Ernst Gall, München-Berlin 1964.

Dehio, Georg, Handbuch, Die Kunstdenkmäler Österreichs, Tirol, Wien 1980.

Destouches, Ernst von, Das ehemalige Spital und die Kirche der Elisabethinerinnen zu den Heiligen fünf Wunden vor dem Sendlingerthore, in: Oberbayerisches Archiv, Bd. 29, 1870, S. 293-322.

Die Kunstdenkmale des Königreiches Bayern, Bd. I: Die Kunstdenkmale des Regierungsbezirks Oberbayern, München 1895.

Die Kunstdenkmale des Königreiches Bayern, Bd. I, Teil 2: Die Kunstdenkmale des Regierungsbezirks Oberbayern,
Stadt und Bezirksamt Rosenheim, München 1900,
Bezirksamt Miesbach, München 1902,
Bezirksamt Mühldorf, München 1905.

Die Kunstdenkmale des Königreiches Bayern, Bd. II: Regierungsbezirk Oberpfalz und Regensburg, München 1910.

Die Kunstdenkmäler von Bayern, Regierungsbezirk Niederbayern, Bd. XVII: Stadt und Bezirksamt Deggendorf, München 1927.

Ertel, Anton Wilhelm, Des Chur-Bayerischen Atlantis 2. Theil. Das ist eine grundrichtige, historische Beschreibung..., Nürnberg 1705.

Festschrift Azlburg, Kloster und Krankenhaus der Elisabethinerinnen Azlburg-Straubing 1748/49 - 1929, Straubing 3.12.1929.

Feulner, Adolf, Johann Michael Fischer (Süddeutsche Kunstbücher, Bd. 16/17), Wien 1922.

Feulner, Adolf, Baierisches Rokoko, München 1923.

Feulner, Adolf, Die Stadt des Barock und Rokoko, in: Das Bayerland, Jg. 35, 1924, S. 243.

Fink, Wilhelm, Die Benediktinerabtei Metten und ihre Beziehung zur Kunst, Wien 1923.

Fink, Wilhelm, Kloster Metten (Schnell Kunstführer, Nr. 97), 6. überarb. Aufl. München-Zürich 1983.

Forster, J.M., Das gottselige München, München 1895.

Franz, Heinrich Gerhard, Die Kirchenbauten des Christoph Dientzenhofer, München-Brünn-Wien 1942.

Franz, Heinrich Gerhard, Die deutsche Barockbaukunst Mährens, München 1943.

Franz, Heinrich Gerhard, Die Klosterkirche Banz und die Kirchen Balthasar Neumanns in ihrem Verhältnis zur böhmischen Barockbaukunst, in: Zeitschrift für Kunstwissenschaft, Bd. I, 1947, S. 54-76.

Franz, Heinrich Gerhard, Johann Michael Fischer und die Baukunst des Barock in Böhmen, in: Zeitschrift für Ostforschung, Bc. V, 1955.

Franz, Heinrich Gerhard, Bauten und Baumeister der Barockzeit in Böhmen. Entstehung und Ausstrahlungen der böhmischen Barockbaukunst, Leipzig 1962.

Franz, Heinrich Gerhard, Dientzenhofer - Hausstätter Kirchenbaumeister in Bayern und Böhmen, München-Zürich 1985.

Frodl-Kraft, Eva, Wolfgang Hagenauer und eine Gruppe nord-ost-tiroler Kirchenräume, in: Wiener Jahrbuch für Kunstgeschichte, Bd. XIV, 1950, S. 131-194.

Gambs, Pius, Personalstand der sogenannten ständigen Klöster der Diöcese Regensburg zur Zeit der Säkularisation, o.O., o.J.

Grassinger, Josef, Geschichte der Pfarrei Berbling bei Aibling, in: Oberbayerisches Archiv, Bd. 18, 1839 ff., S. 299-330.

Grimschitz, Bruno, Johann Lucas von Hildebrandt, Wien 1959.

Gsellhofer, Franz Seraph, Beiträge zur Geschichte des ehemaligen Klosters U. L. Frauenzell, in: Verhandlungen des historischen Vereins der Oberpfalz und von Regensburg, Bd. 8, 1844, S. 41-62.

Guarini, Guarino, Architettura civile, Turin 1737, Reprint Mailand 1968.

Hagen-Dempf, Felicitas, Der Zentralbaugedanke bei Johann Michael Fischer, München 1954.

Hartig, Michael, Abtei- und Pfarrkirche Scheyern (Schnell Kunstführer, Nr. 338), München-Zürich 1951.

Hauttmann, Max, Geschichte der kirchlichen Baukunst in Bayern, Schwaben und Franken 1550-1780, 2. Aufl. München 1923.

Hauttmann, Max und Karlinger, Hans, Bayerisches Wanderbuch, Bd. I: München, München-Berlin 1922.

Hegemann, Hans W., Die deutsche Barockbaukunst Böhmens, München 1943.

Heilbronner, Paul, Studien über Johann Michael Fischer, Phil. Diss. München, München 1933.

Hemmerle, Josef, Die Benediktinerklöster in Bayern, in: Bayerische Heimatforschung, Heft 4, München 1951.

Hemmerle, Josef, Die Benediktinerklöster in Bayern, in: Germania Benedictina, Bd. II, Augsburg 1970.

Horyna, Mojmír, Tomáš Haffenecker a stavba pontního kostela v hejnicích, in: Uměni, Bd. 29, 1981, S. 437-447.

Hubala, Erich, Renaissance und Barock (Epochen der Architektur), Frankfurt 1968.

Hubala, Erich, Guarineskes an der Fassade der Münchner Dreifaltigkeitskirche, in: Das Münster, 1972, S. 165 ff.

Hübner, Lorenz, Beschreibung der kurbaierischen Haupt- und Residenzstadt Muenchen und ihrer Umgebungen, München 1803.

Hufnagel, Max Joseph, Franziskanerinnenkloster der Elisabethinerinnen in München, in: Bavaria Franciscana Antiqua, Bd. 3, München 1957.

Huhn, Adalbert, Geschichte des Spitals, der Kirche und der Pfarrei zum heiligen Geiste in München, München 1893.

Klarmann, J., Offiziers-Stammliste des Bayerischen Ingenieur=Corps 1744-1894, München 1896.

Kletzl, Otto, Christoph und Kilian Dientzenhofer als Schanz- und Wasserbaumeister, in: Zeitschrift für sudetendeutsche Geschichte, Jg. 3, 1939, S. 30-37.

Korán, Ivo, Uměni a umělci baroka v hradci králové. Část druhá, in: Umeni, Bd. 19, 1971, S. 136-189.

Korecký, Miroslav, Tvorba Kiliána Ignáce Dienzenhofera, in: Zprávy památkové péče, Bd. 12, 1951/52, S. 45-108.

Korecký, Miroslav, (ohne Titel. Nochmals einige Bemerkungen zur Barockarchitektur Böhmens nach 1700), in: Uměni, Bd. 21, 1973, S. 191-205.

Kotrba, Viktor, Neue Beiträge zur Geschichte der Dienzenhofer, in: Uměni, Bd. 21, 1973, S. 161-189.

Lieb, Norbert, Münchner Barockbaumeister. Leben und Schaffen in Stadt und Land, München 1941.

Lieb, Norbert, Barockkirchen zwischen Donau und Alpen, 1. Aufl. München 1953; seither weitere Auflagen.

Lieb, Norbert, Johann Michael Fischer. Baumeister und Raumschöpfer im späten Barock Süddeutschlands, Regensburg 1982.

Lill, Georg, Das Ende der Elisabethkirche. Unheilbarer Bombenschaden. In: Süddeutsche Zeitung, 24.4.1946.

Lindner, August, Die Schriftsteller und die um Wissenschaft und Kunst verdienten Mitglieder des Benedictiner-Ordens im heutigen Königreiche Bayern vom Jahre 1750 bis zur Gegenwart, Bd. 1, Regensburg 1880.

Lindner, P. Pirmin, Monasticon Metropolis Salzburgensis antiquae. Verzeichnisse aller Aebte und Propste der Klöster der alten Kirchenprovinz Salzburg, Salzburg 1908.

Mayer, Anton, Statistische Beschreibung des Erzbisthums München-Freising, Bd. I, München 1874.

Mayer-Westermayer, Statistische Beschreibung des Erzbisthums München-Freising, Bd. II, Regensburg 1880.

Mayer, Matthias, Der Tiroler Anteil des Erzbistums Salzburg, kirchen- und kunstgeschichtlich, Heft 2, 1940, S. 69-245; Bd. 5, 1956, S. 133-230 und 231-255; Bd. 7, 1961, S. 93-146.

Meindl, Michael, Bayrischzell (Schnell Kunstführer, Nr. 238), 3. überarb. Aufl. München-Zürich 1980.

Naňková, Věra, Rezension von Christian Norberg-Schulz, Kilian Ignaz Dientzenhofer e il barocco boemo, Rom 1968, in: Uměni, Bd. 18, 1970, S. 419-432.

Neumann, Günther, Neresheim, München 1947.

Neumann, Günther, Die Gestaltung der Zentralbauten Johann Michael Fischers und deren Verhältnis zu Italien, in: Münchner Jahrbuch, 3. Folge, Bd. 2, 1951.

Norberg-Schulz, Christian, Kilian Ignaz Dientzenhofer e il barocco boemo, Rom 1968.

Norberg-Schulz, Christian, Architektur des Spätbarock und Rokoko, (Belsers Weltgeschichte der Architektur), Stuttgart 1975.

Pückler-Limburg, Siegfried Graf, Denkmale der Spätgotik und des Barocks in Rosenheim und Umgebung, in: Inn-Oberland, Jg. 14, 1929, S. 4-20.

Reber, Franz, Bautechnischer Führer durch München. Nachdruck der Ausgabe München 1876, mit einem Nachwort von Klaus Kratsch, Mittenwald 1978.

Reclams Kunstführer Deutschland, Bd. 1: Bayern Baudenkmäler, 8. Aufl. Stuttgart 1974.

Sächerl, Joseph, Chronik des Benediktinerklosters Frauenzell, in: Verhandlungen des historischen Vereins von Oberpfalz und Regensburg, Bd. 15, 1853, S. 257-409.

Sauermost, Heinz Jürgen, Die Asams als Architekten, München-Zürich 1986.

Scharioth, Barbara, Aufhausen und Ingolstadt. Zur dualistischen Raumbildung Johann Michael Fischers, in: Gießener Beiträge zur Kunstgeschichte, Bd. 3, 1975.

Scheglmann, Alfons Maria, Geschichte der Säkularisation im rechtsrheinischen Bayern, Bd. III/1, Regensburg 1906.

Schindler, Herbert, Frauenzell. Ein Waldkloster und seine Geschichte,· in: Unbekanntes Bayern, Bd. 1, 1955, S. 159-169.

Schinhammer, Clemens, Die Kirchenbauten des Münchner Rokokobaumeisters Johann Michael Fischer im Gebiete des Bayerischen Waldes, in: Der Bayerwald, Jg. 29, 1931, S. 161-167.

Schnell, Hugo, Kloster Reisach am Inn (Schnell Kunstführer, Nr. 154), 6. neu bearb. Aufl. München-Zürich 1978.

Schütz, Bernhard, Balthasar Neumanns Jesuitenkirche in Mainz und die Pläne für die Würzburger Jesuitenkirche, in: Mainzer Zeitschrift 1978/79.

Schütz, Bernhard, Rott am Inn und die Zentralbauten Johann Michael Fischers, in: Festschrift Rott am Inn, Weißenhorn 1983.

Siller, Josef, Ehemalige Benediktinerabtei Frauenzell (Schnell Kunstführer, Nr. 563), 4. neu bearb. Aufl. München-Zürich 1976.

Spengler, Karl, Münchner Straßenbummel. Die Sonnenstraße sprengte die Stadtmauern, München 1960.

Tyroller, Karl, Neue Nachrichten über die Beziehung der Gebrüder Asam zu Kloster und Kirche der Ursulinen, 2. erw. Aufl. Straubing 1978.

Vilímková, Milada, Nové archívní doklady ke stavbě kláštera a kostela sv. markéty v Břevnově, in: Umění, Bd. 22, 1974, S. 146-152.

Vilímková, Milada, Marginalia k archetektonické tvorbě 1. Poloviny 18. století. Kryštof Dienzenhofer - Jan Blažej Santini - Kilián Ignáce Dienzenhofer, in: Umění, Bd. 26, 1978, S. 414-436.

Voelcker, Helene, Die Brüder Gunezrhainer, München 1923.

Votoček, Otakar, Počaply, in: Byggekunst, Oslo 1965, S. 214-216.

Wagner, Helga, Barocke Festsäle in bayerischen Schlössern und Klöstern, München 1974.

Wening, Michael, Historico-topographica descriptio, das ist Beschreibung des Churfürsten- und Herzogthumbs Ober- und Nidern Bayern, Vierdter Thail: Das Rentambt Straubing, München 1726, Neudruck München 1977.

Westenrieder, Lorenz, Beschreibung Münchens, München 1782.

Verfasser unbekannt: Hier schuf ein Meister ein Tedeum aus Stein. Ein heimatkundlicher Beitrag, maschinenschriftlich (Berbling, Pfarramt).

4. Bildteil

c) Figuren

Abb. 1
Berbling, Pfarrkirche, Äußeres von Südosten

Abb. 2
Berbling, Inneres, Blick zum Chor

Abb. 3 Berbling, Inneres, nordöstliche Diagonalnische und Chor

Abb. 5   Frauenzell, Äußeres, Westfassade

Abb. 4   Berling, Inneres, Kerbpfeiler

Abb. 6   Frauenzell, Inneres, Blick nach Osten

Ab. 7
Frauenzell,
Inneres, nördliche
Seitenkonchen

Ab. 8
Frauenzell,
Inneres, Mauerkeil

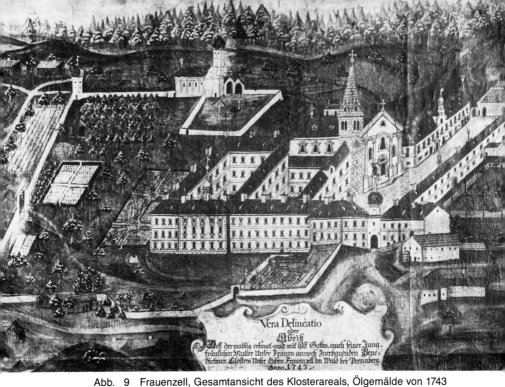

Abb. 9 Frauenzell, Gesamtansicht des Klosterareals, Ölgemälde von 1743
Abb. 10 Abtei Metten, Fassade des Festsaalbaues

Abb. 11   München, Stadtmuseum, Plan SZ 911

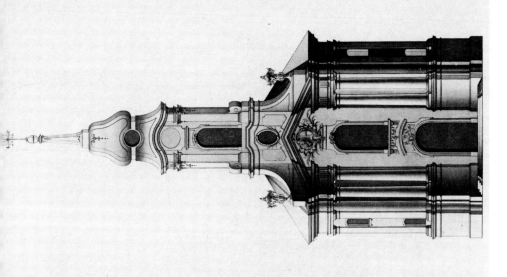

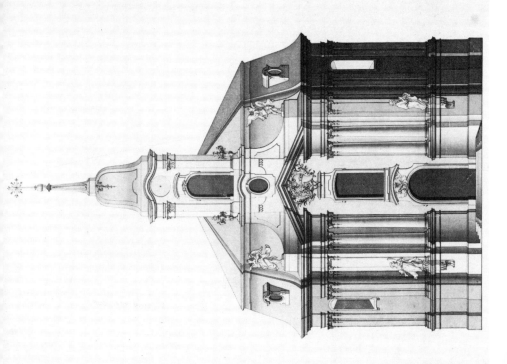

Abb. 15   Počaply, Inneres, Blick zum Chor

Abb. 14   Počaply, Äußeres von Süden

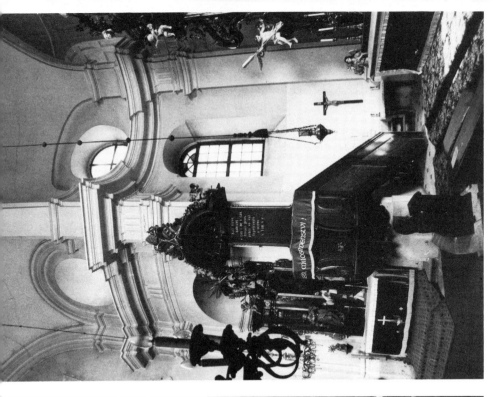

Abb. 18   Břevnov, Klosterkirche, Inneres, Blick nach Osten
Abb. 19   Břevnov, Inneres, Kerbpfeiler

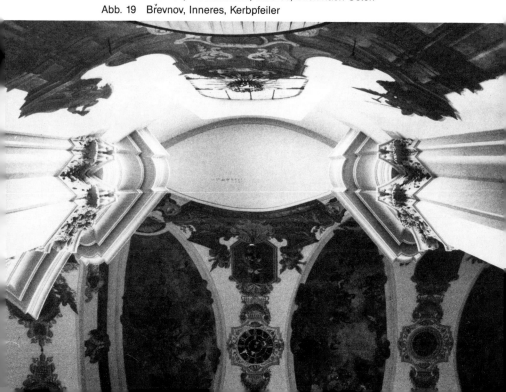

Abb. 20
Prag, St. Niklas Kleinseite, Inneres,
Blick auf die nördlichen Kerbpfeiler
des Langhauses

Abb. 21
Odoléna Voda, Inneres, Chorraum

Abb. 23   Au bei Bad Feilnbach, Inneres, nördliche Wandpfeilerreihe

Abb. 22   Hejnice, Inneres, Querhaus, Blick auf den Eingang zur Clam-Gallas-Grabkapelle

Abb. 24
Wiechs, Inneres,
Blick auf die Orgelempore

Abb. 25
Wiechs, Inneres, Chortravé

Abb. 26   Ebbs, Inneres nach Osten
Abb. 27   Ebbs, Inneres, nördliche Mitteltravée

Abb. 28
Prag, St. Ursula, Innere

Abb. 29
Fisslking, Innere
Blick nach Osten

Abb. 30   Kirchbrunn, Äußeres von Norden

MISCELLANEA BAVARICA MONACENSIA

Auszug aus unserem Lieferprogramm von über 100 Titeln: